INTELLECTUAL PROPERTY

MANAGEMENT STRATEGY

企业全生命周期

知识产权管理策略

主　编：王正志

副主编：潘　聪　张飞虎　曹玲柱　王　晋

　　　　李　勇　骆振宇　彭　畅　姜金姬

中国法制出版社

CHINA LEGAL PUBLISHING HOUSE

图书在版编目 (CIP) 数据

企业全生命周期知识产权管理策略 / 王正志主编
. —北京：中国法制出版社，2022.1
ISBN 978-7-5216-2362-8

Ⅰ. ①企…　Ⅱ. ①王…　Ⅲ. ①企业—知识产权—风险管理—中国　Ⅳ. ① D923.405

中国版本图书馆 CIP 数据核字（2021）第 271227 号

策划编辑：程思
责任编辑：秦智贤　　美术设计：杨鑫宇

企业全生命周期知识产权管理策略
QIYE QUANSHENGMING ZHOUQI ZHISHI CHANQUAN GUANLI CELÜE
主编 / 王正志
经销 / 新华书店
印刷 / 三河市紫恒印装有限公司
开本 / 710 毫米 ×1000 毫米　16 开　　印张 / 18　字数 / 247 千
版次 / 2022 年 1 月第 1 版　　2022 年 1 月第 1 次印刷

中国法制出版社出版
书号 ISBN 978-7-5216-2362-8　　定价：68.00 元

北京市西城区西便门西里甲 16 号西便门办公区
邮政编码：100053　　传真：010-63141852
网址：http://www.zgfzs.com　　**编辑部电话：010-63141798**
市场营销部电话：010-63141612　　**印务部电话：010-63141606**
（如有印装质量问题，请与本社印务部联系。）

前　言

知识产权是权利人的重要资产，必要的管理与维护是应有之义。长期以来，企事业单位或个人对于知识产权的财产属性认识不足、重视不够，常重视研发、申请注册，却忽视知识产权对应的无形资产的维护、管理和应用。更有甚者，部分权利人认为知识产权一经授权或产生，就可以高枕无忧，坐享其成。

随着知识经济时代的发展，知识产权对应的无形资产正在逐渐成为企业资产的重要组成甚至核心。知识产权安全是保证企业生产经营正常进行的物质基础和根本保障。如何提升知识产权管理技能、推动企业高质量发展？如何加强知识产权管理，使无形资产在使用过程中的价值逐渐体现？如何运用知识产权思维积极影响企业的产品成本，进而影响企业的经济效益？如何真正发挥知识产权的制度优势，促进和提高竞争优势进而推进行业发展？

毫无疑问，上述问题是企业管理者需要面临的挑战。知识产权律师在诉讼、非诉讼领域积累的广泛经验，能够帮助企业管理者总结和反思知识产权管理工作中的问题。通过分析知识产权律师在不同方位、时点对于具体知识产权相关问题的解决方案（包括解决过程中的思考和探讨），有助于企业日常知识产权管理工作的完善和提高，也有助于企业管理者对知识产权管理的反思和改进。

本书由高文律师事务所主任王正志律师担任主编，各章节由高文律师事务所律师分领域撰写，专利：张飞虎、曹玲柱、王晋；商标：李勇、骆振宇；版权：潘聪；商业秘密：彭畅、姜金姬。文字校对工作由李亚楠、周心仪完成。

高文律师事务所的合伙人和律师们长期以来深耕知识产权服务领域，汇集了一批经验丰富的知识产权律师。其中，有身经百战的成就多个指导案例的诉讼律师；有从代理行业起步后，在外国公司发展的前公司高管；有为知识产权主管部门、司法机关工作多年的资深顾问；也有承担多个政府课题和立法研究的学者型律师……汇集高文知识产权部门的经验优势，为企业知识产权管理贡献智慧，为知识产权服务行业发展贡献力量，是本书作者们的良好愿望。希望本书的刊印和出版，能够有助于企业知识产权管理工作的提升，限于篇幅，本书纰漏之处，也请读者们批评指正。

CONTENTS

目　录

第一章 概论

“知识产权”，其原意是“知识（财产）所有权”或者“智慧（财产）所有权”，也称为智力成果权，在我国台湾地区和香港地区，则通常称之为智慧财产权或智力财产权。

《民法典》第一百二十三条规定：“民事主体依法享有知识产权。知识产权是权利人依法就下列客体享有的专有的权利：（一）作品；（二）发明、实用新型、外观设计；（三）商标；（四）地理标志；（五）商业秘密；（六）集成电路布图设计；（七）植物新品种；（八）法律规定的其他客体。”其中专利权、商标权、著作权、商业秘密是知识产权领域非常重要的四大保护客体。

专利权，是指一项发明创造向国家专利局提出专利申请，经依法审查合格后，向专利申请人授予的在规定时间内对该项发明创造享有的专有权。根据《专利法》，发明创造有三种类型，即发明、实用新型和外观设计。

商标权，是指商标主管机关依法授予商标所有人对其申请商标受国家法律保护的专有权。商标是用以区别商品和服务不同来源的商业性标志，由文字、图形、字母、数字、三维标志、颜色组合和声音等，以及上述要素的组合构成。

著作权，是指自然科学、社会科学以及文学、音乐、戏剧、绘画、雕塑、摄影和电影摄影等方面的作品组成的版权。著作权是文学、艺术、科学技术作品的原创作者依法对其作品所享有的一种民事权利。

商业秘密，是指不为公众所知悉、具有商业价值并经权利人采取相应保密措施的技术信息、经营信息等商业信息。其中，技术秘密包括与技术有关的结构、原料、组分、配方、材料、样品、样式、植物新品种繁殖材料、工艺、方法或其步骤、算法、数据、计算机程序及其有关文档等信息。经营秘密包括与经营活动有关的创意、管理、销售、财务、计划、样本、招投标材料、客户信息、数据等信息。

因此，知识产权是各种主体（特别是企业）对其智力劳动成果依法享有的专有权利，本质上是一种无形财产权。随着经济的发展和社会的进步，知识产权这种无形资产越来越成为国家之间、企业之间竞相争夺的重要资产。对于中国企业而言，如何在激烈的市场竞争中保持竞争优势，提升企业自身的知识产权管理水平，是亟须加强的永恒主题。

目前知识产权方面的书籍，有些侧重于知识产权的获权业务（例如专利申请、商标注册、版权登记等），有些侧重于知识产权的运营过程（例如诉讼、转让、许可、质押等），有些仅对企业的知识产权管理进行笼统的介绍，但鲜有从知识产权律师角度来为企业知识产权管理出谋划策的书籍，特别是针对企业全生命周期过程中的知识产权管理工作进行辅导的书籍。本书的撰写初衷正是基于这样的考虑，具体来说，本书的撰写考虑到企业如下三个方面的急迫需求。

1.1 如何充分地对企业知识产权进行维护、管理和应用？

目前中国企业在知识产权管理方面，存在重研发轻保护、重获权轻运营、重授权轻维护等较为普遍的问题。企业投入大量的研发力量，但在保护维度和保护力度上可能存在不够充分的问题。在知识产权的获权过程中，企业过于关注如何获得权利，而未考虑到获权的保护范围，难以有效保护自身权益，以及获权后难以进行有效运营和运用。在知识产权授予权利之后，又经常忽略后续维护，导致维护成本过高、不能充分发挥知识产权的效能等问题。

因此，如何在企业设立的时候，就考虑到知识产权的管理工作；如何在企业研发、采购、销售、融资的各个环节上加强知识产权的保护和应用；如何在企业上市、终止的各个阶段充分发挥知识产权的效用，这些都是企业在知识产权管理方面需要考虑的问题。

1.2 实务中知识产权律师如何看待企业的知识产权管理工作? ▶▶▶

知识产权律师在诉讼业务中是连接企业与行政机构、司法机构的纽带，在非诉业务中是企业知识产权管理工作的服务保障。由于能够接触到不同的部门机构、不同的企业主体，因此知识产权律师在诉讼、非诉讼领域积累了丰富的知识产权相关经验，特别是企业在知识产权管理工作方面的风险点，以及可供借鉴的优秀的知识产权管理经验。

本书期望从知识产权律师的角度，帮助企业管理者总结和反思企业知识产权管理工作中的问题，通过典型的司法判例或者实际案例，来帮助企业完善和提高日常的知识产权管理工作。

1.3 企业全生命周期的不同阶段如何进行知识产权管理? ▶▶▶

企业的发展包括不同的阶段，如何让企业管理者根据自身的不同发展阶段，直接就能找到符合企业发展阶段需求的、有针对性的知识产权管理工作的解决之道，亦是本书的关注重点。

本书的撰写充分考虑到企业全生命周期知识产权管理工作中可能存在的特殊问题，细致地将企业的知识产权管理工作划分为企业设立、企业研发、企业采购、企业销售、企业融资、企业上市、企业终止等不同阶段，并有针对性地研究其典型性的知识产权管理问题，从而为企业管理者提供极具参考价值的知识产权管理工作相关建议。

在书籍内容上，本书重点关注知识产权领域中的专利、商标、版权和商业秘密这四大板块的相关问题，这四大板块也代表了知识产权管理工作的重中之重。并且，本书还引用了大量的典型案例，特别是司法判例、上市案例，期望这些实际的典型案例的介绍和研究能够为企业的知识产权管理工作提供具有实际借鉴价值的参照样本。

总之，本书通过理论经验与实际案例相结合的方式，为企业全生命周期的知识产权管理工作提供了极具实际借鉴意义的宏观策略和微观建议。希望本书能够提供绵薄之力，以推动企业更为高效地进行知识产权管理工作，为企业的飞速发展和持续繁荣保驾护航。

第二章 企业设立时的知识产权管理

知识产权管理工作应当在企业设立之前规划和谋划好，以取得竞争上的先机优势，具体包括：专利、商标、版权、商业秘密、域名注册等各个方面的规划工作，并且各方面侧重点有所不同。

2.1 企业设立时的专利管理

2.1.1 企业设立时应提前做好专利布局规划

针对不同类型的企业，知识产权的管理是不同的。在专利方面，初创企业技术积累通常较为薄弱，研发初期的主要任务在于对产品的功能进行改进，或者对商业模式进行创新应用。

针对“核心技术”类知识产权，企业可以考虑重点专利布局，将可能的可替代技术方案形成专利包，避免竞争对手可能作出的专利规避。而针对“改进型的应用型技术”，可以采用面向市场宣传和推广的专利申请策略，将能够提升用户体验感的技术点打造成核心卖点专利，配合宣传推广。

同时，专利布局规划也应关注目标市场的情况，特别是海外市场。作为管理者，需要考虑产品销售的地区和国家，提前做好海外专利布局。比如，利用《巴黎公约》或者《专利合作条约》(Patent Cooperation Treaty，PCT)进行国际专利申请的途径来以成本最低的方式进入各个国家，做好全球专利布局和保护。

此外，对于跨国公司在国外新设立的子公司，为了降低侵权风险，在专利方面，需要提前做好布局。特别是对于研发、上市的重点产品，应做好专利自由实施尽职调查（Free to Operate，FTO）的工作，以防止侵权现象的发生，阻碍产品的全球销售和推广。

2.1.2　应关注创始人与企业之间的专利权属纠纷

知识产权（特别是专利）是高科技初创型公司的核心生命线。对于初创型企业而言，很容易发生创始人（包括创始员工）与企业之间的知识产权权属纠纷。

具体来说，高科技初创型公司在知识产权方面的权属风险主要有以下几个方面：

（1）知识产权权属瑕疵：创始人/创始团队投入公司的知识产权权属不清，或者与其原任职机构存在权属争议，或者与其他合作取得该知识产权的合作者之间存在权属争议等。

（2）知识产权衍生权属瑕疵：在将知识产权转化为产品的过程中，公司核心技术团队需要对技术进行调整、优化、升级等工作，此环节会产生新知识产权。若该等衍生知识产权的权属在公司与技术团队之间未能明确其归属，则将对未来产品的迭代升级造成潜在风险。

（3）知识产权泄露：在将知识产权转化为市场接受的产品的过程中，知识产权（特别是专有技术、技术秘密类知识产权）可能被产品加工企业或下游相邻合作伙伴通过不正当手段获取，从而导致专有技术或者技术秘密丧失其商业价值。

针对初创型公司的上述知识产权权属风险，可以考虑采用如下方式来避免：

（1）对知识产权权属进行详尽的尽职调查：通过梳理查询权属证书、权属取得过程中的历史文件等，核查知识产权的权属归属。

（2）与争议方通过谈判、诉讼或调解/和解方式确定最终归属：若知识产权存在权属争议，则需与相关争议方通过谈判、诉讼或调解/和解方式确定最终归属，避免在公司发展壮大后再来处理此源头问题时可能需要支出的昂贵代价。

（3）签署知识产权归属协议及技术秘密保护协议，包括：①与核心技术团队成员签署知识产权归属协议，防止未来技术更新过程中新增知识产权归属的混淆。②与上下游合作伙伴签署专有技术、技术秘密保护协议，防止专有技术、技术秘密外泄。

【典型案例】彭某晖、张某志与深圳市某百诺基因技术有限公司专利权权属纠纷案，（2014）粤高法审监民再字第21–25号

【基本案情】留美博士彭某晖在深圳成立公司，研发、生产基因治疗药物"今又生"。在彭某晖信心满满地开始科研成果产业化后，遇到了资金紧缺的困扰。2006年，一家公司通过股权转让方式控股了彭某晖成立的深圳市某百诺基因技术有限公司（以下简称某百诺公司），并于2008年与彭某晖就"今又生"相关技术专利权属打起了官司。1998年1月，彭某晖回国后，在深圳南山区成立了某百诺公司。将特定基因导入人体，用基因"治疗"疾病，一直是生物医药科技的前沿领域，2003年，基因治疗药物"重组人p53腺病毒注射液"（注册商标名：今又生/Gendicine）取得新药证书。在某百诺公司初创阶段，主要工作是研发，而当新药开始产业化后，某百诺公司出现了资金短板问题，一度产生危机。为此，彭某晖开始四处融资。而此时，湖北某达鄂北制药公司（以下简称某达公司）出现在彭某晖眼前。2006年10月，某百诺公司董事会决议，同意某达公司收购某百诺公司两个法人股东57.57%的股权，某达公司由此入主并控股某百诺公司。在管理经营上，双方发生分歧，而后，双方的分歧开始在专利归属上展开，在公司初创阶段，彭某晖是6个专利的申请人和权属人，其中1个涉及生产工艺的专利以实际作价1994万元，于2003年已变更到某百诺公司名下。剩下5个专利权属成为双方争论的焦点。2007年，某达公司要求彭某晖变更其专利到某百诺公司，彭某晖认为不能无条件、无偿变更。2008年8月某百诺公司的控制人一纸诉状将彭某晖等人告上深圳中院，认为彭某晖等人的5项中国发明专利和3项国际发明专利（已在36个国家授权）属于职务发明，应变更专利的权利人。彭某晖等人在深圳中院、广东省高院皆败诉。后向广东省高检申请监督，经最高检向最高法抗诉，该案又被裁定发回广东省高院再审。

【法院观点】从"重组人p53腺病毒注射液"技术及相关成果的成熟完善

以及专利代理合同的签订、相关费用的承担来看，涉案专利权应归某百诺公司享有。1999年6月，彭某晖与某政公司签订《合作投资协议书》时，双方并未就“重组腺病毒－P53抗癌注射液”技术及相关成果的内容进行描述，彭某晖亦未举证证明签订该合同时其已完成了成熟的“重组腺病毒－P53抗癌注射液”技术及相关成果。从1998年开始，“重组人p53腺病毒注射液”研发、临床试验、药品证书颁发及获取政府的资助等均以某百诺公司的名义进行。同时，从某百诺公司申请政府基金资助的文件来看，某百诺公司“重组人p53腺病毒注射液”等技术的研发是包括彭某晖在内的研发团队在进行，由某百诺公司提供物质条件，并承担法律责任。因此，“重组腺病毒－P53抗癌注射液”技术及相关成果的雏形是由彭某晖提出的，该技术的逐步完善是由包括彭某晖、张某志在内的某百诺公司的技术团队完成。自2002年以来，涉案专利委托代理合同及国际专利的申请之协议书的签订，均由某百诺公司与专利代理机构签订，相应的委托代理费、专利申请费等均由某百诺公司支付。

【案例点评】该案经过多轮审理，企业创始人发明的新药是否属于职务发明，应分多种情况判断。如果在企业成立之前，完成了发明创造，则应当属于个人发明；如果是在企业成立之后，则要分情况考虑是否有约定或者其他情形。该案例是创始人与企业之间的知识产权权属纠纷的典型代表，为了明晰权属，建议管理者提前明确知识产权归属，以防止发生争议。

【典型案例】某默生电气（珠海）有限公司诉深圳市某阿尔电气有限公司、王某豫专利权权属纠纷案，（2016）粤03民初2842号

【基本案情】某默生电气（珠海）有限公司（以下简称某默生公司）诉被告深圳市某阿尔电气有限公司（以下简称某阿尔公司）、第三人王某豫专利权权属纠纷一案，原告认为：1.某默生公司为“热熔断器冲压装置”技术成果的合法权利人。原告某默生公司隶属于世界知名的某默生电气公司，于1992年在深圳设立，并于1998年开始从事热熔断器的制造和销售。在热熔断器制造过程中，需使用热熔断器冲压装置这一生产工具。某默生公司所使用的热熔断器冲压装置是依据某默生公司拥有全部权利的技术成果所制造的。由于业务调整，某默生公司热熔断器制造和销售业务转由某默生公司实施，该等业务相关

的技术成果全部转让给某默生公司。因此，原告某默生公司是“热熔断器冲压装置”这一技术成果的合法权利人，可以据此提出专利权权属纠纷的民事诉讼。2. 被告系从原告处获取了涉案技术成果，并据以取得了名称为“热熔断器冲压装置”、专利号为 ZL201020142264.8 的实用新型专利权，该专利权于 2010 年 3 月 26 日由被告申请，记载的发明人为王某豫。上述专利记载的发明人王某豫于 2005 年 6 月至 2008 年 1 月任职于某默生公司，其间，任热熔断器生产线协调员，能够接触到某默生公司与热熔断器冲压装置相关的技术图纸。同时，被告原董事长林某于 1994 年 7 月 11 日至 2007 年 10 月 25 日任职于某默生公司，并于 2004 年 3 月 18 日至 2007 年 10 月 25 日任董事长职务，管理某默生公司产品的全部运营工作，同样能够接触到热熔断器冲压装置的全部技术信息。经对比，原告发现被告申请的涉案专利技术方案与某默生公司自 1998 年以来使用的热熔断器冲压装置技术方案完全相同，甚至其实施例的附图与原告保存的技术图纸中的图示完全相同。由于某阿尔公司的创始人以及被告涉案专利的发明人均曾任职于某默生公司，且均可以接触到某默生公司热熔断器冲压装置的技术方案和技术图纸。3. 某阿尔公司利用非法获取的实用新型专利权向广东省知识产权局投诉某默生公司侵犯其专利权，另外，某阿尔公司还利用上述 ZL201020142264.8 号实用新型专利权投诉了为某默生公司制造热熔断器冲压装置的供应商深圳市 ×× 精密机械有限公司。某阿尔公司主要从事热熔断器的制造和销售，与原告具有竞争关系；某阿尔公司为了市场竞争的目的，利用某默生公司所拥有的技术成果，非法获取实用新型专利权，并且利用知识产权行政投诉程序投诉某默生公司及某默生公司供应商，窃取技术成果、非法获得专利、非法投诉的行为具有明显的恶意，严重干扰了原告的正常生产经营活动，并在市场上造成了十分恶劣的影响。

【法院观点】由于某阿尔公司的创始人林某以及涉案专利的发明人王某豫均曾任职于某默生公司，均可以接触到某默生公司热熔断器冲压装置的技术方案和技术图纸，某阿尔公司专利中的技术方案与形成于涉案专利申请日之前的原告图纸的技术方案实质相同，结合庭审涉案专利发明人王某豫的陈述，足以认定被告的涉案专利技术方案来自某默生公司，并非基于被告自行研发的技术成果，其权利应当由原告享有。

【案例点评】本案是典型的由员工离职创业导致的知识产权归属纠纷，而且该等员工还实施利用申请的专利进行投诉等恶意竞争行为，这提示管理者在企业管理过程中要加强专有技术、技术秘密的管理，并加强员工知识产权归属和技术秘密意识的培训。而对于初创企业而言，应在企业成立过程中，做好核心技术的权属风险防控，特别是对于创始者或员工的背景应加强调查，防止与先前工作单位产生知识产权权属纠纷。

2.2 企业设立时的商标管理

有管理者认为，公司设立时没有考虑商标问题是正常的，毕竟商标申请的主体还没设立，应等公司设立之后开始商标注册。这种观点看似符合逻辑，但常见情况是，待公司设立后再考虑商标布局和注册，可能为时已晚，而且刚刚设立的公司名称可能还会存在侵权风险，因此在企业设立之初考虑商标规划工作，十分必要。

2.2.1 企业名称的登记应注意规避“傍名牌”的恶意行为

实践中，很多公司都会将公司名称中的字号作为核心商标进行注册和使用，如知名品牌华为和联想。在中国，商标权与企业名称权经不同的行政机关依法注册、登记产生，两者的审查机制和主管机关完全不同。

具体来说，商标授权确权的行政主管机关在我国只有一个，即国家知识产权局商标局；而对于企业名称登记，县级以上人民政府市场监督管理部门即有权负责辖区内设立企业的企业名称登记管理。因此，商标和企业名称中（字号）的冲突经常不可避免。这种冲突有时候是侵权人故意为之，称之为“傍名牌”。

【典型案例】某度建筑装饰（北京）有限公司与苏州某螳螂建筑装饰股份有限公司不正当竞争纠纷案（“某螳螂”案），（2017）京73民终1078号

【基本案情】苏州某螳螂公司成立于1993年1月6日，原名苏州某螳螂建筑装饰有限公司，于2004年4月30日经工商行政机关核准名称变更为现名，

经营范围包括承接各类建筑室内、室外装饰装修工程的设计及施工，建筑装饰设计咨询、服务等。1997 年 6 月 14 日，经商标局核准，苏州某螳螂建筑装饰有限公司注册第 1031597 号、第 1031891 号某螳螂商标，核定服务项目分别为第 37 类室内装饰等、第 42 类建筑物装饰的设计等。2004 年 12 月 7 日，第 1031597 号某螳螂商标经商标局核准转让至苏州某螳螂公司，后该商标经核准续展注册期限至 2017 年 6 月 13 日。2005 年 12 月 12 日，第 1031891 号某螳螂商标注册人名义变更为苏州某螳螂公司，后该商标经核准续展注册期限至 2017 年 6 月 13 日。审理中，苏州某螳螂公司明确仅主张北京某螳螂公司注册涉案企业名称的行为构成不正当竞争，表示暂未发现北京某螳螂公司在实际经营中使用某螳螂字样。北京某螳螂公司陈述其成立后没有从事建筑装饰行业，而是从事展览展示相关行业，使用“5 艺术”标志，并就此提供了相关证据材料。

【法院观点】北京知识产权法院二审认为，由于企业名称与商标均属于商业标识，均能够起到区分商品或服务来源的作用，因此未经许可将他人具有一定知名度的商标标志文字注册使用在相同或类似商品或服务领域的企业名称中，易使相关公众对商品或服务的来源产生混淆，导致在后的企业名称使用人可以攀附在先商标权人的商誉，由此损害到在先商标权人的利益，进而扰乱市场竞争秩序。本案中，苏州某螳螂公司据以主张权利的两枚涉案商标标志均为“某螳螂”，根据其提供证据显示在北京某螳螂公司登记注册前，涉案商标经苏州某螳螂公司连续多年宣传、使用已在建筑装饰等相关领域具有较高知名度，并承载了苏州某螳螂公司的良好商誉，加之“某螳螂”一词用于建筑装饰领域显著性较强，故涉案商标已与苏州某螳螂公司建立起了稳定的一一对应关系。北京某螳螂公司在涉案商标已具备相当市场知名度的情况下，仍然将涉案商标“某螳螂”用于其企业字号，且初始登记的企业名称的行业表述为“建筑装饰工程”以及经营范围包括建设装饰工程设计，与涉案商标核定使用的、苏州某螳螂公司实际从事的建筑装饰行业相同。北京某螳螂公司初始的企业名称登记注册行为在主观上具有不正当竞争的恶意，客观上容易误导公众，使相关公众误认为其与涉案商标权利人苏州某螳螂公司之间存在关联关系，已构成不正当竞争。尽管本案二审期间，北京某螳螂公司两次更名并变更经营范围，但其最终使用的“北京某螳螂工程设计有限公司”名称中仍含有“某螳螂”，行业表述的“工程设计”、相应经营范围仍与涉案商标核定使用服务构成相同或类似服务，故北京某螳螂公司变更后的企业名称仍然存在容易误导公众、混淆服务来源之虞，不足以改变一审判决中关于北京某螳螂公司承担停止使用企业名称的法律责任。

【案例点评】由上述案例我们知悉，一些企业为了“傍名牌”，故意将与自己相同或密切相关行业的在先知名商标作为自己企业的字号进行恶意使用，这种在当地市场监督管理部门进行恶意登记的行为，容易构成不正当竞争行为。

2.2.2 加强商标检索，避免字号过失侵权行为

除了“傍名牌”的恶意行为，还有某些企业只是未充分尽到注意义务，存在过失的侵权行为，但这也会对企业的后续经营造成非常不利的影响。因此，我们建议，在设立公司选取公司名称时，就应当提前对拟使用的字号进行商标检索，对选取的字号在公司日后所经营的领域中，检索是否有在先注册或申请的商标，以避免选取的字号在今后使用中构成不正当竞争或者商标侵权，导致最终不得不改变企业字号的命运以及可能承担的赔偿责任。

【典型案例】杭州市下城区某招鲜酒家与谭某飞侵害商标权及不正当竞争纠纷案（“某招鲜”案），（2021）浙民再 34 号

【基本案情】关于第 1445942 号商标相关信息及谭某飞使用情况，保定市某招鲜火锅城系第 1445942 号商标的注册人，注册有效期限为 2000 年 9 月 14 日至 2010 年 9 月 13 日，核定服务项目为第 42 类：餐厅、饭店、餐馆、快餐店、自助餐馆、流动饮食供应。保定市某招鲜火锅城于 1994 年成立，2005 年核准吊销；2000 年至 2005 年在保定市开设三家分店。经商标局核准，第 1445942 号商标于 2006 年 10 月 7 日转让给王某忠。2009 年 3 月 11 日，王某忠与谭某飞签订《商标权转让合同》，约定王某忠将第 1445942 号商标永久性转让给谭某飞，转让价款 10 万元，但该商标在河北省区域内的独占无偿使用权归王某忠终身所有。2009 年 10 月 20 日，第 1445942 号商标经核准转让给谭某飞，并核准续展有效期自 2010 年 9 月 14 日至 2020 年 9 月 13 日。2007 年 1 月 9 日，谭某飞将其注册成立的其他字号火锅店变更名称为绍兴市越城某招鲜饭店。

2007 年 2 月 13 日，谭某飞注册成立绍兴市越城区谭某飞火锅店。2017 年 6 月至 2018 年 5 月，谭某飞以杭州某招鲜品牌投资有限公司（总部）（经查询未有该公司登记注册信息）的名义分别与位于杭州萧山、建德、下沙及绍兴越城等地的经营者签订《某招鲜特许经营加盟协议书》，其拍摄的照片显示，各个门店在店招上使用的“某招鲜”在字体、颜色等方面均不统一，且没有与第 1445942 号商标相同的标识。

2002 年 9 月，某招鲜酒家经营者方某明申请成立个体工商户，在其申请的 3 个字号中经工商行政管理部门核准字号为“杭州市下城区某招鲜酒家”，并于 2002 年 10 月 15 日注册成立，经营范围为中型餐馆，经营地址在杭州市下城区香积寺路颜家里 127 号。2007 年 5 月 31 日的《钱江晚报》D 版广告中有某招鲜酒家某招鲜饭店的相关介绍。消费者在大众点评、美团网上关于某招鲜酒家门店的评论中，不乏“老客户”“某招鲜是杭州的老牌子”“是一家老店”等内容。方某明系杭州某米餐饮管理有限公司的股东，杭州某米餐饮管理有限公司经注册取得在第 43 类的“某招鲜过年”和“某招鲜渔年”服务商标，有效期均为 2016 年 12 月 21 日至 2026 年 12 月 20 日。

【法院观点】二审法院认为，根据《商标法》第五十七条第二项规定，未经商标注册人的许可，在同一种商品上使用与其注册商标近似的商标，或者在类似商品上使用与其注册商标相同或者近似的商标，容易造成混淆的，属于侵犯注册商标专用权的行为。涉案商标核准注册于 2000 年 9 月 14 日，核定服务项目为第 42 类：餐厅、饭店、餐馆、快餐店、自助餐馆、流动饮食供应。自核准注册之日起注册人即享有该注册商标专用权。原“杭州市下城区某招鲜酒家”于 2002 年 9 月登记，晚于前述商标的注册核准时间，依法不享有“某招鲜”字号的在先使用权。某招鲜酒家使用“某招鲜”字号的经营范围为中型餐馆，该经营范围属于前述注册商标的核定服务范围之内，而“某招鲜”字号与案涉注册商标的主要识别部分“某招鲜”三字读音、文字均相同，容易造成混淆。一审法院认定某招鲜酒家使用“某招鲜”字号的行为侵犯了谭某飞注册商标专用权并无不当，予以确认。一审法院根据某招鲜酒家的侵权实际情况，酌情判定其赔偿谭某飞 7 万元经济损失（含制止侵权支出的合理费用），亦属合理，予以维持。

【案例点评】从上述案例中，我们得知在设立公司选取公司名称时就应当提前对拟使用的字号进行商标检索，对选取的字号在公司日后所经营的领域检索是否有在先注册或申请的商标，以避免选取的字号在日后使用中构成不正当竞争或者商标侵权，导致最终不得不改变企业字号以及可能承担赔偿责任。

2.3 企业设立时的版权管理

企业在设立时需要非常重视版权保护工作，以维护自身版权利益，并有效防范版权风险。具体来说，企业在设立时的版权管理工作，主要体现在以下几个方面。

2.3.1 根据行业类型、企业性质对版权保护工作设立不同的管理标准

不同行业对于版权保护的关注度和参与度有一定差异，我们根据这种差异性将各行业主体粗略分为版权重度参与企业、版权中度参与企业、版权低度参与企业三类。

（1）版权重度参与企业通常认为版权属于行业中非常重视的重要资产和取得竞争优势的重要标的。这类企业包括主要经营文字作品、口述作品、音乐、戏剧、曲艺、舞蹈、杂技艺术作品、美术、建筑作品、摄影作品、视听作品、工程设计图、产品设计图、地图、示意图等图形作品和模型作品、计算机软件等著作权法下重点保护客体①的企业。

这类企业既包括作家、音乐家、戏剧家、舞蹈家、画家、科学家等各种创作者主体，也包括中国作家协会、中国文字著作权协会、中国音乐家协会、中国音乐著作权协会、中国电影著作权协会等保护组织，还包括广播电视台、影

① 《著作权法》第三条：“本法所称的作品，是指文学、艺术和科学领域内具有独创性并能以一定形式表现的智力成果，包括：（一）文字作品；（二）口述作品；（三）音乐、戏剧、曲艺、舞蹈、杂技艺术作品；（四）美术、建筑作品；（五）摄影作品；（六）视听作品；（七）工程设计图、产品设计图、地图、示意图等图形作品和模型作品；（八）计算机软件；（九）符合作品特征的其他智力成果。”

视传媒公司、KTV 经营企业、中国知网、起点中文网（阅文集团）、腾讯音乐 / 视频、网易音乐 / 视频、今日头条、抖音、快手等各种作品传播渠道或平台。

（2）版权中度参与企业通常会认为版权属于行业中经常遇到的问题，对于版权保护和版权侵权风险需要给予一定关注。这类企业经常会用到著作权法下各种重点保护客体，并将其应用到经营活动中或销售的产品之中。

例如，由于互联网的兴起和作品传播渠道的多样化，目前大量的互联网企业（例如华为、腾讯、阿里巴巴、百度、小米、OPPO、VIVO）、高新技术企业（例如人工智能、智慧医疗、智慧物流、智慧金融等）、转型后的传统行业主体（例如机械、化工、冶金等传统行业在“互联网 +”的加持之下转型）以及电商平台（包括淘宝、京东、拼多多、微商）上的各种商家。此类企业无论是在生产经营中，还是在产品营销宣传中经常都会面临版权问题。由于这些企业较大概率会使用到各种版权保护的作品，因此需要关注版权保护工作以及相关的版权侵权风险。

（3）版权低度参与企业通常会认为版权保护工作较少涉及，目前阶段对于版权保护的工作需求较低，版权侵权风险也并不会对企业的运营产生较大影响。

这类企业主要是传统行业中的相关企业，或者是经营规模较小的经营者，例如传统的农林业企业、畜牧业企业、采煤采矿企业、机械、化工、冶金等领域的企业主体。由于此类企业对版权的需求较少，侵权风险也较低，因此企业对版权保护的关注度较低。

针对以上三类行业主体，作为企业，在设立之初就应该清楚地认识到企业所处的行业情况，找准企业自身的定位和盈利模式，并根据行业中对版权保护程度的高中低层级来合理设置企业版权保护的管理标准。具体分析如下。

（1）对于版权重度参与企业而言，从一种角度看，由于版权保护工作非常重要，因此企业在设立之初，就应该尽量建立较为完备的版权保护制度，以较高的管理标准来约束企业的日常经营，从而既有效保护自身的版权利益，又降低版权侵权的风险。从另一种角度看，由于版权重度参与企业所处的行业竞争尤为激烈，因此如何在企业设立之初找准自身的定位，并在合法的前提下建立起自己的经营模式和盈利模式，是非常值得关注的一个问题。

由于行业中前期参与者有先发优势，而后来者可以活动的空间通常较为有限，又由于行业中版权侵权风险非常之大，因此企业应综合权衡企业定位、盈利模式、版权侵权风险等各种因素，来实现自身利益最大化。如果企业的方向在成立之初就已经错了，则后续无论发展得如何壮大，最终的结果都可能是建立在沙土之上的大厦顷刻覆灭，这样的实例并不鲜见，有些甚至会引发刑事责任。

【典型案例】“某趣阁小说网”经营者侵犯著作权罪案①

【基本案情】自 2017 年以来，被告人李某某以营利为目的，在互联网上建立“某趣阁”网站（域名为 www.bequge.com），租赁服务器，使用自动采集器大量复制他人享有著作权的文字作品供读者阅读，并通过在该网站刊登广告的形式收费牟利。截至案发时，被告人李某某通过上述方式发行上海某公司拥有独家信息网络转播权的作品 3600 部，非法经营额达 20 万余元。自 2018 年 8 月以来，被告人刘某某在明知李某某未经著作权人许可复制其文字作品并在“某趣阁”网站发行的情况下，仍为该网站提供出租服务器、网站维护防御、架设采集通道等技术支持，参与非法经营数额达 10 万余元。经鉴定，从“某趣阁”网站下载的 3600 部小说作品与同名权利作品存在实质性相似。2019 年 1 月 9 日，被告人李某某、刘某某被公安机关抓获归案。法院经审理认为，被告人李某某以营利为目的，未经著作权人许可，复制发行大量他人文字作品，情节特别严重，其行为触犯了《刑法》第二百一十七条的规定，构成侵犯著作权罪。被告人刘某某在明知被告人李某某非法经营侵权销售网站的情况下，仍为其提供技术服务，并谋取非法利益，情节严重。其和被告人李某某的行为符合《刑法》第二十五条的规定，系共同犯罪，亦构成侵犯著作权罪。法院最终判决：被告人李某某犯侵犯著作权罪，判处有期徒刑三年，缓刑四年，并处罚金人民币 12 万元；被告人刘某某犯侵犯著作权罪，判处有期徒刑一年，缓刑二年，并处罚金人民币 6 万元，两人违法所得予以没收。

【法院观点】随着移动手机和 APP 软件的流行，越来越多的人开始习惯电子阅读。不少经营者也从中发现了商机，纷纷设立网站平台发布网络文学作品

---

① 徐州中院 2019 年发布的知识产权保护典型案例之一。

以吸引读者，赚取流量和关注度。但经营的规范性问题也就随之而来，有部分网站经营者为了在短时间内充实自身网站，会采取链接他人网络文学作品或者直接复制他人文学作品的方式，在平台上发布作品供读者阅读。随着信息采集复制技术的进步，这种链接和复制目前举手之间便能完成，这种易操作模式容易让人对其产生错觉，认为这就是一件再小不能小的小事。事实上，其后果是十分严重的。我国《刑法》第二百一十七条第一款第一项规定，以营利为目的，未经著作权人许可，复制发行其文字作品、音乐、电影、电视、录像作品、计算机软件及其他作品的，违法所得数额较大或者有其他严重情节的，处三年以下有期徒刑或者拘役，并处或者单处罚金；违法所得数额巨大或者有其他特别严重情节的，处三年以上七年以下有期徒刑，并处罚金。另外根据最高人民法院、最高人民法院检察院共同颁布的知识产权刑事案件司法解释，通过信息网络向公众传播他人文字等作品的，应当视为上述法条规定的“复制发行”。同时，复制品数量合计在500张（份）以上，即属于《刑法》规定的有其他严重情节，复制品数量合计在2500张（份）以上，即属于《刑法》规定的“有其他特别严重的情节”。本案中，被告人李某某未经权利人允许，擅自通过信息网络向公众传播其文字作品，数量已经超过了2500张，符合上述法律和司法解释的规定，故法院作出了如上判决。通过本案，在此也提醒各位网站经营者，一定要依据法律规定合规经营。这样，不仅能维护良好的竞争秩序，也能避免相应的经营风险。

【案例点评】版权犯罪是非常常见的知识产权类犯罪，企业在成立之初就应考虑版权侵权风险，找好企业定位和盈利模式，如果企业在创立之初就选错了方向，则后续极有可能会产生侵权纠纷，甚至会触碰刑事风险，本案就是非常典型的实际案例。

（2）对于版权中度参与企业而言，可以根据企业的实际使用需要建立适合自己的版权保护制度，以适中的管理标准来维护自身的权益，并合理规避运营风险。虽然相对于版权高度参与企业而言，版权中度参与企业的创作活动活跃度并不高，但对于有关企业核心产品的作品，建议企业主体仍然要及时进行有效保护（例如版权登记），以防止第三方侵犯著作权的情形发生。

在版权侵权风险防控方面，版权中度参与企业通常都是作为作品的使用者或销售者而出现在版权诉讼之中，通常企业都想通过类似合法来源抗辩[①]的形式来赢得诉讼。但实际上在版权领域中，适用于合法来源抗辩的情形比较局限，特别是对于销售者而言，最终重点关注的仍然是其是否存在具体的著作权侵权行为[②]。如果最终的事实证明，企业在销售或者使用相关版权作品时，并未直接或间接地获得过著作权人的许可，则仍然会存在构成版权侵权的潜在风险。

【典型案例】广东某声动漫股份有限公司、义乌市某艳电子商务有限公司、厦门某尚辰投资管理有限公司侵害作品复制权纠纷、侵害作品发行权纠纷、侵害作品信息网络传播权纠纷案，（2018）浙0782民初4996号

【基本案情】国家版权局于2007年6月5日审核登记了广东某声唱片制作有限公司申请的涉案美术作品《猪猪侠》，登记号为：2007-F-06886。该作品已经通过动画片放映的方式公开。广东某声唱片制作有限公司先后变更名称为广

① 《著作权法》第五十九条："复制品的出版者、制作者不能证明其出版、制作有合法授权的，复制品的发行者或者视听作品、计算机软件、录音录像制品的复制品的出租者不能证明其发行、出租的复制品有合法来源的，应当承担法律责任。在诉讼程序中，被诉侵权人主张其不承担侵权责任的，应当提供证据证明已经取得权利人的许可，或者具有本法规定的不经权利人许可而可以使用的情形。"《最高人民法院关于审理著作权民事纠纷案件适用法律若干问题的解释》（2020年修正）第十九条："出版者、制作者应当对其出版、制作有合法授权承担举证责任，发行者、出租者应当对其发行或者出租的复制品有合法来源承担举证责任。举证不能的，依据著作权法第四十七条、第四十八条的相应规定承担法律责任。"

② 《著作权法》第五十二条："有下列侵权行为的，应当根据情况，承担停止侵害、消除影响、赔礼道歉、赔偿损失等民事责任：（一）未经著作权人许可，发表其作品的；（二）未经合作作者许可，将与他人合作创作的作品当作自己单独创作的作品发表的；（三）没有参加创作，为谋取个人名利，在他人作品上署名的；（四）歪曲、篡改他人作品的；（五）剽窃他人作品的；（六）未经著作权人许可，以展览、摄制视听作品的方法使用作品，或者以改编、翻译、注释等方式使用作品的，本法另有规定的除外；（七）使用他人作品，应当支付报酬而未支付的；（八）未经视听作品、计算机软件、录音录像制品的著作权人、表演者或者录音录像制作者许可，出租其作品或者录音录像制品的原件或者复制件的，本法另有规定的除外；（九）未经出版者许可，使用其出版的图书、期刊的版式设计的；（十）未经表演者许可，从现场直播或者公开传送其现场表演，或者录制其表演的；（十一）其他侵犯著作权以及与著作权有关的权利的行为。"

东某声文化传播有限公司、广东某声动漫股份有限公司。2017 年 11 月 17 日，原告的委托代理人李某峻在公证员的见证下在被告厦门某尚辰投资管理有限公司开设的京东商城“某尚辰户外运动专营店”中，点击“儿童泳衣男童泳裤平角泳裤卡通婴幼儿宝宝泳裤婴童馆猪猪侠均码（适合 2—8 岁）”的链接购买了被诉侵权产品泳裤 1 件，花费 36 元（其中运费为 8 元），在公证员的监督下，原告委托代理人对包裹进行了拆包、拍照并重新封装。为此，原告支付了公证费 1000 元。另查明，被诉侵权产品系被告厦门某尚辰投资管理有限公司在原告下单后到被告义乌市某艳电子商务有限公司经营的网店中购买并寄送给原告。

【法院观点】原告向本院提交了涉案美术作品的登记证书，该美术作品具有独创性，在没有充足的相反证据的情况下，应当认定原告系涉案美术作品的著作权人，且该作品已公开发表，其权利受我国法律保护。经庭审比对，被诉侵权产品上使用的图案，整体图案在元素与组合、线条与表达等方面基本相同，差异细微，通过综合判断，构成实质性相似。本案侵权产品源于被告义乌市某艳电子商务有限公司，其未经原告许可销售被诉侵权产品，属于著作权法意义上的发行行为，侵犯了涉案美术作品的发行权，应当承担相应的法律责任，故原告要求其赔偿损失的诉请，本院予以支持。关于被告厦门某尚辰投资管理有限公司的责任，其虽然提供了侵权产品源于被告义乌市某艳电子商务有限公司的证据，但涉案美术作品系知名美术作品，其在京东商城店铺内发布的产品链接上明确标注“猪猪侠”，向被告义乌市某艳电子商务有限公司购买侵权产品的价格畸低，其抗辩不构成著作权法上的合法来源抗辩，本院不予采信，故亦应承担损害赔偿责任。关于赔偿数额，鉴于原、被告双方均未能提供证据证明原告因侵权行为所遭受的实际损失或者被告侵权的实际获利，本院综合考虑涉案作品为美术作品、作品的知名度、侵权行为为销售、侵权产品的销量、原告为本案做了证据保全公证及委托了律师出庭等具体因素，酌情确定被告应向原告给付维权合理费用及经济损失共计 9000 元（含合理费用）。被告厦门某尚辰投资管理有限公司经本院合法传唤，无正当理由拒不到庭，依法可缺席判决。法院最终判决：被告义乌市某艳电子商务有限公司于本判决生效后五日内赔偿原告广东某声动漫股份有限公司经济损失 4500 元（含合理费用）。被告厦门某尚辰投资管理有限公司于本判决生效后五日内赔偿原告广东某声动漫股份有限公司经济损失4500元（含合理费用）。

【案例点评】本案中被告企业试图通过类似合法来源抗辩的形式赢得诉讼，避免赔偿，但实际上对于销售者而言，最终重点关注的仍然是其是否存在具体的著作权侵权行为，这一点值得相关企业关注。

【典型案例】广东某创动力文化传播有限公司与杭州萧山某阳天月伞厂侵害作品复制权纠纷、侵害作品发行权纠纷案，（2020）鲁17民初318号

【基本案情】原告系动画片《喜羊羊与灰太狼》中“喜羊羊”和“暖羊羊”美术作品的著作权人。2008年8月29日，广东省版权保护联合会对动画片《喜羊羊与灰太狼》中“喜羊羊”卡通形象颁发了《作品登记证》，作品类型为美术作品，作者为罗某康，著作权人为原告（受让取得），作品登记号为作登字19-2008-F-1173。2019年5月14日，山东省济南市钢都公证处的公证员李某、许某与济南三石知识产权服务有限公司的委托代理人谢某振，来到山东省鄄城县鄄三路家和购物广场，谢某振花费70.4元购得“天月伞”等物品。庭审中，经当庭验视，公证购买物品封存状态完好，当庭拆开封存物品，取出雨伞一把，伞的外包装上印有天月商标及两只造型不同的卡通羊形象。经庭审对比，被控侵权产品外包装所印刷的两只卡通羊形象均为拟人化形象，在形象特征、身体比例等的整体视觉效果及细节处理上都与原告享有著作权的“喜羊羊”“暖羊羊”美术作品极为近似，构成实质性相似。

【法院观点】《著作权法》（2010年修正）第十条第一款第五项、第六项规定，复制权是以印刷、复印、拓印、录音、录像、翻录、翻拍等方式将作品制作一份或者多份的权利。发行权是指以出售或者赠与方式向公众提供作品的原件或者复制件的权利。第四十八条第一项规定，未经著作权人许可复制、发行其作品的，应当承担停止侵害、赔偿损失等民事责任。第五十三条规定，复制品的发行者不能证明其发行的复制品有合法来源的，应当承担法律责任。被告天月伞厂未经原告许可，使用了与原告“喜羊羊”“暖羊羊”实质性相似的美术作品，侵犯了原告“喜羊羊”“暖羊羊”美术作品的复制权、发行权。故原告要求被告天月伞厂停止侵权、赔偿损失的诉讼请求，理由正当，符合法律规定，应予支持。法院最终判决：被告杭州萧山某阳天月伞厂于本判决生效之日起立即停止生产、

销售侵犯原告广东某创动力文化传播有限公司作登字19-2008-F-1173号“喜羊羊”美术作品、作登字19-2007-F-1016号“暖羊羊”美术作品复制权、发行权的商品；被告杭州萧山某阳天月伞厂于本判决生效之日起十日内赔偿原告广东某创动力文化传播有限公司经济损失及合理支出共计4万元。

【案例点评】本案中被告侵犯的是非常知名的“喜羊羊”“暖羊羊”美术作品，这尤其需要相关企业关注其合法来源，如果企业在生产制造或者销售环节，没有意识到版权侵权风险，则后续经常会面临败诉和赔偿的风险。

此外，需要注意，著作权法项下被告的抗辩理由比较有限，如果无法证明其获得过著作权人的许可，则能够适用于著作权法项下合理使用的情形非常有限[①]。而且，为证明合理使用，被告应积极对适用的具体情形进行举证，才能获得法院的认可；并且即使合理使用能够成立，仍应关注是否存在侵犯其他权利的风险。

---

① 《著作权法》第二十四条：“在下列情况下使用作品，可以不经著作权人许可，不向其支付报酬，但应当指明作者姓名或者名称、作品名称，并且不得影响该作品的正常使用，也不得不合理地损害著作权人的合法权益：（一）为个人学习、研究或者欣赏，使用他人已经发表的作品；（二）为介绍、评论某一作品或者说明某一问题，在作品中适当引用他人已经发表的作品；（三）为报道新闻，在报纸、期刊、广播电台、电视台等媒体中不可避免地再现或者引用已经发表的作品；（四）报纸、期刊、广播电台、电视台等媒体刊登或者播放其他报纸、期刊、广播电台、电视台等媒体已经发表的关于政治、经济、宗教问题的时事性文章，但著作权人声明不许刊登、播放的除外；（五）报纸、期刊、广播电台、电视台等媒体刊登或者播放在公众集会上发表的讲话，但作者声明不许刊登、播放的除外；（六）为学校课堂教学或者科学研究，翻译、改编、汇编、播放或者少量复制已经发表的作品，供教学或者科研人员使用，但不得出版发行；（七）国家机关为执行公务在合理范围内使用已经发表的作品；（八）图书馆、档案馆、纪念馆、博物馆、美术馆、文化馆等为陈列或者保存版本的需要，复制本馆收藏的作品；（九）免费表演已经发表的作品，该表演未向公众收取费用，也未向表演者支付报酬，且不以营利为目的；（十）对设置或者陈列在公共场所的艺术作品进行临摹、绘画、摄影、录像；（十一）将中国公民、法人或者非法人组织已经发表的以国家通用语言文字创作的作品翻译成少数民族语言文字作品在国内出版发行；（十二）以阅读障碍者能够感知的无障碍方式向其提供已经发表的作品；（十三）法律、行政法规规定的其他情形。前款规定适用于对与著作权有关的权利的限制。”

【典型案例】王某贤诉绍兴市水利局侵害著作权纠纷案，（2013）民提字第15号

【基本案情】王某贤系中国画家协会理事、浙江美术家协会会员、原《绍兴日报》主任编辑暨美术主编。2005年5月，王某贤将其创作的《康乾驻跸图》等十一幅绘画作品交付给浙江某方现代文化艺术有限公司（以下简称某方公司），参与绍兴市龙横江整治鹿湖园雕塑工程竞标。中标后经王某贤授权，某方公司组织钱某元等人根据王某贤绘制的十一幅画稿创作完成《康乾驻跸碑》等十一幅雕塑作品。该十一幅雕塑作品安置于绍兴市龙横江鹿湖园景区内。2009年1月，绍兴市水利局委托上海世纪出版股份有限公司（即学林出版社）出版《绍兴龙横江·鹿湖园》旅游图册，学林出版社遂委托神采公司印刷、新华书店上海发行所发行涉案旅游图册，发行定价为每册128元，印数为2000册。该旅游图册中使用了《康乾驻跸碑》等十一幅雕塑作品的摄影图片。王某贤于2010年5月14日以绍兴市水利局在涉案旅游图册中未就涉案雕塑作品为王某贤署名为由，向一审法院诉请判令绍兴市水利局、神采公司：1. 收回侵犯王某贤署名权并已出版发行的涉案旅游图册，并予没收；2. 重印涉案旅游图册2000册，并在图册中载明《康乾驻跸碑》等十一幅雕塑作品的绘画者为王某贤；3. 在《中国旅游报》《绍兴晚报》《浙江日报》《美术报》上登报声明涉案旅游图册中《康乾驻跸碑》等十一幅雕塑作品的绘画者为王某贤，并向王某贤赔礼道歉；4. 承担王某贤支出的律师费6000元、调查费670元及本案诉讼费用；5. 承担连带责任。

【法院观点】浙江省高级人民法院再审认为，本案中，王某贤为《康乾驻跸碑》等十一幅雕塑作品的原绘画作者，并授权某方公司使用其作品制作雕塑作品。本案所涉雕塑作品置于鹿湖园景区，绍兴市水利局将对上述雕塑作品的摄影图片汇编于涉案旅游图册中。上述使用方式构成合理使用，各方并无异议。根据《著作权法》（2010年修正）第二十二条第十项的规定，这种使用方式可以不经著作权人许可，不支付报酬，但应当指明作者姓名、作品名称。对于设置或者陈列于室外公共场所的包括雕塑在内的艺术作品允许他人未经许可以临摹、绘画、摄影、录像等方式进行使用，包括对所形成的成果以合理的方式和范围再行使用，是我国《著作权法》及相关司法解释规

定的合理使用方式的一种。对设置在室外公共场所的艺术作品，由于其可能已构成户外环境的一部分，如果要求社会公众相关的临摹等活动都需经过著作权人的许可，显然对公众的自由限制过大，而且客观上无法实现，故对该类艺术作品的著作权进行一定的限制，也是各国著作权法的通例。如前所述，我国著作权法在免除社会公众在对室外公共场所雕塑进行临摹、摄影时需征得作者许可和支付报酬的义务的同时，赋予其应指明作者姓名和作品名称的义务。在一般情况下，社会公众只能依靠该室外艺术作品本身的标注来确认作者姓名和作品名称，而没有另行核实的义务。

本案中，《康乾驻跸碑》等十一幅雕塑作品系依据王某贤绘画作品而创作出的新的作品，进行合理使用的社会公众应指明的作者姓名取决于雕塑本身的署名情况。如果该雕塑作品未注明其系依据他人绘画作品而创作，对该雕塑进行临摹、摄影等使用的社会公众没有义务追溯该雕塑作品是否为演绎作品、是否还存在原始绘画作者并为该作者署名。原二审判决和原再审判决从演绎作品不得侵犯原作品著作权的角度，认为原作者的署名权当然体现在演绎作品中，其对演绎作品的理解固然正确，但并不能当然得出在涉及室外艺术作品合理使用的特定情形下，不论该艺术作品的署名状况如何，合理使用人均有义务为原作者署名的结论。在此问题上，绍兴市水利局的申请再审理由成立，原二审判决和原再审判决对合理使用人指明作者姓名的义务作了过于宽泛的界定，有可能影响社会公众对室外艺术作品的合理使用，本院予以澄清。综上，原二审判决和原再审判决在未区分室外艺术作品本身署名情况的前提下，一概认定对室外艺术作品进行合理使用时需指明原始绘画作者身份，对《著作权法》相关规定的理解有不当之处。但本案中，鉴于绍兴市水利局并非任意的社会公众，其作为景区的管理者，在出版全面介绍景区的旅游图册时，对于景区内雕塑等作品的权利状况应负有更高的注意义务。且综合案件事实，《康乾驻跸碑》碑记上有署名，而其余作品虽本身未署名，但绍兴市水利局应当知晓王某贤为涉案十一幅雕塑作品的绘画作者，故原二审判决和原再审判决判令其在相关报纸上刊登声明，指明王某贤为相关绘画作者并无不当，其判决结果正确，应予维持。绍兴市水利局称其已尽到合理注意义务，不知道王某贤为绘画作者的申诉理由不能成立，本院不予支持。

【案例点评】本案是有关版权法项下“合理使用”的典型案例，法院对其适用进行了区分，并认为绍兴市水利局并非任意的社会公众，对于景区内雕塑等作品的权利状况应负有更高的注意义务，仍然承担了相应的法律责任。

（3）对于版权低度参与企业而言，尽管版权保护工作暂时可能未提上日程，但也应关注到版权侵权相关的风险，避免无意中触碰到此类风险。特别是在网络时代，企业自身的宣传（包括广告、展板、说明书、宣传册等）以及产品的宣传经常会用到某些素材，这些素材的来源需要企业特别关注，更不应主动抄袭或模仿他人享有版权的素材，以防止版权侵权行为的发生。

【典型案例】上海某纬机械制造有限公司与某塑机械（上海）有限公司著作权权属、侵权纠纷案，（2013）普民三（知）初字第230号

【基本案情】原告上海某纬机械制造有限公司（以下简称某纬公司）诉称，2013年5月20日至5月23日，原告在第27届中国国际橡胶工业展览会上发现被告某塑机械（上海）有限公司（以下简称某塑公司）所使用的宣传册，大量抄袭原告已经依法登记的作品，严重侵犯了原告的著作权。原告当场向被告某塑公司提出异议，要求其停止侵害，遭到被告某塑公司拒绝。原告认为，被告某塑公司及其法定代表人周某未经原告授权，在国际性展览会上使用的宣传册中擅自使用原告作品，不仅严重侵犯了原告的著作权，还对原告潜在客户造成了极大误导，给原告带来了巨大经济损失。故原告诉至法院，要求判令：1. 两被告立即停止侵权行为，在全国性报刊上刊登赔礼道歉声明；2. 两被告赔偿原告经济损失和合理费用共计人民币50万元（以下币种相同）；3. 本案诉讼费由两被告承担。原告向法院提交作品登记证书两份，证明其系涉案六幅照片的著作权人。原告向本院提交了其关联公司使用的两本宣传册，证明其于2010年、2008年，已经开始在宣传册中使用涉案的五幅照片。

【法院观点】原告公司提供了宣传册、门板样板照片的著作权权利登记证书、照片底板光盘、拍摄者的身份证明及其著作权权属说明，足以证明原告系涉案“一卷透明塑料片照片、PVC透明硬片重叠照片、三卷PVC透明软片的照片和门板样板照片”四幅照片的著作权人，被告某塑公司和周某对上述四幅

照片的著作权权属虽提出异议，但没有确凿的相反证据加以证明，且两被告在庭审中最终认可其在宣传册中使用上述四幅照片的行为构成侵权，故本院认定两被告侵犯原告上述四幅照片的著作权的事实成立。经比对原、被告双方提供的照片底板光盘中涉案照片的属性，发现涉案两幅照片的属性，如拍摄时间、摄影机型号、曝光时间、焦距等完全一致，说明双方提供的底板均为照片最早拍摄的底板，必有一方对另一方的照片底板进行了复制。本院认为，原告不仅提供了上述两幅照片的拍摄者的说明，且其陈述拍摄照片的动机和理由正当合理，被告周某曾在原告关联公司工作，完全有机会接触到涉案照片的材料；而被告周某关于此方面的解释不符合常理，亦无法解释自己的照片底板为何在原告某纬公司处的原因。更为重要的是原告关联公司于 2010 年和 2008 年的宣传册上已经使用了上述两幅照片。故综合上述分析，本院有理由确信上述两幅双方争议的照片拍摄者为原告员工，其著作权应归属于原告。故被告周某将上述照片交由被告某塑公司在宣传册中使用的行为侵犯了原告的著作权。根据《著作权法》的相关规定，未经著作权人许可，复制、发行他人作品的，应承担停止侵害、赔偿损失的民事责任。鉴于两被告未经原告许可擅自在公司宣传册中使用上述涉案六幅照片的侵权事实成立，故原告要求两被告立即停止侵权并赔偿损失的诉请，于法有据，本院予以支持。法院最终判决如下：被告某塑公司、周某应立即停止使用六幅涉案照片；被告某塑公司、周某应于本判决生效之日起十日内赔偿原告某纬公司经济损失人民币 14500 元及制止侵权的合理支出费用人民币 7000 元。

【案例点评】被告作为传统企业而言，在宣传活动中并未对某些素材的来源进行应有的关注，涉嫌主动抄袭或模仿他人享有版权的素材，这经常会导致版权侵权行为的发生，值得关注。

需要注意的是，企业的发展是在动态变化中的，企业所处的行业也会随着时代的变革而有所变化。因此企业应根据各种变化的因素来评估自身版权参与度的高低。在发生变化时，企业应该实时调整自身的版权保护策略，从而建立起与自身状态相契合的版权保护机制和管理标准。

而且，版权只是企业知识产权的一部分，版权风险较低的企业并不代表专利、商标等知识产权的风险也同样较低。因此，作为企业主体而言，应当根据自身的实际情况，对包括专利、商标、版权、商业秘密的知识产权管理进行合理的评估，以构建适合企业自身发展需求的综合性知识产权管理标准。

2.3.2 建立版权管理体制，搭建版权管理制度并持续进行改进和完善

企业在立足行业情况，明确自身定位之后，若考虑规范版权保护工作，则应建立高效的版权管理体制，搭建版权管理制度和管理机构，并在企业的运行过程中持续进行改进和完善，以构建适合企业自身发展需求的版权保护体系。

版权保护体系的构建主要包括以下几方面：自上而下的管理架构的搭建；版权保护方针和管理制度的制定；各部门版权保护措施的贯彻和执行；规范的文件管理系统建设；顺畅的审核和反馈改进机制。

在自上而下的管理架构的搭建方面，企业应在管理层承诺的前提下，搭建起版权保护的合理管理架构，其中涉及的角色主要包括最高管理者、管理者代表、知识产权管理机构等。这种自上而下的管理架构可以有效地推动企业版权保护工作的启动、贯彻、实施和改进。

在版权保护方针和管理制度的制定方面，企业应在管理层和知识产权管理人员的配合下，结合企业的实际需求和行业的现实情况，制定出适合企业长期发展的版权保护方针，其中应特别关注版权保护的方针和制度。同时，在方针政策的制定过程中，企业各部门亦可提出自己的需求和意见，以便完善版权管理制度，也便于后续推进落实工作。

在各部门版权保护措施的贯彻和执行方面，企业应在管理层的推动下，由知识产权管理部门主导推动版权保护工作在各职能部门（例如采购、销售、研发、财务、人力资源等部门）的落实和执行。

在规范的文件管理系统建设方面，对于企业版权方面的智慧财产，应该进行有效管理，在版权登记、版权保护、版权维权等活动过程中，应对全部的文件记录进行收集、管理和保存，以便分类管理，随时可查。特别是对于法院诉讼相关文件，应建立起有效的文件管理系统（例如电子文档系统）对相关文件进行管理，并对时限进行监控，从而有效管理诉讼案件，防止由于管理混乱而

导致的侵权和商业风险。

在顺畅的审核和反馈改进机制方面，企业版本保护工作并非静态，在保护机制和保护体系运转的过程中，经常会发生各种变化因素，而企业在商业环境和宏观背景下也可能存在各种动态变化的因素，此时应建立起顺畅的、方便各职能部门对版权保护工作进行实时反馈的渠道，从而及时向知识产权管理部门（通常是法务部或知识产权部）和管理层反馈最新情态，以便对当前的版权保护体系进行审核和改进。当然，企业也可以对当下的版权保护体系进行主动审核，收集各部门的相关建议，此时亦可实时跟踪企业版权保护的现状，从而对其进行改进和完善。

综上，企业在决定建立完善的版权保护体系时，应考虑到各个方面，并统筹发力，从而实现自身版权的最大化利益。应注意的是，建立版权保护体系，并非仅仅是从事商业活动的企业主体应关注的，国有企事业单位、大专院校，甚至政府部门，也应当注意到版权相关的风险，在必要时应建立起自身的包括版权等方面的知识产权保护体系，否则，如果版权保护意识淡薄，则可能会卷入版权侵权纠纷之中，对自身声誉和公信力都会产生负面影响。

【典型案例】任某子诉某市劳动和社会保障局等著作权侵权纠纷案，（2006）锡知初字第0019号

【基本案情】原告任某子诉称，其系中国摄影家协会会员、某市摄影家协会副主席。1986年7月一天傍晚前后，任某子在某市太湖边（某柑橘研究所附近）拍摄一幅名为《太湖渔歌》的摄影作品。1990年3月25日，该作品发表在《无锡日报》第三版上。某市社保局在未征得任某子许可、未署摄影者姓名、未支付任何费用的情况下在其制作、发行的社会保险卡上擅自修改并使用了该摄影作品。电仪公司负责承制了上述社会保险卡。原告认为，《太湖渔歌》是摄影作品，原告作为著作权人，其著作权应受法律保护。被告未经著作权人同意，擅自非法使用其摄影作品用于制作、发行社会保险卡，侵害了原告任某子的著作权。综上，被告的行为严重侵犯了原告作为著作权人享有的署名权、作品使用权、获得报酬权及保护作品完整权。请求判令：1. 社保局、电仪公司立即停止对原告摄影作品《太湖渔歌》著作权的侵害；2. 社保局立即停止包含

侵犯内容图案的社会保险卡的使用、复制和发行；3. 社保局、电仪公司在《无锡日报》上向原告公开赔礼道歉；4. 社保局、电仪公司赔偿原告经济损失 6 万元；5. 本案诉讼费用由被告承担。

【法院观点】任某子提供《太湖渔歌》拍摄过程、摄影底片拍照版、作品发表凭证，各被告对此均无异议，故足以认定其是《太湖渔歌》摄影作品著作权人。原社保事业局未经著作权人任某子许可，擅自修改并在社会保险卡上使用任某子摄影作品《太湖渔歌》，侵害了任某子的署名权、修改权、保护作品完整权、复制权和获得报酬权；社保中心由原社保局变更设立后，继续发行侵害任某子著作权的社会保险卡，应当承担停止侵权、赔礼道歉、赔偿损失的民事责任。考虑到已发行的社会保险卡数量巨大且为某市民持有，故应对社保中心停止侵权、回收社会保险卡留出合理期间。社保中心辩称其发卡行为系行政行为，且不以营利为目的，属于合理使用，缺乏相应事实依据，本院不予采信。社保局辩称其未发行社会保险卡，不应承担侵权责任具备事实依据，本院予以采信。电仪公司辩称其是按社保事业局的要求和委托承揽印制社会保险卡，图案也由定作方确定，电仪公司没有义务审查图片来源，电仪公司不构成侵权等，具备事实和法律依据，本院予以采信。最终判决如下：社保中心应于本判决生效之日立即停止发行侵害任某子著作权的社会保险卡。社保中心应于本判决生效之日起一年内收回已发行的侵害任某子著作权的社会保险卡。社保中心应于本判决生效之日起30日内在《某市日报》上刊登赔礼道歉声明（内容须经本院审核），如逾期不履行，由本院选择媒体刊登判决书内容，所需费用由社保中心承担。社保中心应于本判决生效之日起 10 日内赔偿任某子经济损失 4 万元。

【案例点评】某市劳动和社会保障局作为政府部门，并未注意到版权侵权的相关风险，这对相关政府部门也有警醒作用，应做好版权侵权防范，避免卷入版权侵权纠纷之中，导致对自身声誉和公信力产生负面影响。

2.3.3 与员工明确版权归属，实时进行版权登记，不断增加版权储备

企业在成立之初，应特别注意与员工（包括创始人）明确版权归属，在明确归属的情况下，企业在运行过程中产生的作品，应注意实时进行版权登

记，从而将权利固定下来，并作为后续维权的证据基础。而且，通过不断增加版权储备，企业不仅能够有效保护自身权益，也能够获得反击对手的有力武器。

在企业与创始人之间的版权归属方面，若某些创始人是以版权这样的知识产权来出资，则企业应当与该等创始人通过协议等方式，将这些版权归于企业财产的范畴，从而防止后续发生不必要的争议。

在企业与员工之间的版权归属方面，企业既要注意提醒入职员工不应侵犯第三方的版权（特别是员工前单位的版权、甚至商业秘密），也应及时与员工划清版权归属的界限。《著作权法》对职务作品有其特别的规定[①]，只有在三种特殊的情况下，企业才能享有除署名权外的其他所有著作权。此时，为了避免权属纠纷，企业通常应当与入职员工约定职务行为产生的作品的著作权归企业享有。否则，如果未作约定或者约定不明，经常会产生大量的版权权属和侵权纠纷。

【典型案例】黎某与北京时代某科科贸有限公司等著作权侵权纠纷上诉案，（2008）二中民终字第13835号

【基本案情】2006年3月，黎某系在校学生，实习期间在北京时代某科科贸有限公司（以下简称时代某科公司）就职，从事美术设计及日常文件处理工作。2006年7月，其毕业后继续在该公司工作，双方未签订劳动合同。2006年7月10日，时代某科公司接受中华工商联合出版社委托，开始《社会主义新农村建设现代农业实用技术丛书》的组稿及封面设计等工作。黎某经与时代

① 《著作权法》第十八条："自然人为完成法人或者非法人组织工作任务所创作的作品是职务作品，除本条第二款的规定以外，著作权由作者享有，但法人或者非法人组织有权在其业务范围内优先使用。作品完成两年内，未经单位同意，作者不得许可第三人以与单位使用的相同方式使用该作品。有下列情形之一的职务作品，作者享有署名权，著作权的其他权利由法人或者非法人组织享有，法人或者非法人组织可以给予作者奖励：（一）主要是利用法人或者非法人组织的物质技术条件创作，并由法人或者非法人组织承担责任的工程设计图、产品设计图、地图、示意图、计算机软件等职务作品；（二）报社、期刊社、通讯社、广播电台、电视台的工作人员创作的职务作品；（三）法律、行政法规规定或者合同约定著作权由法人或者非法人组织享有的职务作品。"

某科公司的法定代表人龚某筑商议，开始从事涉案丛书的封面设计工作。随后，中华工商联合出版社使用黎某提交的 5 个封面设计印刷了部分样书，样书上标注封面设计人为黎某。2007 年 5 月左右，黎某完成涉案丛书的 320 个封面设计，并存放在移动硬盘中。由于其与时代某科公司之间就涉案丛书封面设计报酬问题发生分歧，未将 320 个封面设计提交给时代某科公司。2007 年 9 月 3 日，黎某向北京市朝阳区劳动争议仲裁委员会申请劳动仲裁，要求时代某科公司支付加班费、320 个封面设计的工作提成、经济补偿金和医药费。2007 年 11 月 5 日，北京市朝阳区劳动争议仲裁委员会作出裁决，对黎某要求时代某科公司支付工作提成的主张以证据不足为由未予支持，同时裁决时代某科公司支付黎某解除劳动关系的经济补偿金 2000 元。仲裁裁决已生效履行。2007 年 12 月 29 日，黎某被南昌大学第一附属医院诊断为抑郁症。双方对黎某创作的封面设计与涉案丛书封面设计是否相似产生分歧。经过比对，两个封面设计在整体风格、图标标识、文字标注上构成实质性相似。

【法院观点】二审法院认为：公民为完成法人或者其他组织工作任务所创作的作品是职务作品，著作权由作者享有，但法人或者其他组织有权在其业务范围内优先使用。本案中，黎某为完成时代某科公司的工作任务从事涉案丛书的封面设计工作，时代某科公司有权在其业务范围内使用该设计。故时代某科公司在涉案丛书封面上部分使用黎某的涉案设计的行为未侵犯其著作财产权。因此，时代某科公司关于其使用黎某的设计属于法律规定的职务作品优先使用范围，不构成侵权的主张成立。黎某要求中华工商联合出版社及时代某科公司赔偿其经济损失的诉讼请求，依据不足，不予支持。但时代某科公司在使用黎某完成的封面设计时未给黎某署名，侵犯了其署名权，应承担停止侵权、消除影响、赔礼道歉的法律责任。中华工商联合出版社作为涉案图书的出版者，委托时代某科公司设计并使用了涉案丛书的封面设计，且在正式出版涉案丛书前已使用黎某的封面设计印刷过部分样书，但其仍未对正式出版的涉案丛书封面设计的署名尽到合理的审查义务，故应与时代某科公司就涉案侵权行为承担连带责任。鉴于中华工商联合出版社、时代某科公司的涉案行为侵犯了黎某享有的著作人身权，给黎某的精神造成了一定的损害，黎某主张应向其支付精神损害抚慰金及因本案支出的合理费用的请求理由正当，予以支持。最终判决：中华工商联合出版社、时代某科公司于判决生效之日起30日内，在《法制日报》刊登向黎某赔礼道歉的声明；中华工商联合出版社、时代某科公司于判决生效之日起10日内向黎某支付精神损害抚慰金及合理支出14000万元。

【案例点评】本案是由职务行为导致的版权侵权典型案件，这告诉相关企业，为避免权属纠纷，应当与员工约定清晰权利归属，防止产生版权权属和侵权纠纷。

2.3.4　审查素材来源，防范版权侵权风险，必要时主动获得版权许可

无论是版权重度参与企业、版权中度参与企业，还是版权低度参与企业，在设计或开发产品、营销宣传推广、举办各种活动等行动中，或多或少都会使用到某些原始素材，该等原始素材既可能包括图片、照片、文字，也可能包括音乐、视频、软件、代码等各种素材。

在使用原始素材之前，为了规避版权风险，企业应当审慎地审查素材来源，特别是可能享有版权的原始素材，更不能在未获许可的情况下直接使用已经声明享有版权或者公众已经熟知的各类原始素材。为了合法合规地使用该等素材，企业在必要时应主动获得版权方的许可。在无法甄别该类素材的来源时，企业应考虑放弃使用该类素材，或者通过委托或外包的方式，将风险转移给广告公司或制作公司这类专业性更强的主体。

特别地，对于来源于网络的电子形式的原始素材，在使用时应十分慎重。由于网络环境下该类素材可能经历了多次复制和编辑，因此判断这类素材是否享有版权已经非常困难，如果不慎直接使用，可能就会面临侵权风险。

【典型案例】广东某虎精细化工有限公司与某华易美（天津）图像技术有限公司著作权侵权纠纷上诉案，（2017）粤73民终2339号

【基本案情】某华易美（天津）图像技术有限公司（以下简称某华易美公司）为证明广东某虎精细化工有限公司（以下简称某虎公司）的侵权事实，递交了联合信任时间戳服务中心提供的证明一份，显示：2015年7月29日，某盖创意（北京）图像技术有限公司操作电脑，清除浏览记录后进行了证据保全

行为，通过登录新浪微博搜索“广东某虎精细化工有限公司”，点击“某虎日化”进入微博网址 ××/ruihuchem，微博首页正中显示“某虎日化”微博认证以及“广东某虎精细化工有限公司”字样，查找其发表的微博可见涉案图片。经比对，上述网页中的涉案图片与编号为 ××× 的图片基本一致。某华易美公司当庭表示其在本案中主张编号为 ××× 图片的信息网络传播权。

【法院观点】涉案图片属于我国著作权法保护的作品，根据《著作权法》规定，当事人提供的涉及著作权的底稿、原件、合法出版物、著作权登记证书、认证机构出具的证明、取得权利的合同等，可以作为证据。经查，某华易美公司“http://www.vcg.com”网站上确登载有编号为 ××× 的涉案图片，该图片上有水印“gettyimages”字样，网页底部标注有“本网站所有图片及影视，音乐素材均由本公司或版权所有人授权发布”的版权声明，故认定 GettyImagesInc. 是涉案图片的著作权人，依法享有展示、销售和许可他人使用涉案图片的权利。根据 GettyImagesInc. 的相关授权确认书，某华易美公司依法对涉案图片享有在中国境内展示、销售和许可他人使用的权利，并有权在中国境内以其自己的名义就他人未经授权使用涉案图片的行为提起诉讼。某虎公司辩称某华易美公司未提供证据证实涉案图片未过著作权保护期，但未提供相反证据，对某虎公司的抗辩意见不予采纳。经比对，被控侵权图片与某华易美公司享有信息网络传播权的编号为 ××× 的图片基本一致，某虎公司认为被控侵权图片与某华易美公司享有信息网络传播权的编号为 ××× 的图片尺寸、像素均不一致，但举证期限内，某虎公司未提供证据证明其使用的被控侵权图片有权利人的合法授权，故认定某虎公司使用被控侵权图片的行为，侵犯了某华易美公司享有的编号为 ××× 的图片的信息网络传播权。现某华易美公司要求某虎公司赔偿经济损失和合理费用的诉讼请求，于法有据，予以支持。鉴于本案无法查清某华易美公司的实际损失，也没有某虎公司因侵权而实际获利数额的证据，故根据涉案图片的创作难度、知名度、数量、侵权者的过错程度、利用侵权图片造成的影响、某华易美公司为维权所支出的合理费用，以及本案与其他关联案件的联系等因素，酌定某虎公司侵权赔偿数额为 3000 元（含合理费用）。

【案例点评】本案是对图片来源缺乏审慎关注进而导致版权侵权的典型案

例，这告诉相关企业，图片素材来源的审查非常重要和必要，如果疏忽大意，则可能会面临侵权风险，也会对企业宣传或产品造成负面影响。

此外，在字体侵权方面，企业也经常会不经意地出现侵权情况。特别是在设计企业商标、LOGO、营销宣传等活动过程中，经常会出现由于使用享有版权的特殊字体而产生版权侵权纠纷，该类案例并不鲜见。

【典型案例】北京某仪科印信息技术有限公司与某蛙王子（中国）日化有限公司、福建某飞日化有限公司等侵害著作权纠纷案，（2012）苏知民终字第0161号

【基本案情】北京某仪科印信息技术有限公司（以下简称某仪公司）发现在某果超市有限公司出售，由福建某飞日化有限公司（以下简称某飞公司）、某蛙王子（中国）日化有限公司（以下简称某蛙王子公司）共同生产、销售的"城市宝贝""某蛙王子"儿童护肤系列产品的注册商标中，未经许可使用某仪公司享有著作权的秀英体。请求判令某飞公司、某蛙王子公司：1. 立即停止使用侵犯某仪公司著作权的"城市宝贝"注册商标；2. 在媒体上公开赔礼道歉；3. 赔偿某仪公司经济损失人民币50万元及其为制止侵权所支出的相关费用，承担本案的诉讼费；4. 判令某果超市停止销售侵权产品。

【法院观点】涉案秀英体字库的单字经过字体创意、字形设计、扫描和曲线合成、扩展创作、创作符号、字形审定、二次创作、格式转换、测试校对等几个步骤。其中2000多个基本单字是经过字稿设计、扫描合成，再经过字形审定、修改，还有可能要进行二次创作，以及最终进行的测试校对等步骤。其余的单字是通过拼字创作完成的，但同样要经过字形审定、修改，也有可能要进行二次创作，以及最终进行的测试校对等步骤。鉴于字库字体本身同时兼具审美与实用工具的双重特性，字库字体创作的目的是满足计算机使用汉字的需要，因此，字库字体属于作品性和工具性紧密结合的智力成果，在将字库字体作为美术作品进行保护时，其独创性应当具备较高的独特审美的要求，亦即获得保护的字库单字，应当明显有别于已有的公知字体。在满足独创性要求的前提下，字库中的单字属于著作权法规定的美术作品，

应受法律保护。某飞公司、某蛙王子公司主张其使用的秀英体系其委托的设计者朱某江从网站下载的秀英体字库中获得，该下载是免费的，其不知该下载是否经某仪公司许可，不构成侵权。对此，本院认为，某飞公司、某蛙王子公司使用某仪公司秀英体未经某仪公司许可。理由是：首先，某仪公司明确主张其未授权任何公司在互联网上提供免费秀英体字库下载。某飞公司、某蛙王子公司也无证据证明某仪公司授权任何公司提供秀英体字库的下载。其次，某仪公司主张目前提供其秀英体字库的下载网站均系不规范经营商所为，且其向其中的部分网站经营者主张过权利，并提供了获得相应赔偿的依据。故对某飞公司、某蛙王子公司关于网站提供下载的秀英体字库不知是否经某仪公司授权，不构成侵权的主张，本院不予支持。关于赔偿数额，首先，正版浏览字宝虽然仅售 150 元，但某飞公司、某蛙王子公司使用涉案字体属于商业性使用，因此不能仅根据售价来确定赔偿数额。其次，涉案侵权产品虽然销售数量、范围较大，但侵权获利不等于侵权产品全部利润，而应当是与使用涉案四个单字有关的一部分利润。因此，一审法院考虑到侵权产品的销售范围是在全国范围内销售，且使用的产品类别较多，并结合商标使用的商业用途、商标使用的持续时间、商标标识中的文字对产品销售的影响及相关文字在包装装潢中的使用等因素而确定赔偿数额为 4.8 万元（包括制止侵权所支出的合理费用）并无不当。

【案例点评】本案是字体侵权的典型案例，由于字体经常使用在企业名称、商标、产品，以及相关宣传活动中，因此，企业应特别注意慎重使用享有版权的特殊字体，必要时积极主动获得相关许可，防止版权侵权纠纷。

2.3.5 注意平台责任，合理利用“避风港”原则控制平台版权风险

与版权有关联的平台，主要包括两类：即各类电商平台（例如淘宝、京东、拼多多、华为商城、小米商城、苏宁易购、中粮网、当当网、孔夫子旧书网等），以及版权发布平台（例如今日头条、抖音、快手、微信公众号、百度文库、百家号、搜狐号、网易号、起点中文网、中国原创音乐基地 5SING 等）。

由于以上两类平台仅属于提供信息存储空间或者提供搜索、链接服务的网

络服务提供者，因此可以适用“避风港”原则[①]来规避版权风险。但需要注意的是，为了规避平台的风险，平台应在接到权利人的投诉或通知时立即删除涉嫌侵权的作品、表演、录音录像制品，或者断开与涉嫌侵权的作品、表演、录音录像制品的链接，并同时将通知书转送提供作品、表演、录音录像制品的服务对象。否则可能会被认定为明知或者应知所链接的作品、表演、录音录像制品侵权的，此时可能会被判定为需要承担共同侵权责任。

【典型案例】韩某与北京某度网讯科技有限公司侵害著作权纠纷案，（2012）海民初字第5558号

【基本案情】原告韩某诉称，《像少年啦飞驰》是其原创的代表性作品。某

① 《信息网络传播权保护条例》第十四条：“对提供信息存储空间或者提供搜索、链接服务的网络服务提供者，权利人认为其服务所涉及的作品、表演、录音录像制品，侵犯自己的信息网络传播权或者被删除、改变了自己的权利管理电子信息的，可以向该网络服务提供者提交书面通知，要求网络服务提供者删除该作品、表演、录音录像制品，或者断开与该作品、表演、录音录像制品的链接。通知书应当包含下列内容：（一）权利人的姓名（名称）、联系方式和地址；（二）要求删除或者断开链接的侵权作品、表演、录音录像制品的名称和网络地址；（三）构成侵权的初步证明材料。权利人应当对通知书的真实性负责。”第十五条：“网络服务提供者接到权利人的通知书后，应当立即删除涉嫌侵权的作品、表演、录音录像制品，或者断开与涉嫌侵权的作品、表演、录音录像制品的链接，并同时将通知书转送提供作品、表演、录音录像制品的服务对象；服务对象网络地址不明、无法转送的，应当将通知书的内容同时在信息网络上公告。”第十六条：“服务对象接到网络服务提供者转送的通知书后，认为其提供的作品、表演、录音录像制品未侵犯他人权利的，可以向网络服务提供者提交书面说明，要求恢复被删除的作品、表演、录音录像制品，或者恢复与被断开的作品、表演、录音录像制品的链接。书面说明应当包含下列内容：（一）服务对象的姓名（名称）、联系方式和地址；（二）要求恢复的作品、表演、录音录像制品的名称和网络地址；（三）不构成侵权的初步证明材料。服务对象应当对书面说明的真实性负责。”第十七条：“网络服务提供者接到服务对象的书面说明后，应当立即恢复被删除的作品、表演、录音录像制品，或者可以恢复与被断开的作品、表演、录音录像制品的链接，同时将服务对象的书面说明转送权利人。权利人不得再通知网络服务提供者删除该作品、表演、录音录像制品，或者断开与该作品、表演、录音录像制品的链接。”第二十三条：“网络服务提供者为服务对象提供搜索或者链接服务，在接到权利人的通知书后，根据本条例规定断开与侵权的作品、表演、录音录像制品的链接的，不承担赔偿责任；但是，明知或者应知所链接的作品、表演、录音录像制品侵权的，应当承担共同侵权责任。”

度公司经营的某度文库是供网友上传、在线阅读、下载小说等各类文档的网络平台，该平台自2009年11月上线以来，截至2011年5月，其中的文档已经增长至1907多万份，但某度公司对上传作品不作著作权审查。2011年，韩某发现多个网友将《像少年啦飞驰》上传至某度文库，供用户免费在线浏览和下载。为此，韩某多次致函某度公司，要求立即停止侵权、采取措施防止侵权行为再次发生，但某度公司消极处理。故韩某诉至法院，请求判令某度公司：1. 立即停止侵权、采取有效措施制止侵犯韩某著作权的行为再次发生；2. 关闭某度文库（网址为 wenku.baidu.com）；3. 持续7天在百度网站首页（网址为 www.baidu.com）向韩某赔礼道歉；4. 赔偿韩某经济损失25.4万元（按照2000元/千字 × 版权页字数）并承担韩某为制止侵权支出的合理费用4038元（包括律师费3800元和公证费238元）。

【法院观点】本院认为，著作权侵权为一般的民事侵权行为，民事责任的构成通常实行过错责任原则。我国《侵权责任法》第六条规定了行为人因过错侵害他人民事权益，应当承担侵权责任。本案中，要认定某度公司侵权并应承担侵权责任，需要满足以下条件：某度公司所实施的涉案行为侵害了韩某享有的信息网络传播权、某度公司的行为与损害后果之间存在因果关系以及某度公司主观上存在过错。某度公司作为经营某度文库这个信息存储空间的网络服务提供者，一般不负有对网络用户上传的作品进行事先审查、监控的义务，如本案提及的人工审核清理侵权文档的行为属于某度公司在特殊时期自愿采用的措施，并非法律要求其作为信息存储空间服务提供者为制止侵权应惯常采用的措施。当然，这不意味着某度公司对某度文库中的侵权行为可以不加任何干预和限制。本院认为，作为经营现有规模的某度文库的某度公司，一方面在多页面鼓励用户上传文档，并对所上传文档的格式、大小、数量等作相当宽松之要求；另一方面强调应适用法律规定的“接到通知后删除”的“避风港”规则，并将反盗版工作主要寄托于网民自觉性和尚不完善的技术措施，在一定程度上造成某度文库“文学分类”等栏目一度成为侵权“重灾区”，未能实现在文库资源丰富程度与制止侵权方面基本同步，确实存在经营中尚待发展完善之处。对因显而易见的因素应当知道的侵权文档，某度公司除了履行针对一般侵权文档的注意义务外，还需充分发挥主动性履行更高的注意义务。相比某度公司采取的纠纷发生时的应急措施及尚不完善的技术措施，这种更高的注意义务要求某度公司应更加注重某度文库经营管理规范化的问题，切实保护著作权人权利。判决如下：被告北京某度网讯科技有限公司赔偿原告韩某经济损失 39800 元及合理开支 4000 元。

【案例点评】作为平台方而言，应关注平台的版权侵权风险，利用好“避风港原则”保护自身利益，防止承担共同侵权责任。

但是，应注意某些主体并不属于以上提到的网络服务提供者性质的平台，例如受委托进行版权相关工作的中介方或广告方（例如协助进行微信公众号推广的媒介）、通过与权利人约定版权发布后的利益分成等财产性分配条款的某些版权发布平台，以及事实上构成共同侵权或教唆帮助侵权行为的有关平台[①]。这些提供媒介服务的主体有可能并不被认为是网络服务提供者，相反可能会被认为构成单独或者共同的侵权行为，而不再适用“避风港”原则。

【典型案例】北京某文影视制作有限公司与中国某通信集团公司海南省分公司侵犯著作权纠纷案，（2009）民提字第 17 号

【基本案情】2005 年 12 月 16 日，一审原告北京某文影视制作有限公司（以下简称某文公司）起诉至海口市中级人民法院称，某文公司拥有电影《七剑》的著作权，中国某通信集团公司海南分公司（以下简称海南某通公司）在其经营的网站 www.hai169.com 上向公众提供该电影的在线播放服

---

① 《最高人民法院关于审理侵害信息网络传播权民事纠纷案件适用法律若干问题的规定》第四条：“有证据证明网络服务提供者与他人以分工合作等方式共同提供作品、表演、录音录像制品，构成共同侵权行为的，人民法院应当判令其承担连带责任。网络服务提供者能够证明其仅提供自动接入、自动传输、信息存储空间、搜索、链接、文件分享技术等网络服务，主张其不构成共同侵权行为的，人民法院应予支持。”第七条：“网络服务提供者在提供网络服务时教唆或者帮助网络用户实施侵害信息网络传播权行为的，人民法院应当判令其承担侵权责任。网络服务提供者以言语、推介技术支持、奖励积分等方式诱导、鼓励网络用户实施侵害信息网络传播权行为的，人民法院应当认定其构成教唆侵权行为。网络服务提供者明知或者应知网络用户利用网络服务侵害信息网络传播权，未采取删除、屏蔽、断开链接等必要措施，或者提供技术支持等帮助行为的，人民法院应当认定其构成帮助侵权行为。”

务，其行为侵犯了某文公司的著作权，请求判令海南某通公司立即停止侵权行为，赔礼道歉并赔偿经济损失20万元及合理费用3万元。海南某通公司辩称，海南某通公司没有未经许可传播涉案电影的行为，播放涉案电影的网站是http://221.11.132.112，海南某通公司提供的仅是链接服务，且在某文公司起诉后已断开链接，不应承担侵权责任。

【法院观点】某文公司拥有电影《七剑》的著作权，依法应受到保护。他人未经许可通过信息网络向公众传播该电影作品的，应承担相应的法律责任。本案中，某文公司提交的公证书显示，通过互联网进入海南某通公司的网站，点击其首页上的"影视频道"，即可在进入的页面上进行操作观看电影《七剑》。进入的网页上虽然有"影视天地"的名称，但该网页上没有显示任何对应的域名或者网站名称等信息可以表明该网页属于第三方所有。该网页的IP地址亦不能证明该网页另属其他主体所有，故从某文公司及其他社会公众的角度，播放《七剑》电影的网页至少从表面上属于海南某通公司。海南某通公司如欲证明该网页仅是其链接的第三方网站，其不应为该网页上的侵权行为承担责任，则应提交相应的证据。因该网页的IP地址位于海南某通公司管理的地址段范围内，海南某通公司能够提供该证据，而包括某文公司在内的社会公众均无法获得。在海南某通公司未提供相关证据的情况下，其关于仅提供链接服务的抗辩不能得到支持，其应对该网页上播放某文公司享有著作权的电影作品的侵权行为承担相应的法律责任。即使该网页确属第三方主体所有或实际经营，因该"影视频道"与海南某通公司网站"主页""新闻频道""文学频道"等并列，海南某通公司将该网页内容作为其内容频道向公众提供，且从其在原审中提交公证书显示被诉后即变更了该"影视频道"内容来看，该选择完全是海南某通公司自主进行的，因此，此种行为与仅提供指向第三方网站的普通链接不同，海南某通公司对该频道上的内容亦有一定程度的审核义务，其至少应对该网站的实际所有者或经营者的主体资质进行一定的审核。本案中海南某通公司至今称其并不知晓该网页的实际经营主体，其未尽到最低限度的注意义务，对该网页上出现的侵权行为亦应承担连带责任。综上，海南某通公司应对侵犯某文公司信息网络传播权的行为承担停止侵权、赔偿损失等民事责任。因海南某通公司在某文公司提起诉讼后，已经改变其网站"影视频道"栏目的内容，即已停止《七剑》的在线播放行为，故判令其停止侵权已无必要。关于赔偿损失，因某文公司并未提交证据证明其因该侵权行为所受损失，海南某通公司通过该行为的获利亦无法查明，故本院依据《七剑》电影在其网站上的存续时间及该电影的公映时间、影响力等因素，并考虑某文公司为本案所支出的合理费用，酌情确定海南某通公司赔偿某文公司经济损失 8 万元。某文公司另提出赔礼道歉的诉讼请求，因海南某通公司涉案网页上播放《七剑》电影时显示了某文公司等联合出品的内容，未侵犯某文公司的署名权或其他人身权利，故对某文公司该项诉讼请求不予支持。

【案例点评】本案中被告的网站平台并不适用“避风港”原则，其并未尽到审核义务，也未尽到最低限度的注意义务，因此需要对侵权行为承担连带责任，这对平台经营者是个反面案例。

2.3.6　注意软件盗版风险，针对开源软件做好开源审查、防控风险

企业在使用版权作品的时候，应特别注意侵权风险，特别是在办公软件（例如 Office 等）和工具软件（例如 CAD 等）的选择上应注意正版化，防止侵权行为的发生。此外，目前有大量的软件开发企业（包括网站制作企业、APP 开发企业、专用系统开发企业、软件模块开发企业等）在从事软件开发工作，而随着开源软件的兴起，企业在软件开发的过程中经常会使用开源软件或代码，此时应特别注意开源软件的法律风险，例如开源许可证是否适用于企业产品开发、开源许可证在版权等知识产权方面的许可范围和限制、多种开源许可证是否相互兼容等。

对于企业来说，虽然开源软件的引入可以加速产品的开发，但也应注意此类软件的引入也有可能会导致后续开发出来的版权产品存在权属争议或权属瑕疵，使得竞争对手在抄袭模仿时获得相应的抗辩理由。因此企业在决定使用开源软件之前，应从商业侧和法律侧统筹进行考量，特别是对于商业不友好的开源许可软件的使用应非常慎重，否则一旦违反该等开源许可证的协议，则将在行业中受到名誉上的损失，甚至会对中国整体软件行业的声誉造成影响（例如中国电子书厂商 Oynx 拒绝开源其基于 Linux 内核修改的设备源码，这一做法违反了 Linux 的 GPL 协议，在 Reddit 社区引发了开源软件如何在中国维权的

大讨论）。

【**典型案例**】北京闪亮时尚信息技术有限公司与不乱买电子商务（北京）有限公司侵害计算机软件著作权纠纷案，（2019）最高法知民终663号

【**基本案情**】原告不乱买电子商务（北京）有限公司（以下简称不乱买公司）网站是一个创新的全中文海淘搜索引擎，原告发现被告北京闪亮时尚信息技术有限公司（以下简称闪亮时尚公司）旗下网站的网站设计、布局及源代码均与原告网站实质性相同，因此认为被告未经许可使用了与原告网站相同的设计、布局，采用相同源代码，牟取利益，损害了原告依法享有的署名权、修改权、复制权等，给原告造成了巨大经济损失。被告抗辩称，原告使用了适用于GPLv2软件许可协议下的开源代码，根据协议相关内容，原告无权对其网站整个软件著作权等相关版权主张权利。

【**法院观点**】根据2007年6月29日发布的GPL协议第三版第五条关于“一个受保护程序和其他独立程序的联合作品，在既不是该程序的自然扩展，也不是为了生成更大的程序，且联合作品和产生的版权未用于限制编译用户的访问或超出个别程序许可的合法权利时，被称为聚合体。包含受保护程序的聚合体并不会使本许可应用于该聚合体的其他部分”的规定，闪亮时尚公司所称GPL协议的“传染性”应当是指GPL协议的许可客体不仅限于受保护程序本身，还包括受保护程序的衍生程序或修订版本，但不包括与其联合的其他独立程序。本案中，虽然不乱买公司认可其前端代码中使用了GPL协议下的开源代码，但其主张权利的是后端代码，其后端代码是独立于前端代码的其他程序，并不受GPL协议的约束，无需强制开源。综上，闪亮时尚公司的上诉理由不能成立。法院最终驳回上诉、维持原判，即闪亮时尚公司自判决生效之日起，停止涉案侵害不乱买公司涉案软件著作权的行为；闪亮时尚公司于判决生效之日起十日内，赔偿不乱买公司经济损失25万元及诉讼合理支出3万元；闪亮时尚公司于判决生效之日起十日内，就其侵害软件著作权行为在其网站首页刊登致歉声明，以消除影响（声明内容需经原审法院审核，逾期不执行，将在一家全国发行的报纸上公布判决主要内容，相关费用由闪亮时尚公司负担）。

【**案例点评**】开源软件的使用虽然便利了产品开发，但其也蕴含着版权侵

权的风险，本案是开源领域中的一个典型案例，作为被告，如果不加注意地随意使用代码，而又希望通过开源协议的方式来获得抗辩成本，往往非常困难，需要较高的举证能力。

2.4 企业设立时的商业秘密管理

商业秘密（包括经营秘密和技术秘密）对于企业（特别是技术依赖性企业）来说具有非常重大的商业价值，因此企业在设立时就应当做好管理工作，主要包括以下几个方面。

2.4.1 根据行业类型、企业性质采取适宜的商业秘密管理策略

企业在设立之初就应具有完整的商业秘密管理策略，包括设立清晰的商业秘密管理目标、采用适合的商业秘密保护模式、建立完善的商业秘密保护制度以及健全以信息流为周期的商业秘密保护流程。与此同时，企业还应对上述目标、模式、制度、流程的存在进行证据固定和留存，以使企业商业秘密区分于企业一般信息，使其具有受法律保护的表现形式和特性。

（1）企业应清晰认知商业秘密管理的目标。商业秘密管理的最高目标是提高和维持企业核心竞争力。为实现最高目标，企业商业秘密保护需密切围绕以下几点：一是能够有效发现、消除企业商业秘密泄露风险；二是企业商业秘密被侵犯时，能够出具完整的证据链条，提供强有力的回击；三是能有效降低企业商业秘密侵权事件发生概率；四是能够鼓励创新，提高团队凝聚力，提升商业秘密管理效果。

（2）企业应选择合适的商业秘密保护模式。企业可以根据商业秘密获取路径、商业模式、生产研发特征，单独或复合采用部门分离保护模式、人员分离保护模式、项目分离保护模式、阶段分离保护模式和地域分离保护模式，对商业秘密进行管理。

①部门分离保护模式，是指根据企业内部部门设立情况，设置商业秘密信息的读取、使用权限。同一部门人员仅可接触到自身所在部门内的商业秘密信

息，各部门之间商业秘密信息互不交叉。

②人员分离保护模式，是指根据企业内部人员的岗位及管理层级，为其设置相应职责及层级的商业秘密接触权限。岗位越关键、管理层级越高，则可接触的商业秘密信息越核心。一般岗位和具有较低管理权限的人员，不能接触到关键岗位和高管理层级的商业秘密信息。

③项目分离保护模式，是指在技术研发或者营销工作中，根据不同的项目组建相应的团队，每个项目成员只知悉自身所涉项目的信息。项目与项目之间信息相互独立，不串联互通。分项目保护的模式可以避免将企业全部商业秘密信息集中于某一组或某一位人员。

④阶段分离保护模式，是指按照企业的研发、生产、经营管理流程，将每种流程划分为不同的阶段，每个阶段的小组成员只知晓相应阶段的商业秘密，各阶段之间信息独立不互通。分阶段保护的模式尤其适合技术研发中的商业秘密保护，可以预防某一单独阶段的研发人员将信息汇总为完整的技术方案。

⑤地域分离保护模式，是指根据企业经营地域将各地域商业秘密信息按照一定规则划归于不同地域的团队成员。团队成员在通常情况下只能使用所在地域的商业秘密信息，如需使用其他地域商业秘密信息，则需遵守相应地域的使用规则和审批手续。分地域保护的模式十分适合企业商业经营中的商业秘密保护，例如客户信息。企业根据地域开展市场业务时可采用地域分离保护模式。

（3）企业应按照信息生命周期管理商业秘密。商业秘密作为对企业有商业价值的信息，将会经历研发创造、应用推广、专利选择、授权许可直至过期的生命周期。企业应充分考虑信息动态变化的特点，根据商业秘密所处生命周期的不同阶段对商业秘密进行管理。其中，研发创造阶段的商业秘密处于信息生命周期最敏感的阶段，应当给予最高级别的保护。

2.4.2 合理划定商业秘密的范围

按照我国法律规定，商业秘密主要包括技术秘密和经营秘密，除此之外，还包括不为公众所知悉、具有商业价值并经权利人采取相应保密措施的其他信息[①]。只有当企业的技术、经营等信息同时具备秘密性、价值性[②]、保密性的法定特性时，该信息才可以认定为商业秘密。企业在合理划定商业秘密范围时，应注意以下事项：

（1）企业应确保相关商业信息符合法定特性。企业应根据所处行业与自身情况，将散存于企业各部门与各种业务流程中的各类信息进行识别、整理、划分，形成符合法定特性的商业秘密。只有这样，在商业秘密侵权事件发生时，企业才能完成其拥有客观存在商业秘密的初步证明。

（2）企业划定商业秘密范围的重点考虑因素。在划定商业秘密的范围时，企业应重点考虑以下因素：一是相关信息一旦泄露，是否会影响企业生产发展；二是相关信息一旦泄露，是否会影响企业市场营销活动；三是相关信息一旦泄露，是否会消减企业市场竞争力；四是相关信息一旦泄露，是否会损害企业经济利益；五是相关信息一旦泄露，是否会阻滞企业商事活动；六是相关信息一旦泄露是否会影响企业安全与稳定；七是相关信息一旦泄露，是否会影响企业对外承担的保密事项。商业秘密范围的划定，可以在企业内部采用自上至下的方式，也可以采用自下至上的方式。

（3）企业应明确商业秘密的范围和内容。企业在划分商业秘密范围时要注意正确理解商业秘密载体和商业秘密内容，重点对商业秘密的内容进行梳

---

① 《最高人民法院关于审理侵犯商业秘密民事案件适用法律若干问题的规定》第一条："与技术有关的结构、原料、组分、配方、材料、样品、样式、植物新品种繁殖材料、工艺、方法或其步骤、算法、数据、计算机程序及其有关文档等信息，人民法院可以认定构成反不正当竞争法第九条第四款所称的技术信息。与经营活动有关的创意、管理、销售、财务、计划、样本、招投标材料、客户信息、数据等信息，人民法院可以认定构成反不正当竞争法第九条第四款所称的经营信息。前款所称的客户信息，包括客户的名称、地址、联系方式以及交易习惯、意向、内容等信息。"

② 《最高人民法院关于审理侵犯商业秘密民事案件适用法律若干问题的规定》第七条："权利人请求保护的信息因不为公众所知悉而具有现实的或者潜在的商业价值的，人民法院经审查可以认定为反不正当竞争法第九条第四款所称的具有商业价值。生产经营活动中形成的阶段性成果符合前款规定的，人民法院经审查可以认定该成果具有商业价值。"《最高人民法院关于审理不正当竞争民事案件应用法律若干问题的解释》第十条："有关信息具有现实的或者潜在的商业价值，能为权利人带来竞争优势的，应当认定为反不正当竞争法第十条第三款规定的'能为权利人带来经济利益、具有实用性'。"

理和识别。在商业秘密侵权诉讼中，若企业无法明确商业秘密的内容（即秘密点），则无法主张自己的商业秘密与侵权者的商业秘密一致，往往导致败诉的后果。商业秘密的载体通常以实体形式表现，比如移动硬盘、磁带、光盘，以及设计图纸、质量手册、购销合同、使用说明书等纸质文件。商业秘密的秘密点，则与载体有着本质区别，往往以抽象信息的方式体现，是指商业秘密信息中包含的不为公众所知悉的内容，比如工艺参数、原料配比信息、客户交易习惯信息等。

【典型案例】王某安与卫生部国际交流与合作中心、李某山、原某林侵害商业秘密纠纷案，（2013）民申字第 1238 号

【基本案情】王某安于 1998 年至卫生部国际交流与合作中心工作。2000 年 5 月 26 日，卫生部国际交流与合作中心召开人事制度改革小组会议，参加人员为田某、邢某岩、陈某清、刘某贵、王某安，会议对人事制度改革进行了初步部署。2000 年 5 月 30 日，会议一致同意确定王某安为执笔人，起草人事改革方案的草案。2000 年 5 月 31 日，在主任办公会上，田某报告了人事改革调研的预想，李某山提出了对改革方案的一些意见，其间还额外召开多次会议就相关改革方案进行探讨。2000 年 10 月前，卫生部国际交流与合作中心多次召开了主任办公会和中心办公会讨论人事制度改革方案。王某安主张其于 2000 年 3 月前制定的《卫生部国际交流与合作中心分配制度改革办法》和相应的《岗位工资管理细则》《绩效工资管理细则》《奖金管理细则》（以下简称诉争相关信息）是其独立制作完成的商业秘密。王某安认为，2000 年 11 月，卫生部国际交流与合作中心的法定代表人李某山在要求王某安给其看过诉争相关信息后，没有按照王某安的要求保密，而在卫生部国际交流与合作中心实施了诉争相关信息中的改革方案，侵害了王某安的商业秘密，故向北京市第一中级人民法院起诉要求卫生部国际交流与合作中心承担侵权责任。北京市第一中级人民法院经审理后，于 2012 年 11 月 26 日作出（2012）一中民初字第 7475 号民事判决，驳回了王某安的诉讼请求。

王某安不服一审判决，向北京市高级人民法院提起上诉，请求撤销一审判决，判令卫生部国际交流与合作中心停止侵权、恢复名誉、赔偿 11150326 元

及评估鉴定费用。北京市高级人民法院经审理后，于2013年3月27日作出（2013）高民终字第77号判决，驳回上诉，维持原判。王某安不服北京市高级人民法院（2013）高民终字第77号民事判决，向最高人民法院申请再审。最高人民法院经审理后，于2013年12月18日作出（2013）民申字第1238号裁定，驳回王某安的再审申请。

【法院观点】最高人民法院审查认为：《反不正当竞争法》规范的主体应为参与市场经营活动的市场主体即经营者，其规范的行为应为经营者的经营行为。本案中，王某安并非从事商品经营或者营利性服务的经营者，其与三被申请人之间亦不存在市场竞争关系。王某安与卫生部国际中心为劳动合同关系，王某安与李某山、原某林为同事关系。王某安起草、制定《分配制度改革办法》系履行工作职责、完成工作任务。故本案三被申请人的行为不构成《反不正当竞争法》规定的不正当竞争行为。《反不正当竞争法》所规范的"竞争"，并非任何形式、任何范围的竞争，而是特指市场经营主体之间的"市场竞争"。因此，王某安所谓的"工作岗位竞争"即综合人事部处长职位竞争系单位内部职位竞争，并不属于《反不正当竞争法》规范的"市场竞争"。商业秘密应以市场为依托，仅在单位内部为当事人带来工作岗位竞争优势的信息不属于商业秘密。因此，三名被申请人未侵害王某安的商业秘密[①]。

【案例点评】最高人民法院指出，《反不正当竞争法》所规制的"竞争"，特指市场经营主体之间的"市场竞争"。因此，其项下的商业秘密纠纷，同样要求具备市场属性。企业应当注意区分劳动者的内部竞争和市场经营主体之间的外部竞争，前一过程中劳动者通过履职等个人劳动据以获得岗位竞争优势的信息，不应划入企业的商业秘密范围。

2.4.3　对选定的商业秘密划分等级并标识

为满足法律规定的保密性特性，建议企业将商业秘密划分保密等级并进行标识。企业可采用两分法，根据商业秘密对企业的重要程度将商业秘密划分为

---

① 王松主编：《最高人民法院司法观点集成（新编版）· 知识产权卷Ⅱ》，中国法制出版社2017年版，第862页，观点编号394。

“核心商业秘密”和“普通商业秘密”。企业也可根据《保守国家秘密法》的定级方式，将商业秘密划分为“绝密”“机密”“秘密”三级，并采用显著方式进行标注。

对商业秘密分级标注，不仅可以识别商业秘密，而且对外可以起到警示作用，警告他人若未经授权获取、使用、泄露商业秘密，将会承担相应的法律责任。企业应为不同保密等级的商业秘密设置不同程度的保密措施和合理的保密期限。

2.4.4 注意防范未对商业秘密采取保密措施的纠纷

企业宜结合成本与效益原则进行综合衡量，根据企业信息的载体和价值对其采取合同措施、技术措施、物理措施等适宜的保密措施。只有这样，被保护的企业信息才具有商业秘密的保密性特征。不具有保密性特征的信息无法成为商业秘密，在侵权行为发生时企业将无法证明商业秘密的存在，难以维护自身权益。

我国法定的商业秘密保护措施，主要包括以下方式：

（1）限定涉密信息的知悉范围，只对必须知悉的相关人员告知其内容；

（2）对于涉密信息载体采取加锁等防范措施；

（3）在涉密信息的载体上标有保密标志；

（4）对于涉密信息采用密码或者代码等；

（5）签订保守商业秘密协议或者在合同中约定保密义务；

（6）通过章程、培训、规章制度、书面告知等方式，对能够接触、获取商业秘密的员工、前员工、供应商、客户、来访者等提出保密要求；

（7）对涉密的厂房、车间等生产经营场所限制来访者、进行区分管理或对来访者提出保密要求；

（8）以标记、分类、隔离、加密、封存、限制能够接触或者获取的人员范围等方式，对商业秘密及其载体进行区分和管理；

（9）对能够接触、获取商业秘密的计算机设备、电子设备、网络设备、存储设备、软件等，采取禁止或者限制使用、访问、存储、复制等措施的；

（10）要求离职员工登记、返还、清除、销毁其接触或者获取的商业秘密及其载体，继续承担保密义务的；

（11）采取其他合理保密措施的[①]。

除了参考上述保密措施，实践中企业还可以通过对涉密计算机设备、涉密载体与涉密物品设置专门存放场所，改变重要的商业秘密载体的物理结构，对重要涉密场所进行视频监控、电磁信号屏蔽等多种手段对企业重要信息资产进行保护。

同时，企业在制定内部保密制度时应注意根据拟保护信息的范围、密级、保密期限，确定知悉人员的范围和接触权限，并向员工明示和公开企业商业秘密保护制度。相关制度安排宜简繁适度，可采用以下方式“明示”和“公开”：一是在指定位置张贴保密制度，二是在集体会议上公布保密制度，三是令员工书面确认知悉保密制度，四是对保密制度的“明示”和“公开”的过程采用可以证明的方式予以记载和保存。

此外，企业对商业秘密采取的保密措施应当满足以下条件：其一，在表现形式上，至少应当使他人知道企业已经对该类信息予以保护，比如：向负有保密义务的员工明确表达保护商业秘密的意图和受保护商业秘密的范围；积极向合同相对方明确表达保护商业秘密的意图和受保护商业秘密的范围。其二，在保护程度上，企业采取的保密措施，在正常情况下应足以防止商业秘密泄露。

【典型案例】宜兴市飞舟高新科技材料有限公司、马某初侵害技术秘密纠纷案，（2019）最高法知民终 340 号

【基本案情】2017 年 3 月 9 日，马某初与宜兴市飞舟高科技材料有限公司（以下简称飞舟公司）签署《职工劳动合同书》，约定劳动合同期限为 2017 年 1 月 1 日至 12 月 31 日，同时还约定了技术保密条款包括：1. 机械设备功能型的保密，包括成网设备、平板针刺设备、异型针刺设备、穿刺设备、织造设备等配套生产制造设备；2. 原材料结构织造工艺、成网材料工艺；3. 机械设备功能型流水线生产工艺，包括木工制模工艺、工装用辅助材料工艺、针刺用针工

① 《最高人民法院关于审理侵犯商业秘密民事案件适用法律若干问题的规定》第五条；《最高人民法院关于审理不正当竞争民事案件应用法律若干问题的解释》第十一条。

艺、产品针刺工艺、原材料铺层工艺和产品脱模等保密工艺；4. 公司新产品研发工艺，包括制模、用针、原材料、穿刺、三维编织等产品工艺的研发保密工艺。2017 年 5 月 6 日，马某初在《职工解除劳动关系书》上签字，从飞舟公司离职。《飞舟公司 2017 年度工资发放单》显示，马某初从飞舟公司领取了保密费 100 元。飞舟公司认为马某初违反约定披露并允许新力公司使用飞舟公司的技术秘密，新力公司使用了马某初所披露的技术秘密。飞舟公司向原审法院提起诉讼，原审法院于 2018 年 9 月 7 日立案受理。飞舟公司向江苏省苏州市中级人民法院起诉，请求判令马某初、新力公司立即停止侵害飞舟公司商业秘密的行为，马某初、新力公司赔偿泄密损失费 60 万元，本案诉讼费用由马某初、新力公司承担。

江苏省苏州市中级人民法院经审理认为，现有证据不能证明马某初掌握并向新力公司披露了飞舟公司所主张的特有网胎设备以及针刺过程中使用的特殊针型的技术信息，亦没有证据证明在马某初制作坩埚样品失败后，新力公司仍在从事坩埚产品的生产并有网胎设备以及针型可与飞舟公司主张的技术信息进行比对，以判断两者是否构成相同或实质相同，故飞舟公司认为马某初、新力公司披露、使用飞舟公司主张的技术秘密缺乏事实依据。一审法院于 2019 年 5 月 22 日作出（2018）苏 05 民初 1094 号民事判决书，判决驳回飞舟公司的诉讼请求。

飞舟公司不服一审判决，向最高人民法院提起上诉。

最高人民法院审理后，于 2020 年 9 月 28 日作出（2019）最高法知民终 340 号判决，驳回上诉，维持原判。

【法院观点】技术秘密应当具备不为公众所知悉、能为权利人带来经济利益、具有实用性并经权利人采取相应保密措施等要件。所谓不为公众所知悉，是指有关信息不为其所属领域的相关人员普遍知悉和容易获得。本案中，飞舟公司对主张的技术信息内容作了详细解释和说明。同时，飞舟公司也提供初步证据证明其已经对所主张的商业秘密采取了保密措施。上述事实和证据可以初步证明飞舟公司所主张的商业秘密具有秘密性。但是，本案及关联案件存在相反证据，在很大程度上削弱了飞舟公司提供的初步证据的证明力。第一，关于飞舟公司所主张的特有网胎设备。首先，另案中华恒公司提交的证据表明，该相关设备可以从公开渠道购买。其次，飞舟公司与案外人签订的购销合同中质量要求技术标准一栏标注“按供方厂标”或“厂标”，尚不足以证明相关设备具有不为公众所知悉的特殊结构。最后，相关设备可以从公开渠道购买的事实表明，即便飞舟公司所主张的相关设备具有特殊结构，该特殊结构所承载的技术信息亦可以从公开渠道获得。第二，关于针刺过程中所使用的针刺针所具有的特殊针型。首先，现有证据表明，前述特殊针型的针刺针可以从第三方公开采购。其次，飞舟公司认可其主张的该特殊针型可以从市场上公开购买到，并非其自身研发生产。最后，涉案针刺针可以从公开渠道购买的事实表明，即便飞舟公司所主张的针刺针具有特殊针型，该特殊针型所承载的技术信息及其用途亦可以从公开渠道获得。综合全案证据和事实，尚不足以证明飞舟公司所主张的技术信息不为公众所知悉，其所主张的技术秘密证据不足。

【案例点评】2019 年修正的《反不正当竞争法》对于商业秘密纠纷的举证责任进行了重新分配，减轻了被侵权一方的举证责任，被侵权人只需提供初步证据证明涉案信息的保密性，由侵权人证明涉案信息不具有秘密性和价值性。本案中，虽然被侵权人飞舟公司已经完成了己方的举证责任，可以提供初步证据证明其采取了相应保密措施，但法院通过本案和关联案件的相反证据，最终认定涉案设备可以从公开渠道购买，即其所承载的技术信息可以从公开渠道获得，因此涉案信息不具有“不为公众知悉”的秘密性。

对于企业来说，商业秘密纠纷中被侵权人举证责任的减轻，并不意味着企业只需要聚焦自身是否采取保密措施，同样不能忽略商业秘密另外两个重要法定特征——秘密性和价值性，尤其需要注意其采取保密措施的涉案信息或载体是否能从公开渠道获得，一旦信息或其载体可以从公开渠道获取，就不再构成商业秘密。

第三章 企业研发中的知识产权管理

企业研发关乎企业产品的核心，研发过程中产生的核心知识产权直接决定了产品的核心竞争力，因此在企业研发中，做好包括专利、商标、版权、商业秘密在内的知识产权管理工作非常重要。

3.1 企业研发中的专利管理

3.1.1 应注意研发中专利风险防控

企业研发过程中的专利风险防控是非常重要的，要想实现对企业研发进行专利风险防控，应建立起产品专利风险管控流程，且对相关人员进行必要的专利风险意识和专利风险管控流程培训。

研发中专利风险防控，应嵌入在产品开发流程的多个环节中。例如，研发中专利技术的检索非常重要，应考虑将专利检索贯穿整个产品开发流程的各个环节中。例如，在产品立项阶段，可以根据研发思路进行现有技术状况检索（state of art），并根据检索的结果制定研发策略。在研发过程中，应跟踪所在领域的知识产权动态，及时调整研发策略和方向。在研发成果产出后，应对研发成果的技术进行分解，针对每一个技术改进点进行防侵权检索（clearance search），以确定没有侵权风险，并可以从改进点的技术方案中选择可以列为专利申请的技术方案。在需要进行专利申请前，可以对申请的技术点进行专利性检索

（patentability search），从而为高质量专利申请打基础。如果检索发现有在先专利的，且在先专利有效的情况下，还可以根据在先专利的保护范围进行规避设计（design around）。如果在先专利是失效的，则可以对在先专利进行分析和进一步检索，并根据分析结论考虑对在先专利的技术方案进行合理使用。

3.1.2　需关注失效专利的侵权风险

专利失效之后，并不代表没有任何侵权风险。虽然专利权失效后，其权利客体进入公有领域，但这一规则不能简单适用于在作品基础上获得的外观设计专利。

专利权终止的主要情形包括过了保护期、未及时缴纳年费和专利权人书面声明放弃专利权等情形，导致其不再受到专利权的保护。在知识产权领域，一种客体上可以同时存在两种以上权利。所以，在专利权终止之后，虽然公众可以自由使用专利技术这一公共资源，但在作品基础上获得的外观设计专利则不同，这是因为，权利人可以同时拥有专利权和著作权，两种权利有可能会平行存在。此时在外观设计专利权保护期届满后，权利人丧失的仅仅是专利法保护的相关权利，而其享有的著作权依然存在，有可能会受到著作权法的保护。

【典型案例】北京某普丽装饰装帧材料有限公司与常州某米装饰材料有限公司著作权权属、侵权纠纷案，（2020）粤民终 524 号、（2015）苏知民终字第 00037 号

【基本案情】2004 年，北京某普丽装饰装帧材料有限公司（以下简称某普丽公司）设计人员设计了《莫奈》系列壁纸，某普丽公司随后投入生产。2007 年 3 月 30 日，某普丽公司将前述壁纸申请外观设计专利，并获得外观设计专利权，专利号为 200730008065.1。后因未及时缴纳专利年费，该专利权于 2010 年 3 月 30 日终止。某普丽公司认为，前述专利权虽然终止，但前述壁纸属于美术作品，应当受著作权法保护。某普丽公司发现常州某米装饰材料有限公司（以下简称某米公司）生产销售的一款壁纸所使用的图案与某普丽公司享有著作权的《莫奈》壁纸图案相同，并且某米公司在某猫商城某素旗舰店销售该产品，某普丽公司于 2013 年 10 月对某米公司的有关网上销售行为向公证机关申

请了证据保全。某普丽公司认为某米公司的上述行为侵犯了某普丽公司关于涉案作品的著作权，其行为给某普丽公司造成了巨大的经济损失，某米公司依法应承担相应的侵权赔偿责任。

【法院观点】本案中，某普丽公司主张著作权的系2010年3月30日失效的外观设计专利权项下的壁纸图片，该图片具有一定的独创性，故其应属于我国著作权法意义上的美术作品，因此，前述壁纸图片上同时承载了外观设计专利权与著作权两种不同种类的知识产权，该两种权利各自独立存在，其中一种权利的消灭并不必然导致另一种权利的消灭，即，某普丽公司主张权利的涉案壁纸在其外观设计专利权失效后，其不再受专利法的保护，但其仍然受著作权法保护，该壁纸所承载的著作权不因其外观设计专利权的失效而灭失。综上，某普丽公司可以对失效的涉案外观设计专利权项下的壁纸主张著作权。另,《著作权法》(2010年修正）第十一条规定，著作权属于作者，本法另有规定的除外。如无相反证明，在作品上署名的公民、法人或者其他组织为作者。《最高人民法院关于审理著作权民事纠纷案件适用法律若干问题的解释》第七条规定，当事人提供的涉及著作权的底稿、原件、合法出版物、著作权登记证书、认证机构出具的证明、取得权利的合同等，可以作为证据。如无相反证明，在作品或者制品上署名的自然人、法人或者其他组织视为著作权或者著作权有关权益的权利人。本案中，某普丽公司提供的涉案失效专利载明涉案美术作品的设计人为代某红，在某米公司未提供相反证据的情况下，应当认定代某红系涉案作品的作者（著作权人)。由于代某红确认其创作的涉案壁纸的著作权归属于某普丽公司，根据《著作权法》(2010年修正）第九条第三款之规定，著作权人可以将作品的著作财产权全部或部分转让给他人。现代某红将涉案壁纸的著作财产权全部让与某普丽公司系其依法处置自己权利的行为，该行为符合法律规定，应当有效。故应认定某普丽公司依涉案作品著作权人的权利让与而取得了涉案壁纸的著作财产权。

【案例点评】在实务中，企业在检索发现竞争对手产品相关的专利已过保护期而失效时，或经过防侵权检索未发现相关专利的情况下，应关注其他类型的潜在知识产权侵权风险，此时，可以确定企业产品对应的目标市场，并在目标所在的国家或地区检索竞争对手是否还有基于该竞品的其他形式的知识产权，如商标权、版权、外观设计、包装装潢等。

3.1.3 关注职务发明导致的权属纠纷

职务发明创造，根据《专利法》和《专利法实施细则》的规定，是指员工执行所在单位的任务或者主要是利用所在单位的物质技术条件完成的发明创造（以下简称职务发明）。职务发明完成后，该职务发明申请专利并获得授权的权利应属于该发明人所在的单位，但同时单位应当按照一定标准向发明人或设计人（以下统称发明人）支付奖励和报酬。

职务发明制度是我国专利制度的重要组成部分，也是《专利法》司法实践中最常被讨论的话题之一。一个完善的、明确的职务发明制度可以帮助企业妥善管理职务发明权属、减少与员工发明人的纠纷，同时还可以激励企业内部不断实现技术创新。特别是当企业准备融资或上市时，妥善的职务发明管理将会在很大程度上减少知识产权尽职调查中潜在的风险，从而减少麻烦。对于员工发明人而言，可以切实维护其获得职务发明奖励报酬、共享技术创新成果的合法权益。

职务发明导致的权属纠纷主要包括离职后员工专利权属纠纷和职务发明奖励纠纷，下面介绍两个实际案例。

【典型案例】李某毅、深圳市远程智能设备有限公司专利权权属纠纷案，（2019）最高法民申6342号

【基本案情】深圳市卫邦科技有限公司（以下简称卫邦公司）是一家专业从事医院静脉配液系列机器人产品及配液中心相关配套设备的研发、制造、销售及售后服务的高科技公司。2010年2月至2016年7月，卫邦公司申请的多项专利均涉及自动配药设备和配药装置。其中，卫邦公司于2012年9月4日申请的102847473A号专利主要用于注射科药液自动配置。李某毅于2012年9月24日入职卫邦公司生产、制造部门，并与卫邦公司签订《深圳市劳动合同》《员工保密合同》，约定由李某毅担任该公司生产制造部门总监，主要工作是负责研发“输液配药机器人”相关产品。李某毅任职期间，曾以部门经理名义在研发部门采购申请表上签字，在多份加盖“受控文件”的技术图纸审核栏处签

名，相关技术图纸内容涉及“沙窝复合针装配”“蠕动泵输液针”“蠕动泵上盖连接板实验”“装配体”“左夹爪”“右夹爪”“机械手夹爪 1”“机械手夹爪 2”等，系有关自动配药装置的系列设计图。此外，卫邦公司提供的工作邮件显示，李某毅以工作邮件的方式接收研发测试情况汇报，安排测试工作并对研发测试提出相应要求。且从邮件内容可知，李某毅多次参与研发方案的会议讨论。李某毅与卫邦公司于 2013 年 4 月 17 日解除劳动关系。李某毅于 2013 年 7 月 12 日向国家知识产权局申请名称为“静脉用药自动配制设备和摆动型转盘式配药装置”、专利号为 20131029×××× 的发明专利。李某毅为涉案专利唯一的发明人。涉案专利技术方案的主要内容是采用机器人完成静脉注射用药配制过程的配药装置。李某毅于 2016 年 2 月 5 日将涉案专利权转移至其控股的深圳市远程智能设备有限公司（以下简称远程公司）。李某毅在入职卫邦公司前，并无与医疗器械、设备相关的行业从业经验或学历证明。卫邦公司于 2016 年 12 月 8 日向一审法院提起诉讼，请求：1. 确认涉案专利的发明专利权归卫邦公司所有；2. 判令李某毅、远程公司共同承担卫邦公司为维权所支付的合理开支 3 万元，并共同承担诉讼费。

【法院观点】首先，关于李某毅在卫邦公司任职期间承担的本职工作或分配任务的具体内容。第一，李某毅于卫邦公司任职期间担任生产制造总监，直接从事配药设备和配药装置的研发管理等工作。其在再审申请书中，也认可其从事了“研发管理工作”。第二，李某毅在卫邦公司任职期间，曾以部门经理名义在研发部门采购申请表上签字，并在多份与涉案专利技术密切相关且加盖有“受控文件”的技术图纸审核栏处签字。第三，李某毅多次参与卫邦公司内部与用药自动配药设备和配药装置技术研发有关的会议或讨论，还通过电子邮件接收研发测试情况汇报，安排测试工作，并对研发测试提出相应要求。综上，根据李某毅在卫邦公司任职期间承担的本职工作或分配的任务，其能够直接接触、控制、获取卫邦公司内部与用药自动配制设备和配药装置技术研发密切相关的技术信息，且这些信息并非本领域普通的知识、经验或技能。因此，李某毅在卫邦公司承担的本职工作或分配的任务与涉案专利技术密切相关。

【案例点评】判断是否属于《专利法实施细则》第十二条第一款第三项规定的与在原单位承担的本职工作或者原单位分配的任务“有关的发明创造”时，

应注重维护原单位、离职员工以及离职员工新任职单位之间的利益平衡，综合考虑以下因素作出认定：一是离职员工在原单位承担的本职工作或原单位分配的任务的具体内容；二是涉案专利的具体情况及其与本职工作或原单位分配的任务的相互关系；三是原单位是否开展了与涉案专利有关的技术研发活动，或者有关的技术是否具有其他合法来源；四是涉案专利（申请）的权利人、发明人能否对专利技术的研发过程或者来源作出合理解释。

【典型案例】3M中国有限公司、张某锋与3M创新有限公司植物发明创造人奖励纠纷案，（2014）沪高民三（知）终字第120号

【基本案情】3M公司系生产、销售包括显示与图像设备等多领域高科技产品的全球著名跨国公司，被告3M中国有限公司（以下简称3M中国公司）系3M公司的关联投资公司在中国设立的全资子公司，被告3M创新有限公司（以下简称3M创新公司）系3M公司的全资子公司，是职务发明专利的专利权人。根据3M公司与两被告之间的协议，被告3M中国公司等集团成员的知识产权统一转让给3M公司或被告3M创新公司进行管理，再由3M公司或被告3M创新公司统一许可给被告3M中国公司等3M集团成员使用。原告张某锋在3M中国公司任职期间，对DBEF-D反射偏振片产品在液晶电视应用中遇到的黄化问题率先提出解决技术方案，并因此被吸入专家组。被告3M创新公司于2006年6月1日提出“反射偏振片和具有该反射偏振片的显示装置”的PCT专利申请，该PCT专利申请于2007年12月3日进入中国，并于2010年3月17日被授予发明专利权。该发明专利的主要部分即原告张某锋发明的上述技术方案，原告张某锋被列为第三发明人。2006年6月1日，被告3M创新公司向中国国家知识产权局申请名称为“反射偏振片和具有该反射偏振片的显示装置”的发明专利，授权公告日为2010年3月17日，专利号为××××。该发明专利说明书记载：优先权分别是：2005.6.3、US60/687，213，2006.5.16、US11/383，672；国际申请：PCT/US2006/××××；国际公布：WO2006/132912、英2006.12.14；专利权人：3M创新公司；发明人：伊莉萨·M.克罗斯、埃里克·W.纳尔逊、张某锋、朱迪思·M.因维埃。

2010年1月起，被告3M中国公司开始起草发明奖励的相关政策，原告张

某锋亦参与其中。同年7月，被告3M中国公司设立“DialoguewithLOC”会议，旨在为员工和管理层提供更多的沟通、交流渠道。同年7月14日，原告张某锋向被告3M中国公司的管理层人员发送邮件，称其参与讨论了发明人补偿条例，尤其是贡献部分（专利产品的销售额的0.01%）认为提升一个数量级将更合理，更能够鼓励发明创造。2010年9月2日，被告3M中国公司向员工发布邮件，宣布“3M中国职务发明奖金计划”于2010年9月1日正式实施。该计划旨在鼓励所有3M中国员工在工作中的创新活动，发明奖金计划包括专利固定奖金和与发明相关产品的销售提成。此政策涉及发明创造时间在职员雇佣期的、3M中国关联公司雇佣职员的职务发明。其中，补偿仅针对向中国国家知识产权局递交的专利申请或由中国国家知识产权局颁布的专利。国外的专利申请或销售不包括在此补偿中。用于产品的职务发明的补偿分为固定部分及提成部分。固定部分的补偿包括用于支付向3M公司知识产权系统或其他3M关联公司提交发明，向中国国家知识产权局递交的专利申请，以及中国国家知识产权局授权的专利申请。2011年11月26日，被告3M中国公司向原告寄发《2010年提成部分的发明补偿通知》，记载原告2010年提成部分的发明补偿为20384.16元。原告确认已收到该补偿的税后款17168.12元。

【法院观点】关于职务发明报酬数额如何计算。第一，从本案查明的张某锋参与起草3M中国公司发明奖励政策、3M中国公司设立“DialoguewithLOC”会议、张某锋向3M中国公司管理层人员发送邮件称其参与讨论了发明人补偿条例等事实看，3M中国公司在制定“3M中国职务发明奖金计划”的过程中，已与员工进行过协商，该“3M中国职务发明奖金计划”属于《专利法实施细则》所称的规定职务发明报酬的单位规章制度。该“3M中国职务发明奖金计划”明确其适用范围为“发明创造时间在职员雇用期的、3M中国关联公司雇用职员的职务发明”。“3M中国职务发明奖金计划”实质上是3M中国公司与其员工之间关于如何计算职务发明报酬的约定，此种约定就“3M中国职务发明奖金计划”发布之前的职务发明的报酬如何计算作出安排，并不违法。第二，张某锋所主张的职务发明报酬的计算方式中，其认为实施涉案发明专利制造产品的利润率为50%，但无证据支持，因此其计算方式并无依据。“3M中国职务发明奖金计划”可以适用于涉案发明，既然当事各方对于职务发明报酬的计算发生纠纷，作为报酬支付方的3M中国公司本应在本案审理中提供具体的计算依据和计算过程，但是3M中国公司未提供其向张某锋支付的2010年职务发明报酬20384.16元的计算过程，其中作为计算依据的各项数据如年销售额、产品系数、专利分配系数、发明人分配系数等并不明确，因此该职务发明报酬数额的真实性、合法性均难以确认，亦难言于张某锋公平合理。本案中，3M中国公司将涉案发明的权利转移给3M创新公司所获得的对价、实施涉案发明专利所获取的利润、专利权人对外许可所收取的使用费等，均难以查明，在双方关于职务发明报酬计算的主张均难以支持的情形下，原审法院综合全案情况，酌情确定3M中国公司向张某锋支付20万元职务发明报酬。

【案例点评】在实践中，由于法条规定不甚明确、司法实践标准存在分歧等原因，职务发明界定以及奖励报酬支付常常会引发争议。《职务发明条例草案（送审稿）》对实践中出现的一些争议点进行了回应，但该草案自2015年公开征求意见之后，就再无进展。而职务发明制度切实涉及每一家技术型企业最为重要的两个方面——技术成果归属和费用（奖酬）支付。因此，企业应当在制定企业内部专利奖励制度时，对专利授权或者专利应用的奖励费用进行约定，这样在后续奖励执行过程中，可以尽可能减少争议。

3.1.4 防范项目合作中的知识产权纠纷

企业在项目合作中，经常会通过委托开发或合作开发的模式与第三方进行合作，此时较容易出现知识产权相关纠纷，特别是在双方未明确约定的情况下。

在委托开发方面，根据《民法典》合同编的相关规定，委托开发合作中的知识产权归属，有约定的从约定，即委托开发过程中所产生的专利、技术秘密等知识产权的归属问题，双方可进行协商，根据协商来确定知识产权归属。如果双方在委托开发合同中对知识产权的归属没有进行约定，则依据《民法典》合同编及相关司法解释的规定，其专利归属如下：专利申请权归研发人员即受托人；委托人可免费实施该专利。

【典型案例】福建某特科光电股份有限公司与成都某瞳科技有限公司专利权权属纠纷案，（2018）川01民初2236号

【基本案情】2015 年 8 月，成都某瞳科技有限公司（以下简称某瞳公司）委托福建某特科光电股份有限公司（以下简称某特科公司）开发定制化 360° 全景镜头模组，双方签订了《360° 全景镜头模组委托开发协议》。协议签订后，某特科公司全面履行了协议并交付了全景镜头模组产品及相关技术资料。同年 9 月 18 日，某瞳公司向国家知识产权局提出包含专利号为 ZL201510600697.0，专利名称为“全景图像采集装置”的发明专利在内的四项专利申请。专利获得授权后，某特科公司认为某瞳公司的前述专利是涉案协议开发的技术成果，应归某特科公司所有，故提起本案诉讼，请求法院判令涉案专利的专利权归某特科公司所有，并对该专利的发明人予以变更。

【法院观点】成都市中级人民法院审理认为，依据《专利法》第八条的规定，委托发明创造的权利归属，有约定从约定。无约定、约定不明或者专利授权技术方案与合同技术成果有区别时，按照“首先确认合同技术成果与专利权利要求书记载的技术方案的异同以及专利的实质性特点；再审查前述两个技术方案的区别更接近专利的实质性特点还是公知技术”的方法，查明专利技术的完成人。原则上，应按照专利实质性特点的完成人认定专利技术的完成人，并据此确认专利权的归属。此外，即使合同相对人参与了专利技术的开发，但其能够预期并接受专利申请人利用合同技术成果申请专利的，不应当分享专利权。经审查，本案诉争专利的实质性技术特征是由某瞳公司提出，且某特科公司在缔约之时就已明确知晓并接受某瞳公司有利用合同技术成果并添附技术特征申请专利的可能，故某瞳公司申请诉争专利没有恶意。法院最终判决驳回某特科公司的全部诉讼请求。

【案例点评】本案涉及利用技术开发合同的技术成果申请的专利归属如何认定的问题。依据《专利法》第八条的规定，合作完成或者委托发明创造的权利归属，有约定从约定；无约定、约定不明的，申请专利的权利属于完成的单位或者个人，申请被批准后，申请的单位或者个人为专利权人。按照“谁创造谁保护”的原则确认专利权归属更符合专利制度鼓励创新的基本原则，故除另有约定外，对专利的“实质性特点”作出了创造性贡献的单位或个人，应当认定为专利权利人。此外，即使合同相对人参与了专利技术的开发，但其能够预期并接受专利申请人利用合同技术成果申请专利的，不应当分享专利权。

在合作开发方面，《专利法》第八条规定，两个以上单位或者个人完成的发明创造，除另有协议的以外，申请专利的专利属于完成或者共同完成的单位或个人。而根据《民法典》合同编的相关规定，合作开发中的知识产权归属，有约定的从约定。即合作开发过程中所产生的专利、技术秘密等知识产权的归属问题，双方可进行协商，根据协商确定知识产权归属。

如果双方在合作开发合同中对知识产权的归属没有约定的，则依据《民法典》合同编及相关司法解释的规定，其专利归属如下：申请专利的权利属于合作开发的当事人；即双方可以作为共同专利申请人对合作开发中产生的专利进行申请。若一方转让共有的专利申请权，则其他各方有以同等条件优先受让的权利；若一方放弃共有的专利申请权，则可以由其他方申请，放弃方仍可以免费实施该专利。但若一方当事人不同意申请专利，则其他方不得申请。

综上，在合作开发、委托开发情形下，当事人之间若未有协议约定，则相关知识产权问题的处理方式如表 3–1 所示：

表 3–1　合作开发、委托开发相关知识产权问题处理方式

	合作开发	委托开发
权属情况	应由合作开发方共有	应由委托方所有
专利申请	所有共有方同意时，才可申请专利；若一方声明放弃，则其他共有方可共同申请专利	受托人有权申请专利
专利转让	需由所有共有方同意，才可转让专利；若一方转让其专利申请权，则其他各方享有以同等条件优先受让的权利	若需要转让，则委托人享有以同等条件优先受让的权利
专利许可	各方可普通许可他人使用，但所获得的收益应当分配给其他方	委托人 / 受托人不具备实施条件的，可以普通许可给他人使用
专利实施	放弃专利申请权的一方可以免费实施专利；各方可以单独实施，但所得的收益应当分配给其他方	受托人获得专利的，委托人可以依法实施

3.2 企业研发中的商标管理

3.2.1 研发部门应当及时与法务部门沟通确定拟使用和注册的产品商标

商标注册申请保护的时间点至关重要，随着企业的发展壮大，企业会向市场推出新研发的产品和服务，这些新产品和服务就需要新的商标。

通常建议，企业在新产品立项阶段就应当开始同步进行品牌保护行动，这需要研发部门和法务部门及时进行沟通，确定备选的商标名称，以便法务部门提前进行商标检索和商标注册申请。这样在产品研发的时期内，新产品或者服务的商标已经注册成功，就可以在新产品对外发布时直接进行使用，而不用担心任何侵权风险。相反，如果没有提前做好商标申请，则很可能会面临不利局面。

【典型案例】华某“鸿蒙”商标驳回复审行政纠纷案，（2021）京行终3830号

【基本案情】诉争商标为华某技术有限公司（以下简称华某公司），申请号：38307327，申请日期：2019年5月20日，标志：鸿蒙，指定使用的服务（第42类，类似群：4209；4216；4220）：多媒体产品的设计和开发；计算机软件设计；软件即服务（SaaS）；电子数据存储；通过网站提供计算机技术和编程信息；云计算；平台即服务（PaaS）；手机软件设计；手机应用软件的设计和开发；计算机软件的更新和维护；计算机软件研究和开发；软件设计和开发；数据处理用计算机程序的开发和创建；即时通信用软件的设计和开发（统称复审服务）。而引证商标包括：北京海岸鸿蒙标准物质技术有限责任公司，注册号：8923320，申请日期：2010年12月7日，专用期限至2022年4月6日，标志：CRM鸿蒙，核定使用服务（第42类，类似群：4209-4212；4214）：化学分析；化学服务；化学研究；化妆品研究；生物学研究；材料测试；质量检测；油井测试；科研项目研究；技术研究。注册人：河北鸿蒙广告发展有限公司，注册号：10024420，申请日期：2011年9月29

日，专用期限至2023年2月6日，标志：鸿蒙，核定使用服务（第42类，类似群：4220）：托管计算机站（网站）；替他人创建和维护网站；计算机软件设计；计算机软件升级；计算机软件咨询；把有形的数据和文件转换成电子媒体；计算机软件维护；计算机编程；计算机系统设计。

被诉决定：商评字［2020］第145059号《关于第38307327号“鸿蒙”商标驳回复审决定书》。被诉决定作出时间：2020年5月27日。国家知识产权局以诉争商标的申请注册违反了《商标法》第三十条规定为由，决定：驳回诉争商标在复审服务上的注册申请。华某公司不服被诉决定，在法定期限向北京知识产权法院提起行政诉讼。

【法院观点】《商标法》第三十条规定：“申请注册的商标，凡不符合本法有关规定或者同他人在同一种商品或者类似商品上已经注册的或者初步审定的商标相同或者近似的，由商标局驳回申请，不予公告。”截至本案二审终结，引证商标一处于商标权撤销复审行政纠纷一审诉讼程序中，引证商标二由生效判决维持有效，引证商标一、二均为在先有效注册商标，可以用于评判诉争商标的申请注册。华某公司提出引证商标一、二权利状态不稳定，并请求法院中止审理的上诉主张，并非法律规定的法定中止事由，本院不予支持。商标近似，是指两商标文字的字形、读音、含义或者图形的构图及颜色，或者其各要素组合后的整体结构相似，或者其立体形状、颜色组合近似，易使相关公众对商品的来源产生误认或者认为其来源之间存在特定的联系。本案中，华某公司对被诉决定有关类似服务的认定不持异议，本院予以确认。诉争商标“鸿蒙”为纯文字商标，引证商标一由字符“CRM”、文字“鸿蒙”及图形构成，引证商标二为文字“鸿蒙”商标。诉争商标“鸿蒙”与引证商标一、二文字识别部分在文字构成、发音、呼叫等方面相同或相近，构成近似标志。诉争商标与引证商标一、二若共同使用在同一种或类似服务上，容易造成相关公众对服务来源产生混淆误认，二者构成使用在同一种或类似服务上的近似商标。原审判决和被诉决定认定诉争商标的申请注册违反《商标法》第三十条的规定并无不当。华某公司提出引证商标一、二在核定使用服务上没有实际使用等上诉理由，与诉争商标能否核准注册缺乏直接关联，亦非商标申请驳回案件中近似性判断应予考虑因素。此外，在案证据尚不足以证明诉争商标经使用与华某公司形成唯一对应关系。华某公司相关上诉主张，本院均不予支持。综上所述，原审判决认定事实清楚，适用法律正确，程序合法，应予维持。华某公司的上诉理由不能成立，对其上诉请求，本院不予支持。依照《行政诉讼法》第八十九条第一款第一项之规定，判决如下：驳回上诉，维持原判。

【案例点评】从本案例中可以看出，品牌的选择需要提前查询并对在先的引证商标采取行动，如三年不使用撤销申请或者对引证商标进行购买以便排除注册障碍。当然，如果上述鸿蒙案中的两个引证商标最终被撤销，则华某可以依据情势变更原则向最高人民法院申请再审，但这又会持续很长时间。

3.2.2 国外品牌要将对应的中文品牌及时进行翻译和注册

外资品牌进入中国市场，通常需要准备一个对应的中文名称，并且应及时将对应的中文名称进行注册保护，这样可以在后续市场推广中，保证中文名称的使用与申请注册的商标保持一致，以便在日后使用中外文商标和中文商标可以形成稳定的一一对应关系。否则，如果不及时进行注册，则容易产生商标等纠纷。

【典型案例】辉瑞有限公司、辉瑞制药有限公司与上海东方制药有限公司破产清算组侵害商标权纠纷、不正当竞争纠纷案，(2009)民申字第313号

【基本案情】申请再审人辉瑞有限公司（以下简称辉瑞公司）、辉瑞制药有限公司（以下简称辉瑞制药公司）与被申请人上海东方制药有限公司（以下简称东方公司）破产清算组及二审被上诉人（一审被告）北京健康新概念大药房有限公司（以下简称新概念公司）、广州威尔曼药业有限公司（以下简称威尔曼公司）因不正当竞争、侵犯未注册驰名商标权纠纷案，北京市高级人民法院于2008年3月20日作出(2007)高民终字第1684号民事判决，已经发生法律效力。2009年3月16日，辉瑞公司、辉瑞制药公司向本院申请再审。辉瑞公司与辉瑞制药公司申请再审称，早在威尔曼公司于1998年6月2日申请注册“伟哥”商标之前，相关公众已经使用“伟哥”一词指称Viagra产品。在相关公众心目中，“伟哥”商标唯一对应Viagra产品，是Viagra的中文名称（别名）。“伟哥”在事实上成为标识Viagra产品来源的商标，成为申请再审人的商

标，申请再审人对“伟哥”享有合法的在先权利。威尔曼公司申请注册、使用“伟哥”商标，具有明显的恶意。因为相关公众约定俗成的使用，“伟哥”同样也已经构成申请再审人的Viagra产品这一知名商品的特有名称，根据《反不正当竞争法》第五条第二项的规定，东方公司擅自在其生产的“甲磺酸酚妥拉明分散片”上使用“伟哥”商标，使相关公众产生混淆误认，构成不正当竞争。东方公司辩称，申请再审人“Viagra”产品的商品名是“万艾可”，威尔曼公司是最早申请和使用“伟哥”商标的权利人。申请再审人从未使用过“伟哥”商标，其对“伟哥”商标不享有任何权益。相关公众并未将“伟哥”商标唯一对应申请再审人的“Viagra”产品，申请再审人在媒体上发布的《律师声明》也声称“Viagra”药品的商品名是“万艾可”，中国商标法适用“注册在先”原则，威尔曼公司申请“伟哥”文字商标的行为符合法律规定，不是非法抢注。申请再审人关于“威尔曼公司申请注册‘伟哥’商标的行为是非法抢注行为，构成不正当竞争”的请求属于新的诉讼请求，已超出本案原审的审理范围。申请再审人没有任何证据证明“伟哥”构成申请再审人的知名商品的特有名称，且基于知名商品特有名称的不正当竞争指控业已超出本案原审的审理范围。

【法院观点】最高人民法院认为，国家药监局第72号文件采用“伟哥”和“VIAGRA”的标注，并非对辉瑞制药公司“西地那非”通用名或商品名的认定。《新时代汉英大词典》中对“伟哥”词条的解释不足以证明“Viagra”即为“伟哥”。辉瑞制药公司在其发布的《律师声明》中声称其研发生产的药品“Viagra”的正式商品名为“万艾可”。因此，辉瑞公司关于“伟哥”商标唯一对应Viagra产品，是Viagra的中文名称，成为标识Viagra产品来源的再审理由无事实依据。且由于“VIAGRA”文字商标（即申请再审人主张的Viagra文字商标）已于2001年1月28日转让给辉瑞产品有限公司，在本案一审起诉时及整个诉讼过程中，辉瑞公司均不是“VIAGRA”文字商标的商标权人。故辉瑞公司对“VIAGRA”文字商标以及其所主张的“VIAGRA”文字商标的中文翻译“伟哥”不享有任何权益。在此情形下，2005年7月28日，辉瑞公司与辉瑞制药公司订立《商标授权协议第三次修订案》，授权辉瑞制药公司使用“伟哥”商标，亦没有法律效力，故辉瑞制药公司也不能依据该授权对“伟哥”主张权利。根据本案查明的事实，1998年9月29日，《健康报》等七篇报道、珠海出版社出版的"伟哥报告—蓝色精灵 Viagra"以及《海口晚报》等 26 份媒体的报道中虽然多将"伟哥"与"Viagra"相对应，但因上述报道均系媒体所为而并非两申请再审人所为，并非两申请再审人对自己商标的宣传，且媒体的报道均是对"伟哥"的药效、销售情况、副作用的一些介绍、评论性文章。辉瑞制药公司也明确声明"万艾可"为其正式商品名，并承认其在中国未使用过"伟哥"商标。故媒体在宣传中将"Viagra"称为"伟哥"，亦不能确定为反映了两申请再审人当时将"伟哥"作为商标的真实意思。故申请再审人所提供的证据不足以证明"伟哥"为未注册商标。原审法院对"伟哥"是辉瑞公司的未注册驰名商标的事实主张不予支持，并据此认定东方公司和新概念公司生产、销售使用"伟哥"商标药品的行为，并未构成上述法律所规定的应当承担停止侵害的民事法律责任的情形，并无不当。

【案例点评】从该案可以看出，国外外文品牌在中国销售时，应当及时将对应的中文商标进行注册，并随后进行推广使用，同时一定要规范市场部门在市场推广活动中使用已经申请注册的中文商标，这样可以防止市场中对外文品牌形成不同的中文称呼。

3.3 企业研发中的版权管理

企业研发工作，对于以技术见长、以产品导向的企业来说，至关重要。在研发过程中，为了防止版权等知识产权的流失或未及时保护，应做好版权发掘、申报和登记工作。同时，为了防止版权侵权，企业应对研发人员进行合规性教育和约束，并对研发流程进行细化和规范，具体来说，包括以下几个方面。

3.3.1 重视企业研发工作中版权管理制度的制定、完善、执行和实施

企业研发工作中版权的管理是整个知识产权保护体系的重要组成部分，特别是对于版权重度参与企业和版权中度参与企业而言。对于企业来说，只有建立起完善的版权管理制度并进行有力的执行和实施，才能令版权保护工作日臻完善。

3.3.2　重视研发人员（特别是核心人员）职务作品的权利归属约定

研发人员，特别是核心人员（例如核心创作和核心技术人员）是企业发展的重要人力资源。如何将人才留住，如何发挥人才的最大化价值，是企业（特别是依赖于作品创作而盈利的企业，以及依赖于技术创新的高新技术企业）需要持续关注的问题。

有别于普通员工，对于研发人员而言，企业可以采用更为灵活的对于职务作品的权利归属约定。例如，除了主要是利用法人或者非法人组织的物质技术条件创作，并由法人或者非法人组织承担责任的工程设计图、产品设计图、地图、示意图、计算机软件等职务作品之外，对于其他职务中产生的作品，企业可以考虑与研发人员（特别是核心创作或核心技术人员）约定更有利于该类员工利益分配的相关条款，从而激发研发人员的创作热情，加速企业的创新和发展。

但同时应当注意到，设计灵活的版权奖励或权属约定机制，并不代表放任研发人员的恣意行为。特别是对于与企业核心资产相关的版权等知识产权，企业仍然应当与员工划清界限，明晰权属，以防止员工的不忠诚行为对企业利益造成损害。

【典型案例】上海某霆娱乐信息科技有限公司诉王某、北京某纵横网络技术有限公司著作权合同纠纷案，（2011）沪一中民五（知）终字第136号

【基本案情】上海某霆娱乐信息科技有限公司（以下简称某霆公司）是国内原创文学门户网站“起点中文网”的运营商。自2006年起，王某以“梦人神机”的笔名先后在某霆公司网站上发表了《佛本是道》《黑山老妖》等多部作品，并与某霆公司签订多份协议，将相关作品的信息网络传播权等著作权独家授权或转让给某霆公司。在此期间，某霆公司向王某陆续支付了共计人民币200余万元的稿酬。2010年1月18日，某霆公司（甲方）与王某（乙方）签订《白金作者作品协议》一份。同日，某霆公司（甲方）与王某（乙方）还签订了《委托创作协议》一份。该协议第3.2.1条约定乙方作为专属作者，双方均同意乙方受甲方委托创作的协议作品（即甲方委托乙方所创作的作品，作品形式包括

但不限于《著作权法》第三条所列的所有作品种类）的著作权以及相关的一切衍生权利完全排他性地归属于甲方（协议所列排他性的范围均包括排除乙方自己，且无论乙方是否将协议作品创作完稿或将协议作品全部交付于甲方，甲方对乙方已完成并交稿于甲方的协议作品内容或甲方自行组织创作的作品均排他性地享有完整的著作权），甲方享有的著作权的内容包括但不限于《著作权法》第十条所列的各种著作权人身权和财产权。2010 年 7 月 18 日，王某以“梦人神机”的笔名开始在纵横中文网（www.zongheng.com）上发表作品《永生》。至 2011 年 3 月 3 日止，该作品的发表字数为 1792144 字，且目前仍在连载中。原审当事人诉讼请求分别为：某霆公司起诉请求判令：1. 王某继续履行《白金作者作品协议》及《委托创作协议》，停止在其他网站（包含但不限于纵横中文网 www.zongheng.com）发布其创作作品的行为；2. 王某承担违约金 101 万元；3. 确认王某创作的《永生》著作权归某霆公司所有。

【法院观点】原审法院认为，《白金作者作品协议》不存在显失公平，不应被撤销，《委托创作协议》合法有效，应当继续履行。鉴于某霆公司、王某需继续履行《白金作者作品协议》和《委托创作协议》，而协议中明确王某作为专属作者，在协议期间只为某霆公司创作作品，此为王某履行讼争协议所必须遵守的义务之一，现某霆公司在审理中亦明确除了某霆公司网站以外，王某仅在纵横中文网上发表了《永生》这一部作品，且一直处于连载中，故对于王某的这一侵权行为应予以判决停止。本院注意到，在委托创作协议中，双方约定王某为某霆公司的“专属作者”，只能创作“协议作品”，不得为他人创作作品或者将作品交与第三方发表，在协议期间以外创作的作品还应当由某霆公司享有优先受让权，并且规定了交稿时间和字数，等等。这些义务，涉及王某的创作自由，具有人身属性，在性质上并不适于强制履行，并且如果强制王某不得创作协议作品以外的作品，也不符合著作权法鼓励创作的立法目的。在王某违约时，某霆公司不得请求王某继续履行，只能请求王某支付违约金或者赔偿损失。但是，对于已经创作出的作品的权利归属，并不属于不能强制履行的义务，某霆公司主张依据合同享有《永生》著作权于法有据。因此，某霆公司请求继续履行合同将涉及对王某创作行为的强制，本院难予支持，但其主张享有《永生》著作权的请求于法有据，本院应予支持。当然，王某仍可以就所创作作品

《永生》另行主张稿酬和报酬。同时，由于前述合同义务在性质上不适于强制履行，合同目的因王某的违约行为不能实现，故而王某请求解除合同本院可予支持，但王某应当承担支付违约金等违约责任。

【案例点评】本案是由委托创作协议导致的著作权合同纠纷，王某作为专属作者，并未很好地履行义务，这种不忠诚行为对企业利益造成了一定的损害，企业在发现此类行为时，应主动维权，维护自身利益。

3.3.3　研发人员使用文字、图片、照片、视频等作品时的特殊审查制度

研发人员（包括技术人员和创作人员）使用的文字、图片、照片、视频等作品，一般都与企业的核心利益相关，例如重要产品的设计、重要市场活动的推广、重要客户的服务等。在此过程之中，相对于企业普通的内部或商业活动而言，各种素材的使用需要更加关注其版权风险，否则一旦出现侵权问题，则将对企业的核心利益和商业声誉产生非常重大的影响。

相应地，企业应当对研发人员的研发或创作活动进行版权素材审查分级管理，例如在版权素材使用中设计普通审查制度和特殊审查制度，从而分别对普通的研发活动和特殊的研发活动进行针对性管理。对于普通的研发活动，通过普通审查制度（例如仅由法务部门进行管理）对素材进行基本的风险排查；而对于特殊的研发活动，则应通过特殊审查制度（例如由法务部门、销售部门、财务部门等各相关部门进行管理）对素材进行综合性的风险排查，例如由法务部门进行法律相关的风险审查，由销售部门从商业市场角度进行风险审查，并由财务部门估算侵权风险的潜在损失（在必要时应预留潜在侵权情形下的成本预算）。

相反，如果在研发人员使用文字、图片、照片、视频等作品时不设置特殊审查制度或对其进行特殊的关注，一旦发生纠纷，就会对企业的重要产品和核心利益产生非常负面的影响。特别是对于一些耳熟能详的素材，企业不应视而不见，随意使用，否则有可能会被认为是恶意侵权，从而适用惩罚性赔偿制度，这可能会影响到企业的生死存亡。

【典型案例】环某影画公司诉沧州千某雪食品有限公司等六被告侵犯“小

黄人”美术作品著作权案，（2019）苏05知初351号

【基本案情】环某影画公司（以下简称环某公司）是美国知名电视电影制片公司，风靡全球的《神偷奶爸》《小黄人大眼萌》系列动画电影均由其制作完成。环某公司于2017年5月10日在我国登记了“小黄人”系列卡通形象的美术作品著作权，并授权环某公司在中国非独占性地使用该著作权。环某公司经过调查发现，沧州千某雪食品有限公司（以下简称千某雪公司）等被告在明知未获授权的情况下，大量生产、销售外观印有“小黄人”卡通形象的饮品，并通过全国性展销会及线上食品招商网站推广、销售被诉侵权产品，经销商遍布全国，销售规模庞大，侵权行为持续时间长。公证证据显示，被诉侵权产品仅三个月地区销售额就达1500万元，单品破25万件销量。环某影画公司诉至法院，请求判令被告停止侵权、赔偿经济损失及合理支出共计500万元，并赔礼道歉、消除影响。

【法院观点】苏中中院认为，首先，千某雪公司侵权情节严重，根据在案证据反映，被诉侵权产品不仅销量巨大，且经销商覆盖范围极广。其次，千某雪公司侵权恶意明显，属恶意侵权，比如其在宣传推广“旺仔钙铁锌益小瓶”时描述“产品采用非常漂亮的小黄人卡通形象作外包装”，明显利用涉案美术作品的艺术价值及知名度宣传推广被诉侵权产品，具有使用涉案美术作品“小黄人”卡通形象的侵权故意。最后，涉案美术作品“小黄人”卡通形象具有极高知名度，其衍生产品涉及多个行业，开发衍生产品经济价值大。法院最终认为本案侵权人情节严重，侵权规模极大，属恶意侵权，本案裁判应体现最严格保护知识产权理念，依法确定二倍的惩罚性赔偿。无论按照侵权人的违法所得还是环某影画公司遭受的许可费损失的二倍确定本案的赔偿金额，均远超过本案环某影画公司所主张的500万元赔偿额。最终，法院支持环某影画公司要求被告赔偿经济损失及合理费用共计500万元的诉讼请求。

【案例点评】“小黄人”作为知名的卡通形象，企业不应视而不见，随意使用，否则有可能会被认为是恶意侵权，从而适用到惩罚性赔偿，这将极大地影响到企业的实际经营，本案中法院判赔额度较高，而且适用了二倍的惩罚性赔偿，惩罚力度非常强。

3.3.4 研发人员使用商业软件、开源软件进行开发时的特殊审查制度

研发人员在使用商业软件、开源软件进行开发活动时，也应设置特殊的审查制度。由于该类软件通常会影响到企业的办公系统、采购系统、生产系统、销售系统，以及产品设计、制造和销售的各个方面。因此，在软件已经渗透到企业商业活动的各个方面的背景之下，推进软件的正版化、关注软件的风险排查，是企业对于员工（特别是研发人员）应当特别强调的注意事项。

对于商业软件而言，虽然目前网络上可以获取某些破解版本甚至盗版版本，方便拿来免费使用，但这类商业软件一旦开始维权，或者企业将利用这种软件制作的产品应用到后续活动之中，则经常会产生非常大的商业纠纷。因此，对于企业而言，关乎核心产品和利益的软件，应当购买或者获得许可，从而防止侵权风险的发生。

对于开源软件而言，虽然开源软件大多是可免费获取的，但这类开源软件也有其相应的开源协议，不同的开源协议之间也存在兼容性的问题。因此使用开源软件时应评估开源协议的法律风险，防止违反开源协议而招致版权或专利等相关诉讼风险。在使用不同开源协议的开源软件时，应查询相互之间是否兼容，如何在后续商业化闭源过程中进行声明等。

相反，如果企业不注意商业软件和开源软件的法律风险审查，则可能会招致版权相关诉讼风险，进而对企业产生不利影响。并且由于商业软件和开源软件已经渗透到企业的产品设计和开发中，因此一旦出现问题经常会导致产品的波及面过广，难以有效地进行调整，从而产生伤筋动骨与侵权赔偿之间权衡下左右为难的问题。

【典型案例】某字天堂（北京）网络技术有限公司诉柚某（北京）科技有限公司等侵犯计算机软件著作权纠纷案，（2015）京知民初字第631号

【基本案情】原告某字天堂（北京）网络技术有限公司是HBuilder开发工具软件的著作权人。2014年9月，原告发现二被告柚某（北京）科技有限公司、柚某（北京）移动技术有限公司通过官方网站发布一款名为APICloud的软件。经过比对，APICloud软件抄袭了原告HBuilder开发工具软件中三个插件（代

码输入法功能插件、真机运行功能插件、边改边看功能插件）的源代码。二被告的行为侵犯了原告对HBuilder软件享有的复制权、修改权及信息网络传播权。据此，请求法院判令二被告：1. 连续1个月在其网站www.apicloud.com、微博、微信公众号、新浪网、36氪网、CSDN网等网站首页显著位置刊登声明，向原告赔礼道歉、消除影响；2. 连带赔偿原告经济损失及合理支出350万元，其中合理支出包括律师费20万元，公证费24330元，国家图书馆调档费270元，共计224600元。

【法院观点】涉案HBuilder软件属于《著作权法》第三条规定的计算机软件作品，二被告认可原告是该软件作品的著作权人。该软件中的三个插件，即代码输入法功能插件、真机运行功能插件、边改边看功能插件，虽包含于涉案HBuilder软件，但其均可以独立运行，且原告针对上述三个插件分别进行了著作权登记，故其属于独立的计算机软件作品，原告享有著作权，有权禁止他人以《著作权法》第十条所规定的方式使用该软件作品，包括原告在本案中所主张的修改权、复制权及信息网络传播权所控制的使用方式。被诉侵权软件复制了原告软件中的绝大部分文件，只对其中小部分进行了修改，上述行为落入原告复制权及修改权的保护范围。被诉侵权软件系由二被告共同在其网站中提供给用户下载，该行为则落入信息网络传播权的保护范围。基于此，在上述行为未经原告许可的情况下，除非二被告存在法定抗辩理由，否则，上述行为将构成对原告上述权利的侵犯。二被告主张原告软件使用了受GPL协议保护的第三方软件源程序，其软件亦为开源软件，任何第三方有权在GPL协议授权下使用其代码并构建衍生软件产品。本院认为，因原告主张二被告使用的是HBuilder软件中的三个插件，而该三个插件属于独立的软件作品，因此，需要判断的是该三个插件是否受GPL协议限制。庭审中，二被告认可该三个插件均处于独立的文件夹中，该文件夹中并无GPL开源协议文件。不仅如此，在HBuilder软件的根目录下亦不存在GPL开源协议文件。根据GPL协议的相关规定，GPL协议的许可客体是在GPL协议许可下批准的受版权保护的程序以及基于该程序的衍生产品或修订版本。对于原告涉案三个插件而言，在其所处文件夹中并无GPL开源协议文件，且HBuilder软件的根目录下亦不存在GPL开源协议文件的情况下，尽管HBuilder软件其他文件夹中包含GPL开源协议文件，但该协议对于涉案三个插件并无拘束力，据此，涉案三个插件并不属于该协议中所指应被开源的衍生产品或修订版本，二被告认为原告软件为开源软件的相关抗辩理由不能成立。被诉行为构成对著作权人复制权、改编权及信息网络传播权的侵犯。最终判决：被告柚某（北京）科技有限公司、被告柚某（北京）移动技术有限公司于本判决生效之日起十日内，在其官网首页及微信公众号显著位置连续一个月刊登声明，向原告某宇天堂（北京）网络技术有限公司赔礼道歉、消除影响；被告柚某（北京）科技有限公司、被告柚某（北京）移动技术有限公司于本判决生效之日起十日内，赔偿原告某宇天堂（北京）网络技术有限公司经济损失 125 万元，合理支出 21 万元。

【案例点评】被告利用开源作为抗辩理由，是目前诉讼案件中经常会碰到的现象，这也提示我们，无论是作为企业，还是作为研发人员，都应当注意开源软件的法律风险。作为企业管理者，应当提高研发人员的风险意识，规范研发人员使用开源软件的行为，必要时建立相关的代码审查制度，以降低侵权风险或者无法闭源商业化使用的窘境。

3.3.5 注意研发人员的保密责任、防范员工离职产生的版权纠纷

在研发过程中，企业还应注意到研发人员的保密责任问题。通常来说，员工入职时在签订劳动合同的过程中都会有约束相关知识产权的条款和保密条款。但由于这种劳动合同一般都是格式条款，而且劳动仲裁一般都偏重于对劳动者的保护，因此针对具体的研发项目和研发活动，企业应该制定单独的保密协议，在项目开始之前与研发人员进行单独约定，从而降低泄密风险。

在研发人员（特别是核心人员）离职时，也应提醒其遵守知识产权和保密相关责任，必要时提前进行脱密处理，并签订单独的竞业限制协议，从而规避后续不必要的版权或商业秘密纠纷。实践中，由于未约定有效的知识产权归属协议、保密协议、竞业限制协议，以及研发人员违反竞业限制等协议产生的版权侵权、商业秘密侵权导致的纠纷时有发生，甚至会引起刑事责任。从这一点来看，无论是企业，还是研发人员，都应当关注到该类风险，防止不必要的争议和损失。

【典型案例】嘉兴某美医疗科技有限公司与嘉兴某瑞医疗科技有限公司、沈某晓侵害计算机软件著作权纠纷案，（2017）浙01民初1520号

【基本案情】嘉兴某美医疗科技有限公司（以下简称某美公司）致力于医疗临床试验管理及其周边应用软件的开发应用，在软件的功能和实现软件功能的算法和方法、软件的总体结构设计和模块设计、编程和调试、程序联调和测试以及编写、提交程序等过程中投入了大量的人力、物力，相应的软件经登记取得国家版权局颁发的计算机软件著作权登记证书。嘉兴某瑞医疗科技有限公司（以下简称某瑞公司）股东吴某斌，某禾公司法定代表人陈某衍、沈某晓、屠某均曾是某美公司员工，与某美公司签有劳动合同、保密协议和竞业限制协议，2017年7月下旬上述人员陆续离职。某瑞公司、某禾公司系上述人员在某美公司工作期间注册成立的公司，对外宣传可提供与某美公司享有著作权相同或相似的软件，侵害某美公司的著作权。某瑞公司、沈某晓、某禾公司辩称，被诉侵权软件系某瑞公司自行开发的系统，未侵害某美公司的计算机软件著作权；沈某晓、某禾公司与本案没有任何关联性，没有参与也不可能侵犯某美公司享有的计算机软件著作权，请求驳回某美公司的全部诉讼请求。2016年7月31日，某美公司与屠某签订《劳动合同》，聘用屠某从事研发部项目经理，期限自2016年8月1日起至2020年7月31日止。双方曾于2016年7月18日签订《某美公司知识产权保护与保密协议》《某美公司竞业限制协议》。《员工履历登记表》记载屠某自2014年8月入职某美公司，作为项目经理参与EDC项目。2017年7月20日离职。

【法院观点】结合某美公司的证据，某瑞公司及其投资人相关人员曾就职于某美公司，部分人员参与过EDC项目，具有接触ECollect_4_0软件的机会，由此可以认定某瑞公司在编写EDC1.7软件时存在将ECollect_4_0软件的相关内容作为EDC1.7软件内容的行为，某瑞公司未经某美公司许可实施的上述行为侵害了某美公司就ECollect_4_0软件享有的复制权、修改权、署名权。最终判决：被告某瑞公司立即停止侵害原告某美公司享有的某美医疗临床研究电子数据采集软件ECollect_4_0计算机软件著作权的行为；被告某瑞公司于本判决生效之日起15日内在其官网首页连续3日刊登声明，公开赔礼道歉（声明内容需经本院审核），逾期不执行，本院将在《浙江日报》上刊登判决文书的相

关内容，所需费用由被告某瑞公司支付；被告某瑞公司于本判决生效之日起10日内赔偿原告某美公司经济损失及为制止侵权行为所支付的合理费用共计人民币10万元。

【案例点评】本案是典型的由员工离职导致的软件著作权纠纷，作为企业而言，应对在职员工加强知识产权管理，必要时通过劳动合同、保密协议等方式约束其行为。而作为员工而言，应注意保密义务和竞业禁止，防止侵权行为发生，甚至触碰刑事责任。

3.3.6 委托开发、合作开发中版权权利归属的约定和风险防范

委托开发、合作开发导致的知产纠纷概率非常高，由于委托开发和合作开发涉及双方或多方主体之间的协作，因此由于各方利益出发点不同，经常会导致合同纠纷或者侵权纠纷。

在委托开发合同和合作开发合同中，通常都会约定知识产权的归属（包括专利、商标、版权、专有技术等）和保密条款，但如果这种知识产权归属条款的约定不明确或模糊不清，则经常会导致纠纷。例如，如果甲乙双方未能就项目合作中产生的知识产权的归属进行明确约定，特别是哪些是甲乙双方现有的知识产权（在项目开发之前产生），哪些是甲乙双方在项目运行中产生的知识产权，则经常会出现一方擅自申请专利/登记版权的情况下，另一方要求获得相应的权属利益。另外，如果双方合同中未能就后续改进技术或衍生作品的归属进行明确约定，则同样会产生相关权属纠纷。

总之，由于合同签订过程中经常会出现瑕疵，对于合同履行过程中是否出现违约情形的判断通常也有较大争议，因此在委托开发和合作开发过程中非常容易产生权属纠纷。企业需要尽量约定清楚相关条款，以尽可能降低发生纠纷的概率，否则可能会阻滞技术开发/项目合作的进程，也会对企业的利益造成较大损害。此外，除了知识产权归属条款之外，企业为了防止与第三方产生纠纷，还应与受托方或合作方明确约定其应保证素材（包括软件）来源的合法性，并且不能侵犯第三方的知识产权，这种“不侵权”保证条款尽管在真实发生纠纷的时候难以避免企业自身卷入诉讼，但相当于多了一层保障。即使有纠纷的发生，也可以利用这样的第三方保证条款来进行合同追责，并追偿损失。

【典型案例】北京某联软通科技有限公司与北京某美软通科技有限公司侵犯计算机软件著作权纠纷案，（2006）高民终字第960号

【基本案情】2003年9月9日，北京某美软通科技有限公司（以下简称某美软通公司）委托罗某暖开发“满意通企业短信服务（2.0版）”，即涉案的“满意通企业短信中心”软件。2004年3月，某美软通公司与北京某联软通科技有限公司（以下简称某联软通公司）签订《满意通系列产品及服务项目代理协议》，约定由某联软通公司作为满意通系列产品的代理商。2005年6月21日，某联软通公司与罗某暖签订计算机软件开发合同，约定：由罗某暖开发用于电信增值业务方面的短信客户管理系统软件，该软件的主要功能和目标为企业短信应用，名称为中联企业短信平台客户端。某联软通公司拥有该软件的源代码和软件著作权。上述合同已履行完毕，开发成果为“某联软通企业短信中心V3.3”软件。此后，罗某暖又在该软件基础上开发了“某联软通商务短信专家V3.2”软件。某美软通公司、某联软通公司、罗某暖均认可“某联软通商务短信专家V3.2”软件是“某联软通企业短信中心V3.3”软件的简化版，“某联软通企业短信中心V3.3”软件、“某联软通商务短信专家V3.2”软件与“满意通企业短信中心”软件基本相同，但“某联软通企业短信中心V3.3”软件、“某联软通商务短信专家V3.2”软件均对“满意通企业短信中心”软件进行了修改；在罗某暖为某美软通公司开发的“满意通企业短信中心”软件的版权信息中显示有某美软通公司的企业名称、标识及版权标记。在“某联软通企业短信中心V3.3”软件、“某联软通商务短信专家V3.2”软件中未给某美软通公司署名。某联软通公司在其计算机网络网站上提供“某联软通企业短信中心V3.3”及“某联软通商务短信专家V3.2”软件的下载服务。某联软通公司提供“某联软通企业短信中心V3.3”软件的送货服务并收取软件费。

【法院观点】某美软通公司与罗某暖虽未明确约定“满意通企业短信中心”软件著作权的归属，但罗某暖为某美软通公司开发的该软件的版权信息中注明该软件的著作权归属于某美软通公司的行为表明双方已经就该软件的著作权归属达成一致意见，且罗某暖出具的证明也可以印证这一问题，故某美软通公司是涉案“满意通企业短信中心”软件的著作权人。“某联软通企业短信中心V3.3”软件、“某联软通商务短信专家V3.2”软件与“满意通企业短信中心”

软件基本相同，但对“满意通企业短信中心”软件进行了修改，且未在“某联软通企业短信中心 V3.3”软件、“某联软通商务短信专家 V3.2”软件中为某美软通公司署名。某联软通公司的行为侵犯了某美软通公司对“满意通企业短信中心”软件享有的署名权、修改权，应承担公开赔礼道歉、消除影响的民事责任。罗某暖将“某联软通企业短信中心 V3.3”软件和“某联软通商务短信专家 V3.2”软件提供给某联软通公司发布和销售，超出了其与某美软通公司签订的委托开发合同中约定的“自行使用和经营该软件”的范围。某联软通公司要求罗某暖开发和“满意通”产品相差不大的软件；且“某联软通企业短信中心 V3.3”软件、“某联软通商务短信专家 V3.2”软件与“满意通企业短信中心”软件基本相同，故某联软通公司对“某联软通企业短信中心 V3.3”软件、“某联软通商务短信专家 V3.2”软件的发布、销售等行为侵犯了某美软通公司对“满意通企业短信中心”软件享有的复制权、信息网络传播权和获酬权，依法应当承担停止侵权、赔偿经济损失和诉讼合理支出的民事责任。判决：某联软通公司立即停止侵犯某美软通公司对“满意通企业短信中心”软件享有的著作权的涉案行为；某联软通公司在《北京青年报》上刊登向某美软通公司赔礼道歉的声明（致歉内容需经法院审核，逾期不执行，法院将在《北京青年报》上公布本判决的主要内容，相关费用由某联软通公司负担）；某联软通公司赔偿某美软通公司经济损失 38 万元及诉讼合理支出 15000 元；驳回某美软通公司的其他诉讼请求。

【案例点评】本案是由委托开发导致的软件著作权纠纷，无论是委托开发，还是合作开发，根据相关法律规定，版权等知识产权的归属应约定优先，因此通常建议，相关企业应通过协议约定的方式来明确权属，防止发生后续争议。

3.4　企业研发中的商业秘密管理

企业研发过程中会产生大量的商业秘密，特别是技术秘密。对于这些专有技术进行全面细致的保护，能够防范泄密风险。对商业秘密的保护主要包括以下方面的管理工作。

3.4.1 涉密人员入职、履职、离职时的商业秘密管理

（1）涉密员工聘用时的商业秘密管理。企业在招聘时应注意考察：一是拟聘用员工是否已经与原单位解除劳动合同关系，并已经办理完结离职手续。二是拟聘用员工是否对原单位负有竞业限制义务和商业秘密保密义务，如无相关义务，应请拟聘用员工作出书面陈述或者承诺。三是考察拟聘用员工原有岗位与企业拟聘任岗位任职的异同，慎重为其安排岗位。

企业应充分告知拟招聘岗位的任职要求和对知识产权、商业秘密保护的要求，给应聘人员双向选择的空间和机会。在招聘过程中，对于应聘员工自行提交的相关证书文件和填写的资料内容，企业应要求其特别签字并承诺真实性，做好必要的招聘记录。

（2）涉密员工签约时的商业秘密管理。在与员工签约时，企业应重点做好以下几点工作：一是企业应根据自身规章制度确定拟聘用员工的岗位及职责，并确认是否与其签署保守商业秘密协议和竞业限制协议。对于试用期员工，由于其流动性较大，应注意不宜安排其在能够接触到企业商业秘密的核心技术岗位。二是企业如需与员工签订保守商业秘密协议，应在协议中明确需保守商业秘密的内容和范围。三是企业应与员工书面约定任职期间及离职或退休后的知识产权权利归属。四是企业应将员工自述自有的技术技能及知识产权记录在案，并令员工签字确认。五是企业应令员工书面确认和承诺遵守企业规章制度，做好必要记录并存入员工档案。

【典型案例】孙某煜、英格索兰工业美国公司侵害技术秘密纠纷案，（2020）最高法知民终1276号

【基本案情】自2001年7月1日以来，英格索兰机械（上海）有限公司（以下简称英格索兰上海公司）与孙某煜签订了多份劳动合同，且劳动合同中均约定了相关的保密义务。2018年8月16日，英格索兰上海公司向孙某煜发送解除劳动合同的通知，主要内容如下：经查，你将公司大量保密信息存入私人存储设备、带离公司场所，亦进行了严重违反保密义务的行为。此外，在公司内部调查中隐瞒重大情况，提供虚假信息。上述各项不当行为不仅严重违反了本

公司的内部规章制度，也违反了职业道德、诚实信用原则以及忠实义务。现根据《劳动合同法》第三十九条的规定，本公司解除与你的劳动合同以及劳动关系，即刻生效，并不支付任何解除劳动合同的经济补偿。劳动关系最后一日为2018年8月16日。在任何时候，你均不得向任何个人、第三方公司或实体披露、泄露或告知你所知悉的本公司以及其关联企业的各项保密信息，也不得为个人或第三方的利益以任何形式使用公司及其关联企业的各项保密信息。2018年8月6日，孙某煜签署承诺函，确认自己未将公司信息下载储存到公司电脑以外的其他设备上，除此以外再无其他复制信息的行为。2018年8月6日，孙某煜签署保密承诺书。2018年8月16日，孙某煜签署确认函，承认其在公司系统下载大量信息，并对其他公司进行了不当披露；承诺交还信息载体并删除私人储存内容，并承诺保密。

英格索兰工业美国公司（以下简称英格索兰公司）、英格索兰上海公司于2018年向上海知识产权法院起诉，请求：1. 孙某煜不得披露、使用或允许任何第三方使用英格索兰公司、英格索兰上海公司的商业秘密；2. 孙某煜立即向英格索兰公司、英格索兰上海公司提交存储有英格索兰公司、英格索兰上海公司商业秘密的载体，并且排除对英格索兰公司、英格索兰上海公司商业秘密维持秘密状态所造成的妨碍，消除对英格索兰公司、英格索兰上海公司商业秘密的外泄危险；3. 孙某煜赔偿英格索兰公司、英格索兰上海公司合理维权费用人民币100万元。上海知识产权法院经审理后，于2020年5月29日作出（2018）沪73民初879号判决。孙某煜不服，向最高人民法院上诉。最高人民法院经审理后，于2021年1月13日作出（2020）最高法知民终1276号判决，判决维持原审判决第一项；撤销原审判决第二项、第三项、第四项；孙某煜于本判决生效之日起十日内向英格索兰公司、英格索兰上海公司提交存储有涉案商业秘密的载体；孙某煜于本判决生效之日起十日内赔偿英格索兰公司、英格索兰上海公司合理维权费用30万元；驳回英格索兰公司、英格索兰上海公司的其他诉讼请求。

【法院观点】孙某煜作为英格索兰上海公司的工作人员，应当遵守劳动合同中约定的保密义务、公司的保密管理规定；同时，妥善管理、使用公司财产，禁止将公司财产转移至公司控制范围之外，也是其应有的职业道德。孙某煜未经公司许可擅自将含有涉案技术秘密的图纸转移至非公司所有和控制的外接存储设备，使得涉案技术秘密面临被披露和使用的风险，且孙某煜对该转存行为也未能作出合理解释，其行为构成《反不正当竞争法》第九条禁止的以其他不正当手段获取权利人的商业秘密的侵犯商业秘密行为，应承担相应的民事责任。原审法院判决孙某煜不得披露、使用或允许他人使用涉案技术秘密，以及向英格索兰公司、英格索兰上海公司提交存储有涉案技术秘密的载体，并无不当。

【案例点评】涉密员工的管理非常重要和必要，如果管理不规范，则极容易出现商业秘密的侵权行为，本案中原告的商业秘密管理工作比较到位，在发现员工未遵守相关保密规定时，果敢行动，很好地维护了自身的权益。

（3）涉密员工转岗时的商业秘密管理。员工在企业内部转岗，也是企业商业秘密管理的重要环节。企业应注意员工转岗时是否会在不同岗位接触到不同的商业秘密，从而可以贯通和整合相关秘密信息。尤其是在对商业秘密进行分部门管理的情况下，企业应特别审查员工在转岗之前是否已经签订保守商业秘密协议，确认已签订的保守商业秘密协议中商业秘密的范围已经覆盖新工作岗位可以接触到的商业秘密范围。如果员工尚未签订保守商业秘密协议，或已经签署的保守商业秘密协议不足以覆盖新岗位商业秘密范围的，企业应及时与员工补签保守商业秘密协议。

（4）涉密员工退休和离职时的商业秘密管理。员工离职和退休时，企业应重点做好以下工作：一是做好与退休、离职员工之间资料文件、图纸、设施、设备等企业无形资产和有形资产的交接工作。应当指定交接时间、期限和交接地点，制定交接清单，并由企业专人负责。二是与员工确认离职期间及离职后的保密义务，包括不得复制、拷贝、损毁文件和资料，不得泄露、自行使用或者许可他人使用属于单位的商业秘密，不得泄露、传播原单位的商业秘密等。三是如果企业规章制度规定了员工离职或退休后一定期间内的知识产权归属于企业的，员工离职或退休时，也应当对员工作出重申和明确。

企业还可以采用脱密期的方式降低商业秘密泄露的风险，脱密期满后员工再行离职或者转岗。建议企业在与员工签订劳动合同时就对脱密期作出安排，安排事项包括：员工申请离职提出的时间、脱密申请流程、申请核准后的资料交接、脱密期限、脱密后换岗条件和脱密期待遇等。

企业与员工约定了合同解除前脱密期时，员工应当遵守与企业之间脱密期的安排，其依据《劳动合同法》享有的提前30日单方通知用人单位解除劳动合同的权利将会受到限制。企业与员工约定的脱密期时间最长不应超过6个月，无论双方是否有脱密期约定，员工对已经知悉的商业秘密在其转岗离职或者退休后仍有保密义务。

（5）涉密员工离职后的商业秘密管理。涉密员工离岗后，企业可以通过竞业限制协议的履行情况对离职后的涉密员工进行约束，企业可以在竞业限制协议中约定涉密员工在竞业限制期内定期向企业汇报就业现状的义务，要求涉密员工汇报离职后所从事单位的名称、地址、业务范围和岗位职责，并且约定如果员工不及时汇报相关信息，企业有权暂停支付竞业补偿金。

【典型案例】伍某诉某银行劳动合同纠纷案[①]

【基本案情】伍某2013年5月21日入职某银行,2017年8月29日申请辞职，最后工作至2017年9月28日。劳动合同履行期间，双方签订《保密协议》，约定在劳动合同终止前或员工提出解除劳动合同时应接受脱密管理，并提前6个月书面通知公司。经过稽核、问责等程序，某银行于2018年1月5日为伍某办理了解除日期为2018年1月2日的退工登记，缴纳社保至2017年12月。2018年1月16日，某银行向伍某出具退工单。案外公司为伍某办理了起始日期为2018年1月3日的招工登记，自2018年1月起为伍某缴纳社保，并自2017年10月起作为扣缴义务人为伍某缴纳个人所得税。伍某称2017年9月17日已获得案外公司的《录用通知书》，故主张2017年10月5日至2018年1月16日因某银行未办理退工手续造成的损失77181.37元。法院驳回伍某的诉讼请求。

【法院观点】法院认为：第一，双方签订的《保密协议》明确约定，具有资产业务的客户经理在提出解除劳动合同时应履行双方约定的六个月的脱密管理。伍某签署《保密协议》应视为放弃《劳动合同法》赋予的关于单方解除劳动合同的30日提前通知期。另外，《上海市劳动合同条例》明确规定，对负有保守用人单位商业秘密义务的劳动者，劳动合同当事人可以就劳动者要求解除劳动

① 上海静安法院2018年度劳动争议审判十大典型案例之七。

合同的提前通知期在劳动合同或者保密协议中作出约定，但提前通知期不得超过六个月。综上，该《保密协议》系双方当事人真实意思表示，且未违反法律法规强制性规定，双方均应按约履行。故伍某提出解除劳动合同，应履行六个月脱密期的规定。第二，自伍某2017年8月29日提出辞职后，某银行一直在办理稽核、问责事宜，并在问责决定出台且收到伍某的回复后于2018年1月5日办理合同解除日期为2018年1月2日的退工备案登记，并无拖延现象。第三，某银行认可自伍某提出辞职至2018年1月2日，双方处于劳动关系存续期间，且某银行为伍某缴纳社保至2017年12月。综上，双方关于六个月脱密期的约定合法有效，伍某提出辞职后，某银行为伍某办理了合同解除日期为2018年1月2日的退工备案登记，且该时间并未超过六个月脱密期，故2018年1月2日系双方劳动合同解除日期。某银行于2018年1月5日办理了退工备案登记、于2018年1月16日将退工单交给伍某，并不存在迟延办理退工手续的情形。且案外公司自2017年10月起为伍某缴纳个人所得税，可知伍某于2017年10月即获得工资性收入，并无损失。综上，对于伍某的诉请难以支持。

【案例点评】若企业与劳动者事前已就解除劳动合同的脱密期进行约定，该约定系双方当事人真实意思表示，且脱密期未超过法定期限，该约定具有法律效力，应视为劳动者放弃《劳动合同法》赋予的单方解除劳动合同的30日提前通知期，劳动者解除劳动合同，应履行脱密期的规定。本案明确了用人单位与劳动者约定解除劳动合同脱密期的合法性认定。企业可通过保密协议约定脱密期，以此保护商业秘密不被劳动者泄露，但需要注意，达成协议需由双方协商一致，且不能超过法定期限。脱密期内，双方劳动关系存续；脱密期结束后，企业不得拖延办理劳动合同解除的相关事宜和手续，应当充分保障劳动者的自由择业和就业权利。

3.4.2 企业与研发人员签订保守商业秘密协议时的注意事项

（1）合理确定签订保守商业秘密协议的员工范围。与企业签订保守商业秘密协议的对象，应当是实际接触企业商业秘密、负有保密义务的员工、高级管理人员和高级技术人员，而不宜覆盖至全体员工。如果企业与全体员工签订保守商业秘密协议，或者企业全体员工都能够接触到某类商业秘密，则企业商业秘密保护能力将会削弱，企业内的商业秘密信息将难以构成法律意义上的商业秘密。

（2）谨慎选择签订保守商业秘密协议的方式。建议企业以保守商业秘密协议的方式与员工签署商业秘密保守事项，因为与保守商业秘密条款相比，一方面，单独的协议文本可以避免将劳动合同冗杂和复杂化。另一方面，员工未来若有岗位和职责变动，有利于企业快速及时调整相应的保密范围和保密义务。

（3）明确协议所涉商业秘密的具体内容和范围。企业应特别注意在保守商业秘密协议或保守商业秘密条款中明确需保守商业秘密的具体内容和范围，避免泛泛简单地使用“员工应保守公司的商业秘密”之类表述。虽然保守商业秘密协议或条款是法定的保密措施之一，但是如果企业未对商业秘密的内容和范围进行明确表达，则企业商业秘密遭受侵犯时，将难以认定企业为相关信息采取了符合法定形式的保密措施。

（4）合作开发与委托开发的注意事项。当一些科研项目需要对外与第三方合作研发或委托第三方研发时，企业可视情况与研发经营主体签订保守商业秘密协议，或与参与研发人员独立签订保守商业秘密协议。保守商业秘密协议应当明确技术成果的权属、申请专利的权利、保密内容、保密地域、保密期限、涉密人员范围等基本信息。

【典型案例】上海富日实业有限公司与黄某瑜、上海萨菲亚纺织品有限公司侵犯商业秘密纠纷案，（2011）民申字第122号

【基本案情】上海富日实业有限公司（以下简称富日公司）由黄某瑜与案外人管某于1996年投资设立，公司经营范围包括服装、针纺织品的加工制造、销售等。公司设立后，黄某瑜在公司担任监事、副总经理等职，参与公司的经营管理。富日公司《公司章程》第三十七条规定，董事、监事、总经理除依照法律规定或者经股东会同意外，不得泄露公司秘密。2002年4月30日，富日公司通过股东会决议，同意被告黄某瑜退出公司并辞去相关职务。2002年4月间，被告黄某瑜与案外人刘某宏共同投资组建了上海萨菲亚纺织品有限公司（以下简称萨菲亚公司），并于4月27日取得了工商行政管理部门核发的营业执照。该公司的经营范围包括纺织品、服装的制作、销售等。2000年年初左右，富日公司开始与案外人“森林株式会社”发生持续的交易。萨菲亚公司设立后，

案外人“森林株式会社”基于对被告黄某瑜的信任，随即与之建立了业务关系。

富日公司与黄某瑜签订的《劳动合同》中，第十一条约定劳动者在解除合同后五年内不得与公司客户有业务联系，但将公司客户明确限定为合同解除前与公司已有往来的客户，而该合同在 1998 年 11 月 7 日到期后（此时富日公司与其主张保护的客户尚未建立交易关系）并未续签。

上海市第一中级人民法院经审理后，作出了（2010）沪一中民五（知）初字第 27 号民事判决，驳回了原告富日公司全部诉讼请求。

富日公司向上海市高级人民法院提起上诉。上海市高级人民法院经审理，于 2010 年 8 月 16 日作出（2010）沪高民三（知）终字第 45 号判决，驳回上诉，维持原判。

富日公司向最高人民法院申请再审。最高人民法院经审查，于 2011 年 7 月 27 日作出（2011）民申字第 122 号裁定，驳回富日公司的再审申请。

【法院观点】符合《反不正当竞争法》（1993 年）第十条规定的保密措施应当表明权利人保密的主观愿望，并明确作为商业秘密保护的信息的范围，使义务人能够知悉权利人的保密愿望及保密客体，并在正常情况下足以防止涉密信息泄露。本案中，富日公司提供的《劳动合同》第十一条没有明确富日公司作为商业秘密保护的信息的范围，也没有明确黄某瑜应当承担的保密义务，而仅限制黄某瑜在一定时间内与富日公司的原有客户进行业务联系，显然不构成《反不正当竞争法》第十条规定的保密措施。竞业限制是指对特定的人从事竞争业务的限制，分为法定的竞业限制和约定的竞业限制。我国立法允许约定竞业限制，目的在于保护用人单位的商业秘密和其他可受保护的利益。但是，竞业限制协议与保密协议在性质上是不同的。前者是限制特定的人从事竞争业务，后者则是要求保守商业秘密。用人单位依法可以与负有保密义务的劳动者约定竞业限制，竞业限制约定因此成为保护商业秘密的一种手段，即通过限制负有保密义务的劳动者从事竞争业务而在一定程度上防止劳动者泄露、使用其商业秘密。但是，相关信息作为商业秘密受到保护，必须具备《反不正当竞争法》规定的要件，包括采取了保密措施，而并不是单纯约定竞业限制就可以实现的。对于单纯的竞业限制约定，即便其主要目的就是保护商业秘密，但由于该约定没有明确用人单位保密的主观愿望和作为商业秘密保护的信息的范围，因而不能构成《反不正当竞争法》第十条规定的保密措施。

【案例点评】单纯的竞业限制约定不能证明企业采取了商业秘密的保密措施，涉案信息是否符合“保密性”需要认定有无明确的保密意愿和保密信息的范围，也就不能据此直接认定违反竞业禁止的员工构成商业秘密侵害。通过竞业限制约定保护商业秘密，主观方面需要通过协议等表明企业的保密意愿，客观方面需要明确保密信息的范围和内容。

3.4.3 企业与研发人员签订竞业限制协议时的注意事项

企业可以与知悉商业秘密内容的员工签订竞业限制协议，以向员工支付一定数额的补偿金为代价，约定员工在离开企业后一定时间内不得在生产同类产品、经营同类业务或者与企业有一定利害关系的单位从事与原单位任职相同或相类似的工作，或者不得自行生产经营与原单位有竞争关系的同类产品或者业务。

（1）区分竞业限制义务与保守商业秘密义务。竞业限制义务不同于保守商业秘密义务，竞业限制义务，是指在任职期间或离开岗位后一定期间内，不得到与本单位经营同类产品、从事同类业务的有竞争关系的其他用人单位，或者自己开业生产或经营同类产品、从事同类业务的义务；而保守商业秘密义务，是指保守用人单位商业秘密和与知识产权相关保密事项的义务。除双方另有竞业限制约定外，劳动者负有的保密义务并不必然等同于竞业限制义务。

（2）与涉密员工签订竞业限制协议的注意事项。关于竞业限制协议，企业需要知道以下注意事项：一是竞业限制协议应当采用书面的方式，由企业与员工双方签订，企业依照规章制度的方式规定的竞业限制条款对劳动者不具有拘束力。二是竞业限制的人员限于用人单位的高级管理人员、高级技术人员和其他负有保密义务的人员[①]。员工在职期间所负担的竞业限制义务以其知悉商业秘

① 《劳动合同法》第二十四条第一款：“竞业限制的人员限于用人单位的高级管理人员、高级技术人员和其他负有保密义务的人员。竞业限制的范围、地域、期限由用人单位与劳动者约定，竞业限制的约定不得违反法律、法规的规定。”

密为条件。三是竞业限制的期限，最长不得超过二年[①]。四是企业应与员工约定竞业限制补偿金的金额。企业与员工之间未予约定或约定不明确时，企业则应按照前员工或前雇员劳动合同解除或终止前12个月平均工资的30%或劳动合同履行地的最低工资标准向其支付竞业限制补偿金。五是前员工或前雇员因违反竞业限制义务应支付的违约金，不以给企业造成实际损害为前提，因此建议企业在竞业限制协议中不仅明确约定违反竞业限制义务的违约金，同时也约定由员工赔偿因其违反竞业限制约定而给企业造成的损失。六是企业应当及时向前员工或前雇员支付竞业限制补偿金，超过三个月不予支付竞业限制补偿金时，前员工或前雇员具有单方解除竞业限制约定的权利。七是前员工或前雇员违反竞业限制协议而向企业支付违约金后，并不免除其竞业限制义务，若竞业限制期限尚未届满，其还应继续履行。八是企业若提前解除与前员工或前雇员之间的竞业限制协议，则需额外向前员工或前雇员支付三个月的经济补偿金[②]。

【典型案例】深圳市某飞航物流有限公司与某邮（上海）物流有限公司、黄某等侵害商业秘密纠纷案，（2019）沪73民终373号

【基本案情】深圳市某飞航物流有限公司（以下简称某飞航公司）成立于2002年10月18日，经营范围为承办陆运、空运进出口货物的国际运输代理业务。某邮（上海）物流有限公司（以下简称某邮公司）成立于2016年2月17日，经营范围为物流科技领域内的技术服务、技术咨询、供应链管理、仓储服务（除危险化学品）、机械设备（除特种设备）的租赁服务、货运代理（除危险化学品）、搬运装卸服务等。李某明、刘某系自然人股东。

2013年12月13日，某飞航公司与黄某约定黄某为上海区域副总。2015年1月1日，某飞航公司与黄某签订《雇佣合同》，其中包含保密条款。2014年9月2日，某飞航公司与彭某签订《劳动合同》，自2014年8月27日至

① 《劳动合同法》第二十四条第二款：“在解除或者终止劳动合同后，前款规定的人员到与本单位生产或者经营同类产品、从事同类业务的有竞争关系的其他用人单位，或者自己开业生产或者经营同类产品、从事同类业务的竞业限制期限，不得超过二年。”

② 见《最高人民法院关于审理劳动争议案件适用法律若干问题的解释（四）》，该解释现已废止，上述注意事项引自相关司法观点。

2017年8月26日聘请彭某为虹桥分公司销售部门业务主管；2017年1月1日，某飞航公司与彭某签订《2017年度分公司经理协议书》，并签署保密条款。2017年5月13日，某飞航公司与彭某签订《解除劳动合同协议书》，因彭某在劳动合同期间从事与公司相同业务之原因，双方一致同意于2017年5月12日解除劳动合同。2017年2月28日，某飞航公司与张某军签订无固定期限《劳动合同》及相关保密条款和竞业禁止协议。2017年2月27日，某飞航公司与曾某亮签订《劳动合同》，及相关保密条款和竞业禁止协议。2017年5月之后，黄某、彭某的基本养老保险由某邮公司缴纳。黄某、彭某在某飞航公司处就职期间，即由其配偶成立了某邮公司，并与某飞航公司的客户发生交易。

某飞航公司向上海市普陀区人民法院起诉请求：1.判令某邮公司、黄某、彭某、李某明、刘某、张某军、曾某亮立即停止侵犯某飞航公司商业秘密的行为；2.判令某邮公司、黄某、彭某、李某明、刘某、张某军、曾某亮承担连带责任，共同赔偿某飞航公司的经济损失共计200万元；3.判令某邮公司、黄某、彭某、李某明、刘某、张某军、曾某亮共同赔偿某飞航公司因本案支出的合理费用25万元；4.判令某邮公司、黄某、彭某、李某明、刘某、张某军、曾某亮在《解放日报》刊登声明，消除影响。上海市普陀区人民法院经审理，判决对某飞航公司的全部诉讼请求不予支持。

某飞航公司不服，向上海知识产权法院提起上诉。上海知识产权法院经审理，于2020年9月16日作出（2019）沪73民终373号判决，撤销上海市普陀区人民法院（2018）沪0107民初11168号民事判决，被上诉人于本判决生效之日起立即停止侵害涉案商业秘密，并于本判决生效之日起十日内赔偿上诉人经济损失人民币50万元，以及维权所支出的合理费用人民币10万元，驳回上诉人某飞航公司其余上诉请求。

【法院观点】根据《反不正当竞争法》第九条的规定，违反保密义务或者违反权利人有关保守商业秘密的要求，披露、使用或者允许他人使用其所掌握的商业秘密的，构成侵犯商业秘密。第三人明知或者应知前述违法行为，仍获取、披露或者使用他人的商业秘密，视为侵犯商业秘密。本院认为，某华公司、某切斯公司、某朗乔顿公司为上诉人虹桥站的客户，黄某作为上诉人上海区域副总经理、彭某作为上诉人虹桥分公司销售部门业务主管，其有条件接触到涉案客户信息。本案中，某邮公司成立时，黄某和彭某尚未从上诉人处离职，而某邮公司的法定代表人及股东刘某、股东李某明分别系彭某、黄某的配偶，黄某、彭某两人离职后的社保由某邮公司缴纳。如前所述，被上诉人辩称某华公司、某切斯公司、某朗乔顿公司基于信赖主动与其进行交易不能成立，基于民事诉讼高度可能性的证明标准，在黄某、彭某实际接触到上述涉案三家客户名单的情况下，在案证据足以证明黄某、彭某向某邮公司披露涉案商业秘密，而某邮公司的股东及法定代表人与黄某、彭某系夫妻关系，其亦应知晓所披露的信息为上诉人的商业秘密，且某邮公司与上述三家公司实际发生交易，使用了涉案商业秘密。由于黄某、彭某与某邮公司股东间的特殊关系，以及某邮公司为两人缴纳社保，该些行为的实施主体应有共同的意思联络，故本院认定某邮公司、黄某、彭某、李某明、刘某的行为构成共同侵害上诉人商业秘密。

【案例点评】本案中原告通过与知悉商业秘密内容的员工签订竞业限制协议等方式，对商业秘密进行了有效的管理，在后续发现员工有违反约定的情形时，主动通过诉讼方式维护自身权益，非常值得借鉴。

（3）尊重劳动者的知识、经验、技能。企业还应注意，劳动者运用自己在原用人单位学习的知识、经验与技能，除属于商业秘密以外，是其人格的组成部分，也是劳动者生存能力和劳动能力的基础。劳动者在既没有违反竞业限制义务，又没有侵犯商业秘密的情况下运用自己在原用人单位学习的知识、经验与技能为其他与原单位存在竞争关系的单位服务的，不能认为其侵犯商业秘密或构成不正当竞争。这一点在下面的案例得到明确。

【典型案例】山东省食品进出口公司、山东山孚集团有限公司、山东山孚日水有限公司与马某庆、青岛圣克达诚贸易有限公司不正当竞争纠纷案，（2009）民申字第1065号

【基本案情】山东省食品进出口公司（以下简称山东食品公司）成立于1982年10月26日，其前身为中国粮油食品进出口公司山东省食品分公司，2004年5月24日，该公司申请将企业名称变更为山东山孚集团有限公司（以下简称山孚集团公司）。2004年6月16日，山孚集团公司出资与日本水产株

式会社共同成立山东山孚日水有限公司（以下简称山孚日水公司）。马某庆于1986年进入山东食品公司工作，1988年开始从事海带加工和出口工作。后未与山东食品公司续签劳动合同。2006年9月22日，青岛圣克达诚贸易有限公司（以下简称圣克达诚公司）成立，企业类别为自然人独资的一人有限责任公司，其法定代表人陈某荣系马某庆的外甥，监事颜某贞为马某庆的配偶，马某庆现在圣克达诚公司任职。

中国粮油食品进出口公司山东省食品分公司（山东食品公司的前身）1979年开始经营海带出口业务。1999年、2000年，中粮果菜水产进出口公司委托山东食品公司收购淡干海带并代办出口手续，马某庆代表山东食品公司在相关协议书上签字。中粮集团自2001年至2006年每年采取下发《关于下达××年海带出口数量配额的通知》的方式，分别向不同单位分配特定区域产海带出口日本的数量配额。上述配额下达后，主要由马某庆代表山东食品公司或者山孚集团公司与日本东海水产贸易（株）、三井贸易（株）、神港交易（株）等公司签订《中日贸易合同》，办理海带出口业务，合同约定的信用证受益人为山东食品公司或者山孚集团公司。《关于下达××年海带出口数量配额的通知》还提出：根据中粮集团与日本北海道渔业协同组合联合会（以下简称日本北海道渔联）达成的协议，日本北海道渔联委托中粮集团对海带配额、质量、数量统一进行管理，日方认可中粮集团是其在华的海带贸易的唯一窗口，各公司有关海带出口贸易事宜，请直接与中粮集团联系。

自2000年开始至2005年，山东食品公司、山东山孚得贸易有限公司、山孚集团公司与威海海带产区的长岛县大钦岛乡养殖供销站、山东马山实业集团总公司等单位及养殖海带业户签订《农副产品购销合同》，从上述单位和业户收购淡干海带用于对日海带出口，马某庆作为代理人在大部分合同上签字。山东食品公司是“海带加工方法及设备”专利的专利权人。2006年9月5日，马某庆曾向公司提出“海带专利没必要花钱再续”。

2007年1月10日，中粮国际（北京）有限公司向山东食品公司发出《关于报送海带经营计划的通知》称：山东食品公司原经营海带出口业务主要人员变动，引起日方客户关注，为保证海带出口业务持续有序发展，要求山东食品公司于2007年1月17日前报送海带出口工作计划，中粮国际（北京）有限公司将根据实际情况决定海带出口经营公司。根据中粮国际（北京）有限公司与日本北海道渔联签订的协议，日方委托中粮国际（北京）有限公司对海带配额、质量、经营公司进行统一管理，日方认可该公司是其在华海带贸易的唯一窗口。2007 年 2 月 14 日，经调查后，中粮国际（北京）有限公司向山东食品公司、圣克达诚公司发出《关于调整 2007 年海带出口经营权的通知》，决定将 2007 年威海海带出口日本业务交由圣克达诚公司执行。2007 年 3 月 23 日，山东省国际经济贸易联合会致函日本北海道渔联商请解决对日海带出口配额的分配问题。同年 4 月 3 日，日本北海道渔联代表理事副会长宫村正夫回函称："1. 通过北京中粮公司作为窗口，长期以来我们与山东食品公司之间存在贸易关系；……4. 马氏及其他职员辞职后的山东食品公司，是否能够保证威海海带的品质稳定和数量，对此我们感到不安和疑虑，另一方面，因马氏长期从事威海海带的业务，拥有丰富的经验和知识，已被日本海带业界承认和信赖。我们与日本国内的海带厂商进行了多次慎重的协商，并且依据中粮公司在当地听取、比较了山东食品公司和圣克达诚公司这两家公司业务计划后提供给我方的资料。我们判定，从 2007 年起的威海海带业务，圣克达诚公司为最适合的从事威海海带业务的公司；5. 对于我们来说，在和中国进行的海带贸易中确保规定的数量和质量的均一稳定性是大前提，因此，要求北京中粮公司将马氏的新公司（圣克达诚公司）作为威海海带的窗口企业。"

2007 年 7 月 30 日，山东食品公司、山孚集团公司、山孚日水公司向山东省青岛市中级人民法院起诉，请求确认圣克达诚公司和马某庆构成不正当竞争，并请求判令圣克达诚公司和马某庆返还与海带业务有关的所有文件、资料，停止利用三原告的收购出口渠道经营海带业务，赔偿三原告经营利润损失 600 万元以及为处理本案所花费的交通费、律师费及其他实际支出 10 万元。山东省青岛市中级人民法院经审理后，作出（2007）青民三初字第 136 号民事判决。

圣克达诚公司和马某庆不服判决，向山东省高级人民法院提起上诉，请求撤销原审判决第一项、第二项、第三项，依法驳回山东食品公司的全部诉讼请求，一审、二审诉讼费用由山东食品公司承担。山东省高级人民法院经审理后，于 2009 年 3 月 18 日作出了（2008）鲁民三终字第 83 号判决，撤销山东省青岛市中级人民法院（2007）青民三初字第 136 号民事判决，驳回山东食品公司、山孚集团公司、山孚日水公司的诉讼请求。

山东食品公司、山孚集团公司、山孚日水公司向最高人民法院申请再审，最高人民法院经审查后，作出了（2009）民申字第1065号裁定，驳回山东食品公司、山孚集团公司、山孚日水公司的再审申请。

【法院观点】关于职工在职期间筹划设立新公司和在离职之后与原公司开展竞争的行为是否违反诚实信用原则和公认的商业道德。根据前述适用《反不正当竞争法》一般条款的条件，企业职工在离职前后，即使没有法定的或者约定的竞业限制义务，未从事侵害企业商业秘密等特定民事权益的行为，也仍然应当遵循自愿、平等、公平、诚实信用的原则，遵守公认的商业道德，不得采取不正当手段从事损害企业合法权益的行为。

马某庆本人作为山东食品公司长期负责对日海带出口业务的部门经理，其在职期间即筹划设立了新公司并在离职之后利用该新公司与山东食品公司开展对日海带出口业务竞争，但并无证据表明马某庆负有法定或者约定的竞业限制义务。就本案而言，关键在于马某庆在职期间筹划设立圣克达诚公司和离职之后利用圣克达诚公司与山东食品公司开展竞争是否违反了诚实信用的原则和公认的商业道德。用一般的社会观念衡量，作为一个被企业长期培养和信任的职工，马某庆的所作所为可能并不合于个人品德的高尚标准，不应该得到鼓励和提倡，但这并不当然意味着他作为一个经济人同时违反了诚实信用原则和公认的商业道德。在不负有竞业限制义务的情况下，企业的一般劳动者在职期间筹划设立新公司为离职后的生涯做准备，属于市场常见现象，法律上对此行为本身也无禁止性规定。当然，如果劳动者在职期间即利用职务之便以新设公司名义攫取本应由原企业获得的现实经济利益，则应另当别论。本案中马某庆在职期间筹划设立的新公司于2006年9月22日成立，其与原企业劳动合同于2006年12月31日届满，间隔仅3个多月，时间相对较短，申请再审人也无充分证据证明马某庆在职期间即利用职务之便为新设立的圣克达诚公司牟取利益。在市场经济环境下，任何人只要不违反法律都可以和其他任何人开展竞争，劳动力或者说人才的流动也是市场竞争的必然要求和重要方面，人才流动或者说“职工跳槽”后与原企业争夺商业机会，可以有效地形成和促进竞争。因此，马某庆在职期间筹划设立新公司为离职后的生涯做准备的行为，并非不合常理，其在离职后以圣克达诚公司的名义与山东食品公司开展竞争，也无可厚非，不能因其与原公司争夺商业机会就推定其具有主观恶意，本案有证据证明马某庆和圣克达诚公司的有关行为并不违反诚实信用的原则和公认的商业道德。二审法院有关在没有法定的和约定的竞业限制以及不侵害商业秘密等特定民事权益的情况下，职工有权自由与企业开展竞争的判理表述，表面上看文字表述似不尽周延，但这里所讲的职工有权自由竞争的本意当然是指开展合法竞争，并不包括采取违反诚实信用的原则和公认的商业道德的手段开展非法竞争。申请再审人的有关主张与二审判决有关判理在本质上并不矛盾。

关于劳动者的个人能力与竞争优势的关系及权益归属等问题。申请再审人主张，二审判决混淆了劳动者的个人技能与海带业务的竞争优势的关系，将个人因素界定为海带业务的唯一竞争因素，与海带出口业务的性质严重不符。尽管对日出口海带业务属于普通的海产品加工、出口贸易，企业的业务传统、资金实力、经营规模、过往业绩、技术水平等因素对于形成竞争优势比较重要，但是从事海带对日出口业务的员工的个人知识、经验和技能同样不可忽视。这在日本北海道渔联代表理事副会长宫村正夫 2007 年 4 月 3 日的回函中即可得到证明。在该回函中，日方就对马某庆辞职后山东食品公司是否还能保证威海海带的品质稳定和数量表示了不安和疑虑，同时明确指出，因马某庆长期从事威海海带的业务，拥有丰富的经验和知识，已被日本海带业界承认和信赖。该回函还明确指出，日方将 2007 年威海海带业务交由圣克达诚公司是依据中粮国际（北京）有限公司在当地听取、比较了圣克达诚公司和山东食品公司业务计划后提供的资料所作出的决定。二审判决在认定马某庆的行为是否具有不正当性时虽然考虑了马某庆个人在对日出口海带方面的经验和知识因素，但并未将其作为从事海带出口业务的唯一竞争因素。因此，申请再审人的上述主张不能成立。应予指出的是，作为具有学习能力的劳动者，职工在企业工作的过程中必然会掌握和积累与其所从事的工作有关的知识、经验和技能。除属于单位的商业秘密的情形外，这些知识、经验和技能构成职工人格的组成部分，是其生存能力和劳动能力的基础。职工离职后有自主利用其自身的知识、经验和技能的自由，因利用其自身的知识、经验和技能而赢得客户信赖并形成竞争优势的，除侵犯原企业商业秘密的情况外，并不违背诚实信用的原则和公认的商业道德。一审法院有关企业职工在履行单位交办工作过程中所形成的竞争优势，如同在履行单位工作中产生的发明创造一样，其权利享有者是公司而非职工，因此，马某庆将本属于山东食品公司的竞争优势转为圣克达诚公司所有，属于将日本客户对自己基于履行职务行为所产生信赖的滥用，严重违背了诚实信用的原则，也违背了公认的商业道德的认定，并不正确。应当说，一审法院此处所谓企业职工在履行单位交办工作过程中所形成的竞争优势，实质上是指马某庆所获得的知识、经验和技能等个人能力和客户对其个人能力的信赖。首先，个人能力显然不能直接等同于职务发明创造，知识、经验和技能等个人能力的积累既与其工作岗位和业务经历有关，也与个人天赋和后天努力有关，如前所述，其中除涉及单位商业秘密的内容以外，均应属于个人人格内容，可以自由支配和使用，这与职务发明创造或者职务劳动成果可以成为独立的财产或者利益有明显不同。如果任何人在履行职务的过程中积累知识、经验和技能等竞争优势都应归属于任职单位，在将来离职变换工作时不能使用，那么显然不利于鼓励职工在现单位学习新知识，积累新经验，提高自身业务能力，更不利于整个社会在知识上的积累和利用，不利于社会的创新和发展。一审法院要求圣克达诚公司、马某庆证明日本客户是基于对马某庆个人的信赖才选择与山东食品公司进行交易，实质上也是将马某庆的个人能力完全限于其进入山东食品公司之前的个人能力和业务水平，而将马某庆在申请再审人工作期间积累的知识、经验和技能等个人能力均视为属于山东食品公司所有，这显然是错误的。其次，一审法院所谓马某庆滥用日本客户对其基于履行职务行为所产生的信赖的认定，并无事实依据。一方面，根据日本北海道渔联 2007 年 4 月 3 日回函，充分表明日本客户恰恰是基于对马某庆个人能力的信赖而作出的决策，只不过马某庆的这种个人能力在很大程度上确实是基于其在申请再审人处长期任职所形成的，但如前所述，这种能力并不属于申请再审人的财产或者利益。另一方面，本案也不存在被申请人利用申请再审人山东食品公司商誉的问题。申请再审人既没有明确主张马某庆和圣克达诚公司利用了山东食品公司的商誉，也没有证据证明马某庆在此过程中借用了山东食品公司的名义或者导致日本客户对交易对象选择的混淆、误认。日本北海道渔联 2007 年 4 月 3 日回函同样表明，日本客户明知其交易对象并非山东食品公司。所谓的商誉必须是某种能够归属于特定商业主体的权利和利益，不能仅以交易相对人知道或考虑了交易对象及其交易代表曾经的身份和经历，或者因交易对象及其交易代表表明了自己曾经的身份和经历，即认定交易对象利用了原所在单位的商誉①。

【案例点评】该案判决明确了两个问题。首先，职工在职期间筹划设立新公司、在离职之后与原公司开展竞争的行为并不必然违反诚实信用原则和公认的商业道德。在没有法定或约定竞业限制义务的情况下，该行为属于有效的市场竞争，不应被法律限制。但存在两个例外，一是违反法律法规的强制性规定，二是有证据证明职工存在主观恶意，在在职期间攫取原公司现实利益。其次，职工履职过程所掌握和积累的工作相关的知识、经验和技能，除属于单位的商业秘密的情形外，构成职工人格的组成部分。企业应当尊重职工就这部分知识、经验和技能的使用自由，避免对其造成不必要的限制。

3.4.4 与研发人员明晰职务技术成果和非职务技术成果权属

商业秘密是一种法定的知识产权，也是企业重要的无形资产，企业可以通过对商业秘密进行占有、使用、收益、处分获得商业价值。技术成果中创新性的技术信息往往属于技术秘密，而技术秘密则是科技研发型企业最重要的商业秘密类型。企业通过自主研发、合作开发、委托开发取得技术秘密时，应注意对技术成果的归属进行约定。

（1）企业应知晓职务技术成果的范围。企业应明确职务技术成果的范围，并可与员工就非职务技术成果的权属作出对企业有利的约定。企业员工完成的商业秘密可以分为职务技术成果和非职务技术成果两类。职务技术成果主要包括两类：一是员工执行本单位任务或者主要利用本单位物质条件所完成的商业秘密，属于职务技术成果。二是员工在退休、离职后一年内继续从事与原所在单位岗位职责或者交付的任务有关的技术开发工作，与此相关的技术秘密也属

① 王松主编：《最高人民法院司法观点集成（新编版）· 民事卷 V》，中国法制出版社 2017 年版，第 3377 页，观点编号 1490。

于职务技术成果[①]。非职务技术成果是指员工在本职工作之外，利用自己的专业知识和物质条件完成的商业秘密，即与职务无关的技术成果。

【典型案例】广州万孚生物技术股份有限公司、杨某、赖某强与深圳市理邦精密仪器股份有限公司、原审被告王某华专利申请权权属纠纷案，（2019）最高法知民终800号

【基本案情】深圳市理邦精密仪器股份有限公司（以下简称理邦公司）是一家成立于1995年8月2日的股份有限公司。广州万孚生物技术股份有限公司（以下简称万孚公司）是一家成立于1992年11月13日的股份有限公司，经营范围包括医疗器械经营、实验分析仪器制造、药物检测仪器制造等。涉案发明创造申请号为20161020××××，名称为“血气分析仪及其血气生化测试卡”，申请时间为2016年3月31日，申请人为万孚公司，发明人为赖某强、杨某、王某华，2017年4月12日公告变更发明人为朱某华、王某华。杨某于2010年2月23日至2015年6月26日期间在理邦公司任职，因个人原因于2015年6月26日离职，离职前在理邦公司的POCT系统担任试剂工程师职位。后杨某又于2015年7月1日入职万孚公司，曾任万孚公司微流控二组项目经理、电化学平台总监等职务。赖某强于2010年4月8日至2015年6月12日期间在理邦公司任职，因个人原因于2015年6月12日离职，离职前在理邦公司的POCT系统担任结构工程师职位。后赖某强于2015年6月23日入职万孚公司，职务为结构工程师。谢某开学习的专业为控制理论与控制工程，于2012年7月10日至2015年6月19日期间在理邦公司任职，因个人原因于2015年6月19日离职，离职前在理邦公司的POCT系统担任软件工程师职位。2015年6月25日入职万孚公司任软件工程师。卢某辉学

① 《专利法实施细则》第十二条：“专利法第六条所称执行本单位的任务所完成的职务发明创造，是指：（一）在本职工作中作出的发明创造；（二）履行本单位交付的本职工作之外的任务所作出的发明创造；（三）退休、调离原单位后或者劳动、人事关系终止后1年内作出的，与其在原单位承担的本职工作或者原单位分配的任务有关的发明创造。专利法第六条所称本单位，包括临时工作单位；专利法第六条所称本单位的物质技术条件，是指本单位的资金、设备、零部件、原材料或者不对外公开的技术资料等。”

习的专业为电子信息工程，曾在理邦公司任职多年，2015 年 6 月 29 日入职万孚公司任硬件工程师。理邦公司主张涉案专利是执行该单位的任务并主要利用该单位的物质技术条件完成的发明创造，根据《专利法》第六条第一款的规定，专利申请权应归理邦公司所有。

理邦公司向广州知识产权法院提起民事诉讼，请求判令涉案专利归理邦公司所有。广州知识产权法院于 2019 年 9 月 3 日作出的（2017）粤 73 民初 4400 号民事判决支持了理邦公司诉请。

万孚公司、杨某、赖某强不服广州知识产权法院于 2019 年 9 月 3 日作出的（2017）粤 73 民初 4400 号民事判决，向最高人民法院提起上诉。最高人民法院经审理后，于2020年11月23日作出（2019）最高法知民终800号民事判决，驳回上诉，维持原判。

【法院观点】根据《专利法实施细则》第十二条第一款的规定，结合本案具体情况，确认涉案发明创造为职务发明创造应同时满足以下条件：一是作出发明创造的发明人曾是主张权利的原单位员工；二是该员工对发明创造的实质性特点作出了创造性贡献；三是发明创造是员工离职后一年内作出的；四是发明创造的内容与该员工在原单位承担的本职工作或者原单位分配的任务有关。根据审理查明的情况，理邦公司员工杨某、赖某强从公司离职后一年内对涉案发明创造的实质性特点作出了创造性贡献，是涉案发明创造的发明人，涉案发明创造与该两人在理邦公司承担的本职工作有关，具备上述四个条件，符合确认涉案发明创造为职务发明创造的情形。因此，本院依法确认涉案发明创造是理邦公司的职务发明，涉案发明创造申请权属于理邦公司。万孚公司上诉主张涉案发明创造申请权应当归该公司所有，没有法律依据，本院不予支持。

需要强调的是，即使涉案发明创造是由万孚公司组织研发或者主要利用了万孚的物质技术条件取得，同时涉案发明创造的研发思路和采用的技术手段与理邦公司已有专利技术方案或技术成果存在区别，亦不能得出涉案发明创造归属于万孚公司的结论。根据审理查明的事实，万孚公司在杨某、赖某强加入该公司之前并没有涉案发明创造技术领域的相关发明创造，也没有确定的相关的研发团队。对于发明创造的研发而言，一个好的技术构思对最终技术方案的形成具有重要意义。实践中，员工在原单位从事相关研发时，基于技术认知和专业素养获得新的研发构思，在离职后进一步研发取得成果的现象比较普遍。《专利法实施细则》第十二条第一款关于员工离职一年内作出的发明创造归属原单位所有的规定，充分考虑技术研发具有的连续性特点，评估了员工离职后利用其在原单位工作期间产生的研发构思进行后续发明创造的情况，一方面支持人员正常流动，保障劳动者的择业权。另一方面保证原单位的合法权益的立法选择。本案属于员工离职一年内作出的发明创造，依法应当属于原单位所有。

【案例点评】员工离开原单位一年内作出的、与原单位本职工作或者分配任务有关的发明创造，是原单位的职务发明创造，专利申请权、专利权属于原单位；即便该发明创造也与该员工在新单位的本职工作或者分配任务有关，新单位亦不能当然因此对该发明创造享有权利[①]。

（2）企业与员工对非职务技术成果的权属进行约定。在员工与企业没有约定权属的情况下，职务技术成果的转让权、使用权均属于单位，非职务技术成果的权利人是完成该商业秘密的员工。

在下面的案例中，最高人民法院明确指出，构成职务发明的前提是双方存在劳动关系或工作关系，其判断标准是单位是否取得了对发明人包括完成涉案发明创造的创造性劳动在内的劳动支配权。发明人并未向单位让渡劳动支配权的情况下，只能构成非职务技术成果，权利归属于员工本人。

企业可以通过协议方式与员工明确职务技术成果的范围，并约定在一定条件下的非技术成果权属归企业所有，以扩大企业无形资产范围，避免因职务技术成果性质不明或权属不清晰而产生纠纷。

【典型案例】无锡乐尔科技有限公司、白某民与江苏多维科技有限公司专利权权属纠纷案，（2020）最高法知民终 1212 号

【基本案情】江苏多维科技有限公司（以下简称多维公司）成立于 2010 年 5 月，经营范围为进出口业务；传感器芯片、集成电路芯片及相关电子产品的

① 最高人民检察院于 2021 年 2 月 8 日发布的第二十六批指导性案例之一。

设计、生产、研发及销售；并提供售后服务。无锡乐尔科技有限公司（以下简称乐尔公司）成立于2009年9月，经营范围为电子产品、传感器、芯片、模具、仪器仪表的研发、生产、销售；集成电路的设计、生产、销售、技术服务、技术转让、技术咨询；自营和代理各类商品及技术的进出口业务等。白某民在乐尔公司任监事。多维公司主张自然人白某民自2011年5月至2012年6月期间在其公司任职，在职期间完成的多项发明为职务作品。多维公司于2019年6月5日向江苏省苏州市中级人民法院提起民事诉讼，请求确认诉争专利权归多维公司所有，乐尔公司、白某民承担本案维权费用和诉讼费用。

一审中，多维公司提交了白某民个人社会保险参保证明以及部分个人所得税缴税记录、白某民的工作周报邮件记录、费用报销记录以及多维公司通讯录和员工名册邮件、公司内部发放工资、参加会议等相关邮件等。多维公司提交的2011年至2012年期间白某民在多维公司收发的电子邮件亦显示白某民事实上在多维公司履职。其中还包括涉及多维公司与中青科技股份有限公司以及某钞公司间业务往来的邮件。而在多维公司通讯录和员工名册中白某民均位列公司高管序列中，其中2011年4月至9月间通讯录中无职务记载，2011年11月至2012年3月更新的通讯录中职务记载为新产品开发总监。

白某民则否认曾经在多维公司任职，而主张其曾与多维公司签订了一份咨询服务合同，为多维公司提供培训、同高校及研究院所建立产学研合作、协助申请项目等相应服务；合同期限为自2011年5月1日起，为期一年。此外，白某民主张在2006年10月至2013年12月期间一直担任兰州大学硕士生导师，属于兰州大学的员工，同时提交了兰州大学物理科学与技术学院证明、兰州大学人力资源部证明以及兰州大学教职工离校通知单等证据予以佐证。

苏州市中级人民法院于2020年6月2日作出的（2019）苏05知初504号民事判决，判决确认诉争专利权归多维公司所有，驳回多维公司其他诉讼请求。

多维公司不服一审判决，向最高人民法院提起上诉。最高人民法院经审理后，于2020年12月17日作出（2020）最高法知民终1212号民事判决，判决撤销江苏省苏州市中级人民法院（2019）苏05知初504号民事判决，驳回江苏多维科技有限公司全部诉讼请求。

【法院观点】原审法院忽略双方事先约定的工作关系，直接根据双方工作接触和交流期间各自实施的实际行为认定双方存在事实上的劳动关系，进而认定诉争专利属于职务发明，权属归于多维公司，有所不当。该裁判方法可能存在以下问题：在发明人与单位之间存在多重工作关系，且发明人具有多重工作身份的情况下，双方各自实施的实际行为往往是多重工作关系、多重工作身份共同作用下的结果，如在判断发明人与单位之间是否存在职务发明所要求的工作关系的过程中，不考虑发明人与单位之间的事先约定，则可能会导致基于其他事实和原因形成的技术成果被不当地归为主张职务发明的单位，由此损害发明人本人以及第三人的合法权益。

职务发明的权属应归于单位的根本原因在于，产生该职务发明的创造性劳动的支配权属于单位。由此，判断发明人与单位之间是否存在职务发明所要求的劳动关系或者临时工作关系的关键，在于单位对发明人的创造性劳动是否已取得支配权。如果单位与发明人之间的关系仅仅是一般的合作关系，发明人并未让渡对自己的劳动支配权，则没有理由将不属于单位支配的劳动所创造出的技术成果归属于该单位。

个人与用人单位系平等的民事主体，在不涉及国家、社会公共利益的情况下，双方之间形成何种关系应遵循意思自治原则。因此，判断发明人与单位之间工作关系的性质，应当约定优先，在没有约定的情况下，才需要根据双方所实施的实际行为和结果进行综合判断。

【案例点评】发明人与单位之间存在劳动关系或者与《专利法实施细则》第十二条第二款所称临时工作单位之间存在工作关系，是认定职务发明的前提，其判断标准在于单位是否取得了对发明人包括完成涉案发明创造的创造性劳动在内的劳动支配权。单位与发明人之间仅存在一般的合作关系，单位并不掌握对发明人的劳动支配权的，该发明人的有关发明创造不属于职务发明创造。

3.4.5 委托开发、合作开发中的注意事项

我国法律规定，在委托开发商业秘密技术成果时，在不采用专利方式保护技术成果的情况下，若委托人与被委托人未对所开发的技术成果的权利权属进行约定或约定不明确，则技术成果的权属归开发人所有，委托人具有使用权。如果委托开发的商业秘密技术成果进行后继改进，没有约定权属的，后继改进

的技术成果归开发人享有。在合作开发商业秘密技术成果时，应依合作开发当事人约定确定技术成果的权属，若权属没有约定或约定不明确，则技术成果的权属归开发人共同所有。合作开发合同对后继改进的商业秘密技术成果的权属没有约定或约定不明的，后继改进的技术成果归开发人享有。因此，企业委托其他主体开发技术成果或与其他主体合作开发商业秘密技术成果时，应注意与合同相对方明确约定权利归属。

在委托开发、合作开发商业秘密技术成果的过程中，若决定采用专利保护方式保护技术成果，则应注意书面约定专利申请权的归属。我国法律规定，委托开发完成的发明创造，除法律另有规定或者当事人另有约定外，申请专利的权利属于开发人。研究开发人取得专利权的，委托人可以依法实施该专利。开发人转让专利申请权的，委托人享有以同等条件优先受让的权利[①]。

3.4.6 技术成果的专利保护和商业秘密保护选择

与专利保护相比，商业秘密保护具有保护无限期、无需注册或授权、无需支付费用、独占性弱的特点。表现在：商业秘密只要不被公开就可以被无限期地保护，商业秘密的形成不需要特别授权或注册，也不需要向有关部门支付费用；商业秘密权利人不能对抗其他人自主研发相同或近似的商业秘密信息；商业秘密一旦进入公知领域，任何人均可以使用。在实践中，建议企业的技术信息在申请专利或专利未公开之前，都应当作为商业秘密进行保护。

企业在选择对技术信息是否采取专利方式保护时，可以遵循以下判断标准：一是技术信息在市场竞争中有明显的先进性、新颖性等优势的，建议继续采用商业秘密保护方式。二是他人通过反向工程或反向推理等手段较容易获取的技术信息，建议继续采用专利保护方式。三是技术信息的商业价值预期与专利技术保护费相比较，明显不足以支付专利保护费用支出的，建议继续采用商业秘密保护方式。四是企业可以综合技术信息各部分价值，将其拆分后分别给予专利保护和商业秘密保护。

---

① 《民法典》第八百六十一条。

3.4.7　通过反向工程获取商业秘密的注意事项

（1）企业实施反向工程获取商业秘密的注意事项。反向工程是企业取得商业秘密的合法手段[①]，保护反向工程取得商业秘密体现了国家对科技创新和技术进步的鼓励和支持。企业通过实施反向工程获取商业秘密时，应当注意以下事项：一是实施反向工程研究对象的载体应当从公开渠道合法取得。如果研究载体来源不合法，那么实施反向工程获取的技术信息也不合法。企业尤其需注意保存合法取得研究载体的证据，对于反向工程的研发过程，也要保存相关的证据材料。二是应采用“净室手段”保证反向工程取得技术秘密的合法性，避免任何在原单位可能接触过商业秘密的人员介入反向工程研究。为保护研发技术，对于实施反向工程操作的人员，也建议其避免接触或者了解全部研发内容。三是对计算机软件程序、集成电路布图设计形式的技术秘密，能否实施反向工程应遵守我国知识产权与此相关的专门规定，否则将得不到法庭支持。四是企业若与商业秘密权利人达成保守商业秘密协议约定不得实施反向工程的，则应当遵守约定，否则将可能面临违约和侵权双重法律责任。

总之，以反向工程为由抗辩的企业，要充分考虑自身技术研发能力，并保留相关证据，证明实施的反向工程符合技术研发规律，研发期限具有客观合理性。

（2）企业预防被反向工程破解商业秘密的注意事项。企业可以事前做好以下工作，以减少商业秘密被反向工程破解的可能性或者延长反向工程破解的时间和难度：一是确保被反向工程的技术信息可以被证明构成商业秘密，即具有秘密性、价值性和保密性。二是除深入研发以加强技术信息的强度和深度外，企业还可以对技术信息设置防破解的功能和措施，比如利用温度和烹饪方式改变食材或中草药的物理呈现形态，使其成分和配比难以被现有技术检测，从而

---

①《最高人民法院关于审理侵犯商业秘密民事案件适用法律若干问题的规定》第十四条：“通过自行开发研制或者反向工程获得被诉侵权信息的，人民法院应当认定不属于反不正当竞争法第九条规定的侵犯商业秘密行为。前款所称的反向工程，是指通过技术手段对从公开渠道取得的产品进行拆卸、测绘、分析等而获得该产品的有关技术信息。被诉侵权人以不正当手段获取权利人的商业秘密后，又以反向工程为由主张未侵犯商业秘密的，人民法院不予支持。”

使反向工程的抗辩无法成立。三是企业可以与特定当事人在保守商业秘密协议中约定“禁止反向工程”。但是企业应注意，“禁止反向工程”的约定只适用于企业与特定当事人之间。在面向不特定群体时，例如在产品说明书上载明“禁止反向工程”并不能得到法院支持。一方面，其有违国家鼓励科技创新的立法精神；另一方面，在下面的案例中，最高人民法院亦指出，载明类似文字的标签不能构成可以对抗他人反向工程的物理保密措施。通过市场流通取得相关产品的不特定第三人与企业不具有合同关系，无需承担不得拆解产品的约定义务；同时，第三人对相关产品行使处分行为系基于所有权权属，法定物权不受企业声明的约束，这也是允许反向工程破解商业秘密的法理基础。因此，建议企业尽量寻求技术上和物理上的保密措施阻断反向工程，通过技术设计使得拆解无效或失效。

【典型案例】济南思克测试技术有限公司与济南兰光机电技术有限公司侵害技术秘密纠纷案，（2020）最高法知民终 538 号

【基本案情】济南思克测试技术有限公司（以下简称思克公司）是一家检测仪器生产企业，其认为自行研发的 GTR−7001 气体透过率测试仪包含了不为公众所知悉的技术秘密，并对技术秘密采取了合理的保密措施。思克公司认为济南兰光机电技术有限公司（以下简称兰光公司）于 2017 年 9 月 4 日利用诉讼保全程序实现了非法获取思克公司技术秘密的非法目的，其于 2019 年在市场上公开推出的智能模式检测仪器产品包含与思克公司相同的技术，兰光公司将非法获取的思克公司技术运用在其产品上严重侵害了思克公司的合法权益。思客公司向山东省济南市中级人民法院提起民事诉讼，请求法院判令：1. 兰光公司立即停止侵害思克公司技术秘密的行为，并销毁已非法获取的涉及思克公司技术秘密的照片、视频等相关资料；2. 判令兰光公司消除影响，并在《济南日报》《齐鲁晚报》或《中国包装报》上向思克公司公开赔礼道歉（登报内容由思克公司或者人民法院最终确认）；3. 判令兰光公司承担本案诉讼费用。思克公司为证明其自主研发了涉案技术，向原审法院提交了《设计研发历程》《设计依据》《项目建议书》《设计开发计划书》《设计资料手稿》《设计开发验证报告》《试产报告》《生产工序指导书》《产品生产检定记录表》及生产图纸。

思克公司为证明其为涉案技术秘密采取了合理的保密措施，向原审法院提交了《公司保密管理制度》《劳动合同》《企业与员工保密协议》《竞业限制协议》《合作保密协议》，以及罗欣公司与思克公司签订的《设备购销合同书》、产品上“私拆担保无效”“品质保证撕毁无效”的防拆标签。《设备购销合同书》涉及技术秘密的条款内容为，需方有义务确保供方货物的技术机密信息安全，所有技术机密信息不得提供给任何第三方，违约须承担不低于总价 50% 的经济赔偿及连带法律责任。技术机密信息包括：产品图片、部件材质、部件型号、软件图片、软件试验模式、软件操作、液晶显示、说明书、装箱单等供方提供的所有产品及资料。山东省济南市中级人民法院驳回思克公司的诉讼请求。思克公司不服一审法院于 2020 年 1 月 6 日作出的（2019）鲁 01 民初 2279 号民事判决，向最高人民法院提起上诉。

二审期间法院查明：1. 思克公司（作为供方）与案外人罗欣公司（作为需方）于 2016 年 1 月 8 日签订《设备购销合同》，该合同第七条“知识产权及其他”部分载明：“除非另有约定，供方向需方提供本合同项下产品并不视为该产品所含有的供方拥有或控制的任何知识产权的转让。”该合同第十四条“其他”部分载明：“自需方签收供方货物之日起（包括但不仅限于试用期内），需方有义务确保供方货物的技术机密信息安全，所有技术机密信息不得提供给任何第三方（包括但不仅限于供方的同业竞争者），违约须承担供方不低于标的总价的 50% 经济赔偿及连带法律责任，技术机密信息包括：产品图片、部件图片、部件材质、部件型号、软件图片、软件试验模式、软件操作、液晶显示、说明书、装箱单等供方提供的所有产品及资料。”2. 思克公司的 GTR-7001 气体透过率测试仪后盖中部位置贴有一标签，其上载明“危险！私拆担保无效！”字样；测试仪的后盖与底部接合处还贴有一标签，其上载明“SYSTESTER 思克品质保证撕毁无效”字样。经审理最高人民法院认为思克公司的上诉请求不能成立，驳回上诉、维持原判。

【法院观点】本院认为，根据思克公司主张保护的涉案技术秘密及其载体的性质，综合审查本案现有证据，应认定思克公司未采取符合《反不正当竞争法》规定的“相应保密措施”，具体理由如下：

其一，思克公司所主张采取的“对内保密措施”，因脱离涉案技术秘密的载体，即在市场中流通的GTR-7001气体透过率测试仪产品，故与主张保护的涉案技术秘密不具有对应性，不属于《反不正当竞争法》规定的“相应保密措施”。《最高人民法院关于审理侵犯商业秘密民事案件适用法律若干问题的规定》第五条第二款规定：“人民法院应当根据商业秘密及其载体的性质、商业秘密的商业价值、保密措施的可识别程度、保密措施与商业秘密的对应程度以及权利人的保密意愿等因素，认定权利人是否采取了相应保密措施。”据此，商业秘密权利人所采取的保密措施，不是抽象的、宽泛的、可以脱离商业秘密及其载体而存在的保密措施，而应当是具体的、特定的、与商业秘密及其载体存在对应性的保密措施。思克公司所采取的“对内保密措施”，如与员工签署包含保密条款的《劳动合同》与《企业与员工保密协议》，制定并施行《公司保密管理制度》，对研发厂房、车间、机器等加设门锁，限制来访者进出、参观，等等，均与兰光公司是否不正当地取得并拆解思克公司GTR-7001气体透过率测试仪产品进而获得涉案技术秘密，不具有相关性；换言之，思克公司所主张的“对内保密措施”，均与其主张保护的涉案技术秘密及其载体不具有对应性。因此，思克公司所主张采取的“对内保密措施”不属于《反不正当竞争法》规定的“相应保密措施”。

其二，思克公司所主张采取的“对外保密措施”，或仅具有约束合同相对人的效力，不具有约束不特定第三人的效力，或未体现出思克公司的保密意愿，故不属于《反不正当竞争法》规定的“相应保密措施”。一方面，思克公司虽在与客户公司签订的《设备购销合同》中约定，GTR-7001气体透过率测试仪产品的转让不意味着客户公司取得该产品的任何知识产权，且客户公司需承担确保该产品技术机密信息安全以及不得将技术机密信息提供给任何第三方的合同义务，但是，该约定仅具有约束客户公司的效力，不具有约束不特定第三人的效力。并且，《设备购销合同》并未限制客户公司对所购买的产品进行处分、转让，故不特定第三人可通过市场流通取得该产品，且不受思克公司与客户公司签订的《设备购销合同》的约束。另一方面，思克公司虽在其GTR-7001气体透过率测试仪的特定位置贴有标签，但标签载明的“危险！私拆担保无效！”“SYSTESTER思克品质保证撕毁无效”等内容，属于安全性提示与产品维修担保提示，均不构成以保密为目的的保密防范措施。因此，思克公司所主张采取的“对外保密措施”不属于《反不正当竞争法》规定的“相应保密措施”。

其三，根据涉案技术秘密及其载体的性质，应认定思克公司未采取符合《反不正当竞争法》规定的“相应保密措施”。根据《最高人民法院关于审理侵犯商业秘密民事案件适用法律若干问题的规定》第五条第二款的规定，人民法院应当根据商业秘密及其载体的性质等因素，认定权利人是否采取了相应保密措施。本案中，涉案技术秘密的载体为GTR-7001气体透过率测试仪，因该产品一旦售出，进入市场流通，就在物理上脱离了思克公司的控制，故区别于可始终处于商业秘密权利人控制之下的技术图纸、配方文档等内部性载体。《最高人民法院关于审理侵犯商业秘密民事案件适用法律若干问题的规定》第十四条第一款、第二款规定，通过自行开发研制或者反向工程获得被诉侵权信息的，人民法院应当认定不属于《反不正当竞争法》第九条规定的侵犯商业秘密行为。反向工程，是指通过技术手段对从公开渠道取得的产品进行拆卸、测绘、分析等而获得该产品的有关技术信息。鉴于涉案技术秘密载体为市场流通产品，属于外部性载体，故思克公司为实现保密目的所采取的保密措施，应能对抗不特定第三人通过反向工程获取其技术秘密。此种对抗至少可依靠两种方式实现：一是根据技术秘密本身的性质，他人即使拆解了载有技术秘密的产品，亦无法通过分析获知该技术秘密；二是采取物理上的保密措施对抗他人的反向工程，如采取一体化结构，拆解将破坏技术秘密等。根据本院查明的事实，思克公司亦认可，通过拆解GTR-7001气体透过率测试仪，可直接观察到秘密点2、3、4、5，同时，本领域技术人员“通过常理”可知晓秘密点1和6，故涉案技术秘密不属于上述第一种情形。需要进一步分析的是，思克公司对GTR-7001气体透过率测试仪采取的保密措施是否属于上述第二种情形，从而可以对抗不特定第三人通过反向工程获取其技术秘密。首先，如前所述，思克公司在其GTR-7001气体透过率测试仪上贴附的标签，从其载明的文字内容来看属于安全性提示以及产品维修担保提示，故不构成以保密为目的的保密措施，不属于上述第二种情形。其次，即使思克公司贴附在产品上的标签所载明的文字内容以保密为目的，如“内含商业秘密，严禁撕毁”等，此时该标签仍不能构成可以对抗他人反向工程的物理保密措施。一方面，通过市场流通取得相关产品的不特定第三人与思克公司并不具有合同关系，故无需承担不得拆解产品的合同义务。另一方面，不特定第三人基于所有权得对相关产品行使处分行为，而不受思克公司单方面声明的约束。《物权法》第四条规定："国家、集体、私人的物权和其他权利人的物权受法律保护，任何单位和个人不得侵犯。"第五条规定："物权的种类和内容，由法律规定。"第三十九条规定："所有权人对自己的不动产或者动产，依法享有占有、使用、收益和处分的权利。"根据《物权法》的上述规定可知，通过市场流通取得 GTR-7001 气体透过率测试仪的不特定第三人，其对该产品享有的所有权的内容应由法律规定，包括占有、使用、收益和处分四项权能，而不受思克公司单方面声明的约束。这一点也正是《最高人民法院关于审理侵犯商业秘密民事案件适用法律若干问题的规定》第十四条第一款、第二款关于"通过反向工程获得被诉侵权信息不构成侵害商业秘密行为"规定的法理基础。权利人基于所有权得对所有物行使占有、使用、收益和处分行为，因而对所有物上承载的知识产权构成一定限制，这不仅体现在反向工程对商业秘密的限制，类似的还有画作的所有权对画作著作权人展览权的限制。因此，根据涉案技术秘密及其载体的性质，思克公司贴附在产品上的标签并不构成可对抗他人反向工程的物理保密措施，应认定思克公司未采取符合《反不正当竞争法》规定的"相应保密措施"。故技术秘密以市场流通产品为载体的，权利人在产品上贴附标签，对技术秘密作出单方宣示并禁止不负有约定保密义务的第三人拆解产品的行为，不构成《反不正当竞争法》规定的保密措施。

【案例点评】反向工程通常是商业秘密案件中常见的抗辩方式，原被告双方在反向工程方面的争议也非常大，作为权利方而言，应尽量寻求技术上和物理上的保密措施阻断反向工程，通过技术设计使得拆解无效或失效。而作为反向工程一方，应在合法获取相关产品的基础上，通过合理的反向手段获取相关的技术，从而获得抗辩上的成功。

3.4.8 企业重要区域中技术秘密的管理要点

在企业研发过程中有一些重要区域集中着企业的核心涉密信息，尤其需要被重点管理。不同的企业涉密区域和管理要点有所不同。通常情况下，高新技术型企业的项目研发实验室集中了企业最核心的技术秘密，需要被划定为重点管理区域。对于生产和制造型企业，企业的生产车间以及车间内的专用生产设备、仪器及产品样品集中了最核心的技术秘密，需要被划定为重点管理区域。对于互联网服务软件类企业，企业存放计算机与网络设备的机房以及计算机网络设备，其中存储的信息数据是企业最核心的技术秘密，因此计算机与网络设备机房为重要涉密区域。企业在管理重要区域技术秘密时应注意以下事项：

（1）根据被保护技术信息的形态采取合适的保密措施。企业技术信息的形态主要分为四大类：实物载体类、无线信号类、外观图像类和声音类。实物载体类是指技术信息可存在于载体之内，如科研成品、产品样品、U 盘、计算机设备、文书资料等；无线信号类是指技术信息以各类无线电波或光波等信号形态存在，如无线电信号、Wi-Fi 信号、计算机电磁辐射信号、光波信号等；外观图像类是指技术信息以直观视觉表征方式表现，如产品外观、包装款式、服装样式、机械工具形态、产品制作工序流程等；声音类是指技术信息以声音、音频方式表现，如谈话和会议中的语音、乐曲、音频等。企业应通过技术信息表现的形态查找和识别可能存在的泄密渠道，有针对性地为各种形态技术秘密部署合适的保密措施，比如：禁止或限制拷贝、联网、携带外出、拍照；对重要场所设置物理隔绝，加装门禁、遮挡门窗、谢绝参观；对重要场所增设电子设备检测报警设备及视频监控设备。企业应当非常注意：所有保密措施的落实和执行离不开人的因素，因此务必加强企业内部涉密人员的保密意识，为其进行定期的防泄密知识培训。对于来自外部拟对重要区域访问的供应商、客户或合作伙伴，应根据情况决定是否谢绝访问。对于确需来访人员应对其明确提出保密要求，令其作出单方书面保密承诺，或通过访问手册提出保密要求并经其确认。

（2）动态管理保密区域和涉密信息。企业应根据自身情况划分重要的涉密场所、划定重要技术信息范围。即便是高新技术制造类企业，也不宜将所有场所都确定为重要的涉密场所，不宜将企业所有信息划定为需要采取保密措施的商业秘密。因为保密区域和涉密信息的泛化，难以突出企业商业秘密保护的重点，一旦侵权发生反而会将保密措施效能弱化。由于企业的研发、生产经营活动和技术信息的形态、载体都是动态变化的，企业应根据实际情况定期调整、更新技术信息的管理措施和方式。

3.4.9 技术交流与成果展示时的技术秘密保护

在参加技术交流、成果论证或技术鉴定相关会议时，企业应提示研发人员对企业技术秘密进行保护。企业应重点关注和落实以下事项：一是在技术交流或成果展示时，避免展示核心技术资料。如确有必要进行展示时，应当和与会人员签订保守商业秘密协议，指定专人接受和返还已经标注密级的商业秘密载体。二是在技术交流或成果展示会议上发言提问环节应予以重视，避免透露企业技术秘密。三是在研发人员发表论文时应注意对技术方案等细节的表达方式，对核心技术的研发思路和具体描述应予以限制。四是对于同行业普通专业人员通过观察即可直接获得商业秘密信息的设施设备，应当避免展示可能涉及技术秘密的资料图片，不予展示设施设备的实物。

3.4.10 企业技术秘密被侵犯时的保护要点

（1）企业技术秘密被侵犯后的维权途径。发生泄密侵权事件后，企业可以单独或综合通过五种途径进行维权追责，分别是：谈判和解、劳动仲裁、行政处罚、民事诉讼、刑事制裁。

谈判和解是企业可以使用的维权成本最低的争议解决方式。企业在谈判和解时应注意，一是在谈判前对对方主体信息、资质及生产经营状况、对谈判可能存在的好恶及态度等信息进行前期了解。二是谈判中结合已经掌握的主要证据材料和对对方的了解，对对方当事人的要求或预期进行分析和划分，判断通过谈判较可能实现的目标和方案。三是谈判时应充分听取对方意见、充分表达己方对事实、证据、法律、谈判方案的观点，谈判人员避免夹带个人好恶与情感。四是谈判和解可以单独解决争议，也可以贯穿劳动仲裁、行政处罚、民事诉讼、刑事制裁四种救济方式。

劳动仲裁是指企业通过劳动仲裁程序对侵犯商业秘密行为进行维权追责，其适用条件是企业与劳动者之间签订保守商业秘密协议或竞业限制协议，受人力资源与社会保障部门管辖，优势在于程序简便和快捷。但是企业应当注意，通常情况下劳动仲裁对企业提出的举证要求较为严格，偏重于保护劳动者这一弱势群体，通过劳动仲裁进行商业秘密追责维权一旦败诉，可能会对后继采取其他维权手段造成不利影响。

行政救济是指企业向市场监督管理部门报案，由市场监督管理部门依据《反不正当竞争法》相关规定，对商业秘密侵权人开展执法调查并采取行政处罚等强制措施。行政救济的优势是有国家行政强制措施为依托提高调查取证的效率，局限性在于难以通过行政救济得到赔偿。

民事诉讼是指企业依法向人民法院提起商业秘密侵权或违约诉讼，主张获得民事赔偿。企业在提起民事诉讼前需准备好相应的调查取证工作，因此民事诉讼对企业有较高的举证能力要求。

刑事救济是指向公安机关报案，由公安机关依据《刑法》相关规定对商业秘密侵权人开展调查追责和处罚。刑事救济具有比较强的制止和制裁力，但对立案要求比较严格，侵犯行为需给企业造成重大损失，通常为损失数额 30 万元以上或违法所得数额 30 万元以上，甚至导致企业因重大经营困难而破产倒闭。

建议企业在侵权行为发生时交叉采用谈判和解、劳动仲裁、行政处罚、民事诉讼、刑事制裁手段，以提升商业秘密维权成功率。例如，当发现商业秘密被侵犯时，虽然企业尚不能确定或没有取得明确证据证明自己的损失，但是可以第一时间向市场监督管理部门报案，争取通过行政手段的及时介入对侵犯商业秘密的事实进行调查取证。在市场监督管理部门介入的基础上，企业可视行政机关收集积累证据情况，再向公安部门报案。一旦市场监督管理部门或公安机关对侵犯商业秘密行为作出查实和处置，企业则可将相关材料作为有力证据向法院提交，再经民事诉讼获得赔偿与救济。

【典型案例】武汉大西洋连铸设备工程有限责任公司与宋某兴公司盈余分配纠纷案，（2019）最高法民再 135 号

【基本案情】宋某兴与武汉大西洋连铸设备工程有限责任公司（以下简称大西洋公司）签订《离职后义务协议》，约定竞业限制及保密义务。大西洋公司认为，宋某兴向案外人武汉恒瑞谷冶金科技有限公司（以下简称恒瑞谷公司）提供注册资金和技术支持，并披露了大西洋公司的商业秘密，违反

了协议约定，遂诉至法院，请求判令宋某兴承担相应的民事法律责任。经查，武汉市江岸区人民法院已在恒瑞谷公司及其法定代表人杨某祥（大西洋公司的前员工）涉嫌损害大西洋公司商业秘密的刑事诉讼程序中，认定恒瑞谷公司构成侵犯商业秘密罪。本案一审、二审法院均认为，武汉市江岸区人民检察院指控恒瑞谷公司及杨某祥涉嫌侵犯商业秘密罪刑事案，经公安机关侦查终结，侦查结果不涉及宋某兴，亦无宋某兴侵犯大西洋公司商业秘密的事实认定。根据刑事案件的侦查结果，恒瑞谷公司及杨某祥涉嫌侵犯商业秘密的行为与宋某兴无关，故驳回大西洋公司的诉讼请求。大西洋公司不服，向最高人民法院申请再审。最高人民法院认为，检察机关并未对宋某兴提起公诉，故刑事判决不涉及宋某兴是否参与实施犯罪行为的认定。因此，在刑事诉讼程序未对宋某兴与恒瑞谷公司的关系进行审查与认定的情况下，不构成对本案民事诉讼程序的预决事实，也不应直接据此认定宋某兴与恒瑞谷公司无关。本案中，根据在案证据，可以认定宋某兴是恒瑞谷公司的实际出资人，其在离职后两年内以隐蔽手段隐名组建了与大西洋公司具有同行业竞争关系的恒瑞谷公司，违反了协议约定。最高人民法院遂提审本案，并再审改判撤销一、二审判决，支持了大西洋公司的诉讼请求。

【法院观点】本院认为，《最高人民法院关于民事诉讼证据的若干规定》第十条第一款第六项规定，已为人民法院发生法律效力的裁判所确认的基本事实当事人无需举证证明。该条第二款规定，当事人有相反证据足以推翻的除外。根据该规定，原则上，刑事诉讼中预决的事实对于后行的民事诉讼具有预决效力。这是因为裁判统一性要求民事判决与刑事判决对于同一事实的认定应当是一致的，而且刑事诉讼的证明标准比民事诉讼的证明标准要高，所以先行刑事判决认定的基本事实对于后行民事诉讼具有预决力。

但是，先行刑事案件预决事实的预决力并不是没有条件的。除了先行判决已经生效，先行案件裁判所确定的事实与后行案件事实存在相关性外，预决事实的证明必须已遵循了法定程序。就先行刑事案件对后行民事案件而言，有罪的事实认定当然地构成预决力；而无罪的事实认定则需要区分是因为被告人确实未参与、未实施犯罪行为，还是因为证据不足、事实不清。如果是前者则有预决力，如果是后者则因为民事诉讼和刑事诉讼的证明标准不同可能有不同的认定。然而，与本案相关的刑事案件特殊之处在于，刑事起诉并未指控宋某兴，刑事判决自然不可能涉及宋某兴是否参与实施犯罪行为，是否构成侵犯商业秘密罪，亦不会就宋某兴的行为是否违反《离职后义务协议》作出明确认定。因此，宋某兴与恒瑞谷公司是否有关、关系如何这部分事实在先行刑事诉讼中未涉及，更谈不上经过正当程序查证并认定，因而不构成先行刑事诉讼预决事实，更不能据此直接在后行民事诉讼中认定宋某兴与恒瑞谷公司无关。现有证据已足以认定宋某兴是恒瑞谷公司的实际出资人，其在离职后两年内以隐蔽手段隐名组建了与大西洋公司具有同行业竞争关系的恒瑞谷公司，违反了竞业限制的约定。

【案例点评】本案裁判充分彰显了严惩不诚信行为、维护公平竞争市场秩序的司法导向。同时，通过厘清知识产权刑民交叉案件中的事实认定与证明标准，促进了刑民交叉案件的协同审理机制，对此类案件的审理具有重要的规则指引意义[①]。同时，本案对于维权企业亦有很好的启发：在综合运用多种维权途径时，由于不同维权途径对事实的认定标准差异，先行刑事诉讼的无罪认定并不意味着企业完全无法提起民事赔偿之诉，先行维权过程没有涉及或证据不足、事实不清的部分并不具备绝对的预决力，企业可以继续收集相关证据，维护自身合法权益。

（2）商业秘密侵权维权时的证据保全。依据我国法律规定，企业商业秘密被侵犯时，在证据可能灭失或者以后难以取得的情况下，企业可以向法院申请保全侵权证据[②]。例如，企业可以申请法院向客户调取侵权者的投标文件及招投标双方最终的缔约文件，以审查侵权人的投标资料中是否包含离职员工从企业获取的商业秘密。企业在申请证据保全时应注意：一是提供准确的证据保全

---

① 《最高人民法院办公厅关于印发 2020 年中国法院 10 大知识产权案件和 50 件典型知识产权案例的通知》（2021 年 4 月 16 日）。

② 《民事诉讼法》第八十一条："在证据可能灭失或者以后难以取得的情况下，当事人可以在诉讼过程中向人民法院申请保全证据，人民法院也可以主动采取保全措施。因情况紧急，在证据可能灭失或者以后难以取得的情况下，利害关系人可以在提起诉讼或者申请仲裁前向证据所在地、被申请人住所地或者对案件有管辖权的人民法院申请保全证据……"

线索，如存储地点、持有者等具体信息，否则难以得到法院支持。二是企业向法院申请证据保全的前提，是企业已经有初步证据证明商业秘密遭受侵犯，例如存在商业秘密、企业为商业秘密权利人，存在侵权人接触商业秘密可能性等。若企业无证据证明侵犯商业秘密时，不可以证据保全形式取得并作为判断侵权依据[①]。

（3）商业秘密侵权维权时的行为保全。鉴于商业秘密的特殊性，一旦泄露将会给权利人造成难以挽回和补救的损失，我国法律规定在一定情形下企业可以向法院申请行为保全禁令，禁止侵权人继续侵犯商业秘密的行为[②]。企业在申请行为保全时应注意：一是行为保全与民事诉讼并行。如果企业申请行为保全后不在法定期间内提起民事诉讼，则法院会解除行为保全。二是行为保全的提起条件是存在法定的紧急情况，不立即采取行为保全措施即足以损害申请人利益[③]。三是即使法院最终作出行为保全裁定，企业也应注意及时关注被侵权人执行行为保全裁定的情况。若发现侵权人未及时履行保全裁定，企业可通过公证、电子存证等方式加以固定，作为侵权人拒不履行法院生效裁定以及主观故意侵权的证据，日后向法院提交。

① 陈裕琨、缪蕾主编：《最高人民法院司法观点集成（新编版）· 民事诉讼卷Ⅱ》，中国法制出版社 2017 年版，第 761 页，观点编号 439。

② 《最高人民法院关于审理侵犯商业秘密民事案件适用法律若干问题的规定》第十五条："被申请人试图或者已经以不正当手段获取、披露、使用或者允许他人使用权利人所主张的商业秘密，不采取行为保全措施会使判决难以执行或者造成当事人其他损害，或者将会使权利人的合法权益受到难以弥补的损害的，人民法院可以依法裁定采取行为保全措施。前款规定的情形属于民事诉讼法第一百条、第一百零一条所称情况紧急的，人民法院应当在四十八小时内作出裁定。"

③ 《最高人民法院关于审查知识产权纠纷行为保全案件适用法律若干问题的规定》第六条："有下列情况之一，不立即采取行为保全措施即足以损害申请人利益的，应当认定属于民事诉讼法第一百条、第一百零一条规定的'情况紧急'：（一）申请人的商业秘密即将被非法披露；（二）申请人的发表权、隐私权等人身权利即将受到侵害；（三）诉争的知识产权即将被非法处分；（四）申请人的知识产权在展销会等时效性较强的场合正在或者即将受到侵害；（五）时效性较强的热播节目正在或者即将受到侵害；（六）其他需要立即采取行为保全措施的情况。"

第四章

企业采购中的知识产权管理

采购是企业运营过程中不可或缺的一环，尤其是生产物资的采购，更需要采购人员注意采购产品有无知识产权风险。仅仅做好研发过程中的知识产权风险防控是不够的，还需要在产品生产的采购环节协助采购部门做好知识产权风险防控，主要包括专利、商标、版权和商业秘密的风险防控。

4.1 企业采购中的专利管理

作为企业采购知识产权风险防控的重要一环，专利风险防控不可或缺。例如，在采购零部件时候可以要求供应商签订相关知识产权保证协议并约定因零部件造成产品专利侵权时，供应商应当承担赔偿责任。作为采购合同的一个附件，还可以要求供应商提供技术自由实施（Free to Operate，FTO）尽职调查。这是因为，一旦发生采购物资为侵权产品的情况，企业作为物品使用方，虽然面临赔偿的风险很小，但极有可能会影响正常生产，或者对企业荣誉造成损失。因此，作为企业来讲，与供应商的合作，需要关注以下几个方面的专利风险防控管理工作。

4.1.1 采购元器件、零部件或功能模块的侵权风险

企业采购的元器件、零部件或功能模块可能侵害第三人的专利权，如果将该元器件用于生产自己的产品，再销售出去，则属于侵害他人专利权的行为，

此时如果没有相关证据证明该元器件系合法来源，则侵权责任直接由采购方自行承担；即使能够提供合法来源的相关证据，采购方不用承担赔偿责任，也仍需承担停止生产、销售的法律责任，还会产生应诉的成本，还有被判令承担原告合理维权费用的可能性。

对于这一点，我们建议：首先，在采购需求确定后，如果有多个不同的技术方案，均能实现同样的功能，达到同样的技术效果，则可以优先考虑使用现有技术或设计，一方面可以实现供应链的安全，规避可能出现的侵权风险。另一方面使用非专利技术在一定程度上可以降低采购单价。而如果现有技术或设计不符合采购的需求，则建议选择专利稳定性较好的专利技术。与不太稳定的专利技术相比，专利稳定性较好的专利技术虽然在采购成本上可能会有所提高，但综合成本或可能出现风险的机会成本一定更低，更有利于企业的实际利益。

其次，应注意筛选供应商。通常情况下，企业在采购时大多都会对供应商的主体、资信资质情况、有无重大诉讼或失信行为进行审查，通过初选、评估、讨论等程序，层层把关，最终确定供应商名单。我们建议，对供应商知识产权风险的排查可从以下方面入手：

（1）调查供应商的知识产权诉讼历史，大体上可以了解该供应商的知识产权风险概况。一方面，可以了解该供应商的知识产权诉讼胜负情况，以及该供应商在其行业中的市场地位；另一方面，在调查时，并非仅仅以该供应商为单一调查对象，而是要对行业内与该供应商有关的竞争对手一起调查。通过调查，可以了解在该行业中，谁是知识产权强者、谁是知识产权弱者，谁将来有可能发动知识产权诉讼，将这些易于发动知识产权诉讼的经营主体列入“高知识产权风险制造者”名单中，并定期予以关注。

（2）调查该供应商供应的产品的关键技术点上的专利权布局是否全面，是否可以有效防御入侵者，以此评估其专利的风险和价值。一件产品上的专利可能会有很多，但风险比较大的专利可能不到20%。可以通过让供应商说明其产品的关键技术点，以及自身专利布局的方式来进行调查，并且通过自行专利检索进行部分验证。

（3）对于供应商供应的产品所涉及的专利，一定要让供应商提供其专利证书，审核其专利权人是否为供应商本人、专利是否处于有效期、有无持续缴纳专利年费、第三人是否对其专利提起无效申请，必要时需到国家知识产权局网站调查核实。

如果相关专利属于实用新型专利或外观设计专利，则可以要求供应商提供其专利权稳定的相关证明文件，如国家知识产权局出具的专利评价报告；此外，如果采购方认为该专利技术可能侵害第三人专利权，则可以要求供应商提供一份拥有该专利技术的保证声明，必要时，还可以要求其委托采购方指定的权威第三方出具 FTO 报告。尽管供应商出具的声明可能并不真实，第三方出具的 FTO 报告也并非一定能避免专利侵权风险，但这些材料最起码在可能发生的专利侵权诉讼中可以证明采购方已经尽到了合理的注意义务，并非故意侵权，从而可以在一定程度上降低专利侵权的风险，避免专利侵权的惩罚性赔偿。此外，还需要注意的是，上述的 FTO 报告应考虑该零件组装后出口的地区或者国家的实际法律环境和竞争对手等情况，以综合评判实际风险。

4.1.2 原始设备制造商或原始设计制造商采购中的专利风险

原始设备制造商，即 Original Equipment Manufacturerer，简称 ODM。原始设计制造商，即 Original Design Manufacturerer，简称 ODM。ODM 采购中往往是使用供应商自主研发的技术或设计，并使用采购方的商标生产制造产品，产品中使用的是供应商的专利技术。此时，由于没有对供应商的专利进行稳定性、可自由实施的分析，因此可能导致采购方在将该产品直接销售出去时，侵害第三人的知识产权。如果此时产品同时标注了采购方名称和受托人的企业名称，则两者可能会同时承担侵权责任。如果只标注了采购方名称，而不能自证产品的合法来源，则可能需要由采购方自行先承担赔偿责任，再向受托人追偿，当然也存在追偿不到的风险。

在采购实务中，采购合同可能包括供货协议、OEM 采购协议、ODM 采购协议、合作开发供货协议等货物或技术采购合同，在这些合同中应当基于双方的市场地位和实力，明确知识产权的归属、知识产权的瑕疵担保责任、侵权赔偿责任、侵权责任分担等条款。对于一些关键元器件、零部件，采购方可以设立一定期限内的侵权责任保证金，以保证免于或减轻可能存在的专利侵权行为给采购方造成的损失。

【典型案例】北京某都环保科技有限公司、广州某沐信息科技有限责任公司侵害外观设计专利权纠纷案，(2020)粤民终524号

【基本案情】广州某沐信息科技有限责任公司（以下简称某沐公司）是专利号为ZL201730098701.8、名称为“加湿器”的外观设计专利的专利权人。该专利申请日为2017年3月29日，授权公告日为2017年11月10日，现处于有效状态。北京某都环保科技有限公司（以下简称某都公司）与某尔公司于2017年9月22日签订《某都公司OEM项目采购合同》(以下简称采购合同)。采购合同约定：某尔公司根据某都公司需求提供型号为SC-S050的白色“某都牌”加湿器产品，各机型的技术方案由某尔公司提供，某尔公司确保其提供的技术方案享有知识产权。某都公司向某尔公司提供配件、模具、技术资料、质量资料；某尔公司生产产品在设计、规格、替代原材料及部件等方面如有变更，事前需征得某都公司的书面同意；某尔公司只有贴牌生产的权利；等等。某沐公司与某尔公司于2017年11月17日签订了《专利实施许可协议书》，自订立合同之日起至某尔公司根据主协议约定向某沐公司足额支付产品销售提成费达到36个月止的期限内许可某尔公司独占实施本案专利，专利许可费根据双方主协议中的“销售提成费用约定”执行；某尔公司履行完主协议相关约定后，某沐公司无偿将本协议约定的专利转让给某尔公司。某沐公司称，某尔公司没有完全履行双方的“主协议”，在支付了首期启动费后未再支付后面的销售提成；但对于其与某尔公司之间的纠纷，暂未提起诉讼，双方亦未正式协商解除协议。

2019年4月，某沐公司经公证在J公司经营的“某都官方自营旗舰店”购买到型号为“SC-SO50”的白色加湿器。该加湿器产品、包装盒和说明书均标示了“某都ADU”标识，包装盒和说明书还另标示了“某都”商标、某都公司名称及其工厂地址、注册地址、电话、网址等联系方式。经对比，上述被诉侵权产品的外观设计与本案专利存在细微区别。某沐公司遂起诉至法院，请求判令：某都公司停止生产、销售、许诺销售侵犯本案专利权的产品；J公司停止销售、许诺销售侵犯本案专利权的产品；某都公司、J公司连带赔偿经济损失及合理支出45万元等。

某都公司辩称，被诉侵权产品是由某尔公司根据其获得授权的外观设计专

利生产后提供给某都公司贴牌销售的，故某都公司不构成专利法意义上的制造，亦不构成专利侵权。J公司承认销售、许诺销售了被诉侵权产品，但提出合法来源抗辩。

某尔公司的法定代表人在二审时出庭作证称：某尔公司一直在帮某都公司做产品的贴牌生产。但是，某尔公司向法院出具《情况说明》又称某都公司销售的“加湿器SC-SO50”均是从该公司处采购的。某都公司向某尔公司转款50万元的工商银行付款凭证，转账摘要载明的亦为“货款”。

【法院观点】关于某都公司是否为被诉侵权产品制造者的问题。虽然某都公司支付给某尔公司的转账记录摘要写的是“货款”，但是被诉侵权产品上印制了某都公司的个性化信息，采购合同更是明确约定，某都公司与某尔公司之间的关系为“贴牌生产”。故某都公司与某尔公司之间的关系并非普通的商品买卖关系，而是委托加工关系。制造是使产品从无到有的生产、加工过程。侵权产品的制造就是再现专利技术方案或者专利外观设计的过程。在委托加工关系中，委托人与受托人一般构成共同制造，除非有相反证据推翻。采购合同的约定表明，某尔公司并非将已经制造好的成品贴牌销售给某都公司，而是在某都公司的参与下共同制造符合某都公司要求的被诉侵权产品。并且，被诉侵权产品系经某都公司同意在本案专利基础上作了局部改动形成的。某都公司作为委托加工方，参与了被诉侵权产品的外观形成过程，其应与某尔公司一并视为被诉侵权产品的制造者。

关于某都公司是否构成专利侵权的问题。首先，某都公司的委托加工方某尔公司于2017年11月17日获得了某沐公司的许可。自此日起，某都公司制造被诉侵权产品不构成侵权。理由在于：1. 委托加工共同制造被诉侵权产品的，该制造行为系一个整体，不能人为切割成委托方与加工方各自的制造行为再分别定性。自加工方某尔公司获得某沐公司的专利许可开始，委托方某都公司可以被诉侵权产品的制造已获得某沐公司许可为由进行不侵权抗辩。2. 某沐公司与某尔公司签订的《专利实施许可协议书》并未对某尔公司如何实施本案专利进行约定。某尔公司接受他人的委托以他人的名义制造专利产品，并未违反许可合同的约定。某尔公司获得的专利许可不因在制造的产品上标注某都公司商业标志而改变属性。3. 某沐公司授予某尔公司的是专利的独占实施权，某尔公司与某都公司合作制造被诉侵权产品的行为，不会损害某沐公司专利收益。若因某尔公司瞒报产品数量导致某沐公司的利益受损，某沐公司可通过合同之诉进行权利救济。某沐公司请求法院判令某都公司承担侵权责任的诉请不具有合理性。

【案例点评】本案案情比较复杂，是由 OEM 或 ODM 采购而导致的专利侵权纠纷，但由于作为加工方的某尔公司，又与第三方某沐公司签订有《专利实施许可协议书》，因此使得三方都介入诉讼之中。本案提醒产品委托方，需要关注潜在的可能的侵权风险。在寻找受托方的时候，应关注其技术实力，做好调研，防范产品侵权风险。

4.1.3 采购中知识产权资产流失的风险

在定制开发或合作开发的采购中，如果知识产权归属条款未能约定或者约定不明，则经常会导致本应由采购方享有的知识产权被供应商直接以自己的名义申请专利，或者在原有技术方案的基础上加以改进、研发，再去申请专利，这将有损采购方的利益。更有甚者，某些供应商还会以此作为谈判筹码，要求采购方必须继续合作或提高供应份额。这样一方面会造成企业知识产权资产的流失，另一方面可能会被供应商钳制，使采购方陷入极其被动的局面。因此，企业应关注采购合同约定不明或保障机制不全而导致公司资产流失，甚至需要承担侵权风险。

【典型案例】上海某莘电子科技有限公司与广东某瑞纳科技有限公司专利权权属纠纷案，（2019）粤 73 知民初 783 号

【基本案情】2017 年 10 月 27 日，原告作为甲方与被告作为乙方签订《上海某莘电子科技有限公司采购合同》一份，主要约定内容有：甲方从乙方购买儿童推车租赁设备（车桩）、共享雨伞租赁设备（伞桩）、伞柄以及扫码借还系统软件等产品，乙方根据甲方产品要求进行定制开发；乙方提供的儿童推车租赁设备（车桩）、共享雨伞租赁设备等，外观颜色、LOGO 需按照甲方提供的颜色及 LOGO 要求进行喷涂，外观设计由乙方提供。乙方提供的软硬件产品需满足甲方的核心功能等需求，乙方负责雨伞及儿童推车租赁设备的设计，甲方提供儿童推车配合乙方；乙方负责儿童推车手柄的设计及生产，甲方提供儿

童推车样品配合乙方等。合同金额为145650元，合同签订生效后，甲方支付预付款10万元作为定金，乙方发货前经甲方验收合格后，甲方支付剩余合同款45650元后乙方发货。乙方对甲方的儿童推车租赁设备知识产权、产品资料等有绝对保密的义务，禁止以任何形式对外传播。乙方提供的共享雨伞设备及相关设计意念、产品设计外形、结构、系统软件等知识产权属乙方所有，甲方不得研发类似结构、外形、系统产品。本合同中甲方采购的儿童推车租赁设备相关的设计意念、产品设计外形、结构、系统软件功能、业务模式为甲方提供，知识产权属甲方所有，乙方不得申请儿童推车租赁设备的相关专利。同日，原告向被告转账支付10万元。被告向原告开具了该款项的发票。

原被告双方均提交了若干微信聊天记录截图证据，双方对聊天记录的真实性均予以确认。2018年1月18日，原告向被告出具《催货函》，主要内容载明被告迟延交付样品，且样品无法满足合同要求，原告要求被告限期修改系统软件、改进样品并提交给原告确认等。同年5月8日，原告作为甲方与被告作为乙方再次签订《上海某莘电子科技有限公司采购合同》一份，约定内容涉及的产品为共享儿童推车设备机头及其结构图等，合同金额为71000元；并约定了乙方对甲方的儿童推车租赁设备知识产权、产品资料等有绝对保密的义务，禁止以任何形式对外传播等保密条款。合同签订后，原告先后向被告转账支付71000元，被告向原告开具了以上款项的发票。

2019年4月，案外人某迎公司基于被告的实施许可主张原告侵害ZL×××××号专利权，起诉至上海知识产权法院，诉请原告停止侵权行为并赔偿损失。同年10月，被告起诉至上海知识产权法院，诉请确认专利权人为原告的ZL×××××号“一种应用于自动租售终端系统的连接手柄”实用新型专利为被告所有。原告主张共享儿童推车租赁设备的理念系其率先提出，并就儿童推车租赁设备申请了多项专利，在与被告合作过程中亦申请了系列专利；且被告的涉案专利技术方案与原告所拥有的专利相同，故被告系在双方合作过程中知晓了原告的产品理念和需求并恶意抢先申请了涉案专利。原告主张其为涉案共享儿童推车租赁设备的研发投入了大量人力物力，做了大量市场调查和用户需求体验分析工作，故在涉案合同中约定共享儿童推车租赁设备的知识产权归原告所有。为此，原告提交了其员工组建的微信群组聊天记录截图证据，包括调查现场照片和数据分析表格。

【法院观点】关于涉案合同的知识产权归属条款的解释问题。涉案合同明确约定："乙方提供的共享雨伞设备及相关设计意念、产品设计外形、结构、系统软件等知识产权属于乙方所有，甲方不得研发类似结构、外形、系统产品。本合同中甲方采购的儿童推车租赁设备相关的设计意念、产品设计外形、结构、系统软件功能、业务模式为甲方提供，知识产权属于甲方所有，乙方不得申请儿童推车租赁设备的相关专利。"原告据此主张涉案专利权归其所有，但被告抗辩称上述条款应理解为由原告提供的技术方案的权利归属原告，涉案专利技术由被告设计完成，并非原告提供，故不应归原告所有。对此，本院认为，《合同法》第一百二十五条规定，当事人对合同条款的理解有争议的，应当按照合同所使用的词句、合同的有关条款、合同的目的、交易习惯以及诚实信用原则，确定该条款的真实意思。本案中，涉案合同的条款内容确定前经过了原、被告双方的多次修改，证明双方当事人对合同的内容进行了充分的协商，双方均应充分知悉合同条款内容。在知识产权归属条款部分，双方对共享雨伞设备以及儿童推车租赁设备的相关知识产权归属作出了不同的处理，约定与共享雨伞设备相关的知识产权属于被告所有，与儿童推车租赁设备相关的知识产权属于原告所有，并进一步明确约定被告不得申请儿童推车租赁设备的相关专利。因此，从涉案合同的词句表达以及相关知识产权条款内容判断，双方在签订合同时的真实意思表示应理解为本案合同所涉委托开发完成的儿童推车租赁设备的知识产权依约归原告所有。

【案例点评】本案是采购方和供应商在合作过程中出现的典型争议场景，合同条款中已经对知识产权归属作出了明确约定，并作出了不同的安排，但显然在合作过程中，仍然存在有违合同条款的情形，并在诉讼过程中对相关条款作出不同的解释，曲解了合同条款的真实意思。这也提示合作双方，关于知识产权归属的条款，应当尽量清晰，防止模糊不清，以防出现可乘之机，对自身利益造成损害。

4.1.4 同一产品多个供应商之间的专利侵权风险

部分企业为了保障供应链的安全，有意将同一产品按不同配比交由多个供应商进行供货。在此过程中，为了保证产品功能与效果的一致，采购方可能会将 A 供应商提供的样品交由 B 供应商开发、生产，而没有考虑到其中知识产权的授权与许可使用。当各供应商与采购方相安无事时，一般不会产生知识产权风险，而一旦采购方拟优化淘汰 A 供应商，或者减少 A 供应商的供应配比时，则 A 供应商可能就会站出来，向采购方或 B 供应商主张专利权。此时会对采购方的正常经营造成干扰，严重时也会影响到部分产品的正常销售。

4.2 企业采购中的商标管理

企业采购中也经常会出现商标争议，主要涉及三种场景：第一种是直接采购产品进行对外销售时，可能疏忽了对商标侵权的风险排查，从而卷入商标侵权纠纷，这主要发生在销售类企业、平台类企业、电商类企业中；第二种是委托加工时，在授权加工方（受托方，即贴牌加工）使用商标时，受托方超出许可范围加工产品，隐瞒不报并直接对外销售，此时可能会出现商标侵权的纠纷；第三种是国外企业委托国内企业加工产品时，国内企业按照客户指示贴附商标并在国内市场上销售或者对外出口时，可能出现商标侵权纠纷。

针对以上潜在纠纷，作为采购方，应注意防范风险：对于第一种场景，应注意商标风险排查，在产品对外销售之前，需要自行核实，以防侵权；对于第二种场景，企业应在委托加工时，对于商标的使用范围和使用数量进行严格且明确的约定，并在发现有侵权行为发生时，及时维权；对于第三种场景，国内企业在接受国外订单时，也应注意排查商标侵权风险，对于知名的商标品牌，应要求委托方提供权利证明，并通过签合同等方式来维护自身的权益。

【典型案例】某龙公司诉吴某邦修理店、某震公司侵害商标权纠纷案，（2017）浙 0110 民初 21323 号

【基本案情】某龙公司是第 15565957 号“时代力马”注册商标的商标权人，核定使用商品为第 12 类，包含自行车、脚踏车、机动三轮车、电动自行车等。2016 年 10 月 28 日，某龙公司出具《授权书》并与某震公司签订《贴

牌加工合同》，授权某震公司代为生产“时代力马”牌电动车，授权期限暂定1年，自2016年10月28日至2017年10月27日止，双方约定所生产的该品牌电动车由某龙公司统一销售，某震公司不得库存或销售贴牌电动车。同时约定：涉及“时代力马”商标的附件比如贴花、合格证（吊卡）、说明书、尾牌等，均由某龙公司委托某震公司代为制作采购，由某龙公司支付货款，在双方合作终止前，如果没有消化完开模具、贴标的配件、标签等，由某龙公司自行原价回购。授权期间，某龙公司共向某震公司下单生产时代力马电动车600辆，某震公司制作的销售发货单显示自2016年12月27日至2017年4月5日，共计向某龙公司发货563辆，尚有37辆未交付。经原告调查发现，某震公司擅自供货给吴某邦修理店也由其销售，结合浙江省杭州市余杭区市场监督管理局调查询问笔录及查扣清单显示的电动车数量及型号，上述车辆并非原告下单委托加工。庭审中，某震公司确认其向吴某邦修理店供货112辆。2017年6月2日，原告前往吴某邦修理店公证购买“时代力马”牌电动车一辆，经查看该电动车多处显示“时代力马”标识。某龙公司诉至法院请求判令吴某邦修理店、某震公司停止侵权并承担赔偿责任。吴某邦修理店辩称，从某震公司提供的证据显示其系经某龙公司的许可生产并销售，故不存在侵权行为。即便侵权成立，吴某邦修理店也不需要承担赔偿责任，其所售的“时代力马”电动车有合法来源。吴某邦修理店进货时查看了某震公司的营业执照及某龙公司出具的授权书，并支付合理对价。某震公司辩称，某震公司向被告吴某邦修理店的销售行为已经得到原告时任负责人朱某德的许可，故不构成侵权和违约。即便侵权成立，结合本案侵权行为的性质、持续期间、规模等及原告涉案商标的知名度较低等因素，原告诉请金额过高，缺乏事实和法律依据。

【法院观点】余杭区人民法院经审理认为，商标最基本的功能是识别区分商品来源和质量保证功能。商标使用行为最终由商标权利人控制与监督以保障商品的质量和商标盛载的商誉。本案中，某龙公司确认该112辆电动车并非其生产或授权生产，而根据公证购买公证书附图显示，被控侵权电动车车身、附件等多处使用的“时代力马＋盾牌”标识均起到识别商品来源的作用，属于商标使用行为，该标识与某龙公司涉案注册商标文字完全相同，构成近似商标；商品类别均为电动自行车，因此，涉案商品为未经某龙公司许可在相同商品上使用近似商标的商品，属于侵权商品。某震公司未经某龙公司授权擅自超数量生产“时代力马”电动车并对外销售，阻断了某龙公司作为“时代力马”商标权利人对该批电动车质量的监督与控制，属于侵犯某龙公司涉案商标专用权的行为。被告某震公司未举证证明其已经取得某龙公司许可授权，应承担停止侵权、赔偿损失的民事责任。被告吴某邦修理店销售涉案电动车的行为亦构成商标侵权，但其举证证明涉案电动车系其合法取得并说明提供者，故免予赔偿责任，但因其自认尚有库存，故应停止侵权。综上，余杭区人民法院依法判令被告某震公司、吴某邦修理店立即停止涉案商标侵权行为；被告某震公司赔偿某龙公司经济损失及合理费用共计 6 万元；驳回原告某龙公司的其他诉讼请求。本案业已生效。

【案例点评】本案是由贴牌加工引起的典型商标侵权案件，作为受托方的加工企业，并未严格按照合同约定，维护委托方的商标权益，导致出现侵权行为。这也提示加工方，不要存在侥幸心理，也不要为了蝇头小利而违背诚信经营的理念，否则最终还是会承担败诉和侵权赔偿的后果。

此外，作为采购方，经常存在注册商标、增加商标、许可商标、维护商标，以及为了维持商标而需要使用商标的需求，此时应关注以下几点：

（1）《商标法》第五十六条规定：“注册商标的专用权，以核准注册的商标和核定使用的商品为限。”因此，企业在经营中需要按照商标局核准的商标的样式进行商业使用，不得随意更改商标样式。同时，若企业需要扩展经营范围，则需要重新提交商标注册申请，并指定在相应的商品和服务项目上。

（2）《商标法》第四十九条第一款规定：“商标注册人在使用注册商标的过程中，自行改变注册商标、注册人名义、地址或者其他注册事项的，由地方工商行政管理部门责令限期改正；期满不改正的，由商标局撤销其注册商标。”因此，企业若发生本款规定的变更情形时，需及时办理相应变更手续，以免对企业造成损失。

（3）若企业的注册商标有意向许可他人使用，根据《商标法》第四十三条第三款的规定，许可他人使用其注册商标的，许可人应当将其商标使用许可报商标局备案，由商标局公告。商标使用许可未经备案不得对抗善意第三人，因此企业应当办理商标许可备案申请。

（4）根据《商标法》第三十九条和第四十条的规定，注册商标的有效期为十年，自核准注册之日起计算。注册商标有效期满，需要继续使用的，商标注册人应当在期满前十二个月内按照规定办理续展手续；在此期间未能办理的，可以给予六个月的宽展期。因此，企业应当及时办理续展手续，防止商标失效。

（5）《商标法》第四十九条第二款规定："注册商标成为其核定使用的商品的通用名称或者没有正当理由连续三年不使用的，任何单位或者个人可以向商标局申请撤销该注册商标。商标局应当自收到申请之日起九个月内做出决定。有特殊情况需要延长的，经国务院工商行政管理部门批准，可以延长三个月。"根据该款规定，商标注册成功后如连续三年不使用，任何人可向国家知识产权局申请撤销该注册商标。因此，企业应妥善保存注册商标的商业使用证据，如包含有该注册商标的合同、发票、提单等副本及进行宣传使用的广告、宣传册等。此外，需要注意，商标的使用，既包括将商标用于商品、商品包装或者容器以及商品交易文书上，也包括将商标用于广告宣传、展览以及其他商业活动中。商标使用是为了使相关公众将其作为商标识别，进而产生区分商品或服务来源的作用，不以区分商品或服务来源为目的的象征性使用不能认定为商标法意义上的使用。

【典型案例】李某生、国家知识产权局诉特种外科医院撤销复审案，（2019）京行终 8540 号

【基本案情】李某生不服原审判决，向本院提起上诉，请求撤销原审判决，维持被诉决定，其主要上诉理由为：1. 原审判决程序违法。原审庭审后，特种外科医院向原审法院提交了书面代理意见，多次提及"象征性使用"，但原审法院未及时将此意见送达李某生，直至原审判决作出后李某生通过查阅原审卷宗才得知该代理意见，原审判决完全采纳了此份代理意见中"象征性使用"的意见，原审法院违反了公开审判等原则。2. 原审判决将普通程序变为简易程序审理。国家知识产权局委托诉讼代理人只参加了 2019 年 3 月 11 日由审判长单独主持的法庭询问；李某生共到庭两次，第一次为 2018 年 11 月 9 日上午由合议庭组织开庭审理，但开庭时间仅 30 分钟。第二次为 2019 年 3 月 11 日由审

判长一人主持法庭询问。3. 广告中未显示相关服务机构及联系方式符合正常商业习惯，李某生打造的就是“HSS”医疗服务品牌；李某生与魏县人民医院所订立的许可使用合同是双方自愿订立的，无偿使用不影响正常商业习惯；关于制作机织商标标志和稿纸量少是出于勤俭节约文明公约要求，本着用多少、做多少、用完再做的原则；使用诉争商标的医疗文书除了原审判决认定外，还有李某生提交证据中多份手术同意书、病情交代告知书等。因此，李某生对诉争商标的使用不属于象征性使用。

【法院观点】商标的使用，包括将商标用于商品、商品包装或者容器以及商品交易文书上，或者将商标用于广告宣传、展览以及其他商业活动中。商标使用是为了使相关公众将其作为商标识别，进而产生区分商品或服务来源的作用，不以区分商品或服务来源为目的的使用不能认定为商标法意义上的使用。本案中，李某生用于证明对诉争商标于指定期间进行使用而提交的在案证据显示，李某生授权魏县人民医院自 2015 年 10 月 7 日至 2016 年 10 月 6 日期间使用诉争商标，李某生提交的部分医患双方不收和不送“红包”协议书、病情交代告知书等以及原审法院自魏县人民医院调取的四份医患双方不收和不送“红包”协议书与一份病情交代告知书显示使用了诉争商标，但此部分证据主要发生在指定期间的最后两个月，且数量有限。另外，虽然是魏县人民医院经许可使用诉争商标，却由李某生提供相关医疗用纸、机织商标等物品，不符合正常的商业交易习惯。李某生提出的出于勤俭节约文明公约要求以及用多少、做多少、用完再做原则显然无法作为魏县人民医院实际使用诉争商标的合理解释。尽管李某生持有执业医师证书，但诉争商标核定使用的服务为医院、整形外科等，考虑到当前医疗服务行业的准入资格等要求，此类服务一般无法以自然人身份提供，李某生于指定期间许可魏县人民医院使用诉争商标仅一年时间，并无证据证明诉争商标在此之前及之后存在实际的持续使用主体，而《中原商报》上发布的诉争商标宣传广告未体现服务提供主体及相关联系方式，所指向的服务亦不甚明确，此类宣传广告难以使诉争商标实现区分服务来源的作用，从而构成商标法意义上的使用。李某生在二审诉讼期间补充提交的证据中，部分知名商标所作广告宣传不体现商品或服务提供者，往往与此类商标本身具有极强的区分商品或服务来源的作用有关，相关公众可以明确知晓此类商标所使用的商品或服务，亦能准确了解商品或服务的提供者，而诉争商标显然与之不具有可比性。综合以上因素，李某生提交的在案证据不足以证明诉争商标于指定期间在核定使用服务上进行了公开、真实、合法的商业使用。原审判决认定李某生对诉争商标的使用属于象征性使用并无不当，本院予以确认。至于李某生在二审诉讼期间补充提交的其他证据，与诉争商标使用情况无关，本院不予评述。国家知识产权局及李某生的上诉主张，缺乏事实依据，本院不予支持。鉴于特种外科医院在原审诉讼期间补充提交了部分证据，并向原审法院申请调取魏县人民医院的部分病例档案，故本案一审案件受理费由特种外科医院负担，二审案件受理费由李某生与特种外科医院共同负担。综上所述，原审判决认定的事实清楚，适用法律正确，程序合法，应予维持。

【案例点评】商标连续三年未使用被撤销的情形，经常会发生，特别是对于有类似商标注册需求的竞争对手而言，如果出现障碍商标，申请撤销连续三年未使用的商标是一种常见的排除商标障碍的手段。此时，作为商标注册人而言，提供的商标使用证据就成为关键，但通常企业提供的证据可能并不充分或有说服力，因此导致败诉的局面。本案中李某生提交的在案证据不足以证明诉争商标于指定期间在核定使用服务上进行了公开、真实、合法的商业使用，因此败诉。本案也提示企业在采购等各种商业行为中，注意保留商标使用的有意义的证据，以防商标连续三年未使用而被撤销的风险。

4.3 企业采购中的版权管理

企业采购产品（包括服务）的过程中，应关注供应方的资质、价格、能力和商誉，特别是在知识产权（包括版权）方面的自身综合实力。这种综合实力体现在供应方在知识产权管理制度的规范性、自身的技术和创新实力、知识产权的布局和积累、知识产权的诉讼纠纷历史情况等各个方面。作为企业来讲，与供应方的合作，需要关注以下几个方面的版权管理工作。

4.3.1　采购对象和产品的版权侵权风险

如果供应方的产品本身存在版权风险，则企业在采购之后，同样会卷入版权风险之中，因此应关注采购对象和产品的版权侵权风险，在必要时进行基本的尽职调查工作。在版权尽职调查方面，可以通过要求供应方主动提供相关证明文件的方式来获取其版权相关的权属文件，并在必要时，可以通过公开途径查询其权利归属和登记情况，以核查其技术开发情况和作品登记情况。

如果涉及重要的商业合作活动，亦可委托律师事务所等第三方来进行更加规范的尽职调查工作。例如，在作品许可或者软件许可的场景之下，双方合作的重要标的就是作品或软件本身。作为企业采购方而言，购买的对象和产品的权属核实非常重要，此时可以委托第三方对其进行全面的核实，这种核实工作通常并不限于版权本身，而是包括企业资质、行业属性、其他知识产权等全方位的尽职调查工作。如果核查之后的结果表明，供应方的产品在知识产权（包括版权）方面存在重大瑕疵或风险，则企业应慎重考量是否进行采购或合作。这是因为一旦发生纠纷，则较大可能并不适用于合法来源抗辩。特别地，针对虚构版权等知识产权，试图进行许可或交易的供应方，应加强甄别力度，以防上当受骗。

【典型案例】北京某狐新媒体信息技术有限公司与宁波某派传媒股份有限公司著作权纠纷案，（2019）京 0491 民初 12655 号

【基本案情】涉案作品《售 6.68 万—10.18 万元一汽奔腾 X40 正式上市》由北京某狐新媒体信息技术有限公司（以下简称某狐公司）员工张某桐创作完成，根据某狐公司与张某桐的约定，涉案作品的著作权归某狐公司所有，其又将该权利授权给原告。原告发现，被告宁波某派传媒股份有限公司（以下简称某派传媒公司）未经许可擅自在其经营的网站“中国宁波网”（www.cnnb.com.cn）中，通过信息网络向公众提供作品《售 6.68 万—10.18 万元一汽奔腾 X40 正式上市》的在线浏览服务。“某狐汽车”是原告设立的汽车实时资讯新闻平台，涉案作品是原告花费了大量的时间和精力完成的，被告作为原告直接的行业竞争者，在其门户网站同样设立了“汽车”板块，并在其中直接侵权使

用原告的作品，其行为严重侵犯了原告的权益，并给原告造成了重大经济损失。原告为维护自身的合法权益，诉至法院。

【法院观点】本院认为，涉案文章包含文字作品和摄影作品，依法受著作权法保护。如无相反证据，当事人提供的涉及著作权的登记证书、底稿、公证书、合法出版物、取得权利的合同等，可以作为认定作品著作权的证据。在本案中，某狐公司主张享有著作权的依据主要是涉案文章首次发表，但被告某派传媒公司提交的证据中显示一张动力参数图片早于原告发布时间，原告某狐公司对此未进一步提供证据证明图片权属情况。因出现相反证据，本院对张某桐的自述存疑，但经本院多次释明要求张某桐本人到庭说明图片拍摄情况，原告某狐公司表示张某桐不到庭，以自述视频为准，并愿意承担由此可能产生的不利后果。某狐公司对主张的15张图片均未提交原图，根据本院向某狐公司工作人员核实图片来源的相关情况以及现有的相反证据，本院认为原告某狐公司仅以首次发表情况作为权属依据不足以证明其获得了涉案图片的著作权，应承担举证不能的不利后果，故本院对于原告某狐公司在本案中对涉案图片主张的相关诉讼请求不予支持。

【案例点评】本案中作为原告的某狐公司的版权权利出现了瑕疵，这显然与其员工张某桐有关联，因为被告某派传媒公司提交的证据中显示一张动力参数图片早于原告发布时间。因此，对于版权保护而言，企业应注意版权利益的保护，并约束员工的创作行为。而作为被告而言，一旦未能找到对自身有利的证据，则很可能败诉，本案具有特殊性，虽然被告获得有利诉讼结果，但也提示企业在经营网站时应加强管理，注意防范版权侵权风险。

【典型案例】天津自贸区法院对网络版权诉讼虚假陈述开出“罚单”[①]

【基本案情】2020年6月，原告某网络图片公司以被告未经许可在微信公众号使用了其享有著作权的摄影作品为由，将被告诉至法院，要求被告停止侵权，公开致歉并赔偿其经济损失和其他费用共计1万元。在案件审理过程中，原告主张案外人胡某系涉案摄影作品的著作权人，其经胡某授权取得了该摄影

① 载天津法院网，http://tjfy.chinacourt.gov.cn/article/detail/2020/09/id/5467519.shtml。

作品的复制权、发行权、信息网络传播权和单独以原告名义进行维权、提起诉讼的权利。但原告并未向法庭提交作品原图或著作权登记证书等可以证明其权利主体身份的证据，而根据被告提交的证据可以证实涉案摄影作品由俄罗斯籍水下摄影师 Alexander Safonov 于 2008 年在南非的海洋中拍摄。

【法院观点】法院经审查认为，原告作为经营图片版权的专业公司，在没有取得原图的情况下即以获得授权为由主张权利，属于虚假陈述，严重干扰了诉讼秩序，应予处罚，故依据《最高人民法院关于民事诉讼证据的若干规定》第六十三条的规定，天津自贸区法院对原告虚构作品版权进行诉讼的行为开出 10 万元“罚单”。这也是天津自贸区法院自 2019 年修正的《最高人民法院关于民事诉讼证据的若干规定》实施以来，开出的首张虚假陈述“罚单”。依法严惩网络版权诉讼中的虚假陈述行为，是严格公正司法、加大知识产权保护力度的应有之义。

【案例点评】近年来，涉及图片类作品的商业维权现象越发常见，同时许多案件也暴露出作品权利来源不清晰、授权不规范等问题。天津自贸区法院通过对虚构作品版权诉讼行为的严肃惩处，进一步彰显了知识产权保护司法职能作用，体现了维护网络版权产业健康、繁荣发展，营造稳定、公平、透明、可预期的法治化营商环境的努力。

4.3.2 采购合同中版权保护条款的注意事项

采购合同是企业商务活动中经常见到的商务合同，在采购产品（包括服务）时，除了约定采购对象、交付日期、交付方式、质检标准、付款方式等内容之外，还应特别注意约定包括版权等知识产权的相关条款。

通常来说，版权保护条款体现在两个方面：一方面，供应方应保证不会侵犯第三方的知识产权（包括版权、商标等），否则购买方应有权追责和追偿；另一方面，若企业基于供应方提供的版权内容，进行后续的开发或创作活动，则后续产生的所有知识产权（包括专利、商标、版权、商业秘密等）的权属应约定清楚，例如可以约定为由甲方所有。

在采购合同中版权保护条款的约定过程中，企业应当权衡自身在商业谈判中的地位，在地位弱于对方的情况下，为了获得商业机会，可以适当让步，例如对于后续改进产生的知识产权可以约定为共有。但若企业的谈判地位强于对方，也即市场上属于供过于求的状况，则购买方应利用自己的优势地位，在版权条款中更加强势，从而约定对自己更有利的版权保护条款，例如约定保证不侵犯第三方知识产权的条款、后续改进的知识产权归属于甲方。

相应地，采购合同中如果对版权保护条款未作约定，或者约定不明，经常会发生不必要的争议，为后续的商业合作纠纷埋下伏笔。而且一旦双方诉诸法院，也会由于条款内容不明，而使自己处于不利的诉讼地位，甚至出现败诉的情况。

【典型案例】河南某冠文化科技有限公司诉西安某唐西市商业管理有限公司侵害著作权纠纷案，（2016）陕民终646号

【基本案情】2015年6月15日，河南某冠文化科技有限公司（以下简称某冠公司）创作完成嘻多猴卡通动漫形象美术作品，2015年11月26日，该作品在国家版权局注册登记并取得登记号为国作登字-2015-F-00236557的《作品登记证书》。2015年9月5日，某冠公司创作完成了《嘻多猴卡通动漫形象变装设计2.0版》。2016年1月22日，河南省版权学会对其予以注册登记并颁发了登记号为16-11-2016-F-52的《作品登记证书》。2016年1月14日，西安某唐西市商业管理有限公司（以下简称某唐公司）与上海某浦雕塑艺术工程有限公司签订采购合同，约定由该公司向某唐公司提供46个玻璃钢材质的嘻多猴卡通雕像，样式以报价单上的图案为准。某唐公司支付了部分货款，上海某浦雕塑艺术工程有限公司按约供货。2016年2月，某唐公司在其经营的西市城购物中心以陈列数个立体卡通动漫形象雕塑的方式进行商业宣传活动。后某冠公司向某唐公司发出律师函。2016年3月7日，某唐公司回函说明了其陈列物品的来源并表示已暂停陈列。经比对，某唐公司陈列展示的立体卡通动漫形象雕塑，整体外形和视觉效果为类似猴的形象，与某冠公司涉案美术作品相比较，头部与身体的比例、面部构图的基本美术元素、造型与着色近似，底座均为白色，其中有与某冠公司16-11-2016-F-51号《作品登记证书》所涉作品高度近似的卡通动漫形象雕塑，以及与登记号为16-11-2016-F-52的《作品登记证书》所涉蜘蛛侠、美国队长、功夫熊猫以及戴绿色眼罩的嘻多猴

卡通动漫形象作品整体外观高度近似的卡通动漫形象雕塑。某冠公司诉请判令某唐公司：1. 立即停止侵权，并公开赔礼道歉、消除影响；2. 向某冠公司赔偿经济损失 5 万元；3. 向某冠公司赔偿为制止侵权行为而支付的合理开支 1 万元；4. 承担本案诉讼费。

【法院观点】本案中，某冠公司享有涉案美术作品的著作权，他人未经其许可，不得使用其涉案美术作品。因某唐公司在其经营场所陈列的卡通动漫形象雕塑与某冠公司涉案美术作品《嘻多猴卡通动漫形象四视图 2.0 版》和《嘻多猴卡通动漫形象变装设计 2.0 版》中的蜘蛛侠、美国队长、功夫熊猫以及戴绿色眼罩的嘻多猴卡通动漫形象进行比对，两者头部与身体的比例、面部构图的基本美术元素、外观与着色相似，主要特征基本一致，整体观察视觉效果基本相同，构成实质性近似，属于将某冠公司涉案立体美术作品中的形象以立体雕塑的形式予以表现的复制作品的情形，因此涉案被控侵权物品系复制某冠公司涉案美术作品的侵权物品，而某唐公司未经某冠公司许可，在商业经营中使用以复制方式形成的涉案被控侵权物品，已构成对某冠公司涉案美术作品复制权的侵害。某唐公司辩称其使用涉案被控侵权物品有合理来源，不应承担赔偿责任，但其不属于合法来源适用的情形。西安市中级人民法院一审判决：本判决生效之日起十日内被告某唐公司赔偿原告某冠公司损失（含合理费用）26000 元；驳回原告某冠公司其余诉讼请求。

【案例点评】本案中某唐公司在与上海某浦雕塑艺术工程有限公司签订采购合同时，对于 46 个玻璃钢材质的嘻多猴卡通雕像的版权侵权风险并无警醒意识。这些卡通雕像较大可能是由上海某浦雕塑艺术工程有限公司提供的设计图，而上海某浦雕塑艺术工程有限公司显然并没有获得版权许可，最终使得后续制作出来的卡通雕像也无法陈列出来。这提示委托方应注意采购合同中版权保护条款的约定，在加工方出现版权侵权时，应由加工方承担相应的侵权责任。

4.3.3　采购合同中版权条款约定纠纷的应对

一旦发生采购合同中版权条款相关纠纷，企业应综合考虑商业利益、诉讼成本、市场影响等各方面因素来综合进行权衡，以决策是否积极应对诉讼，抑或与对方开展谈判工作，使得采购合同能够继续履行或者及时终止。由于双方发生合同纠纷时，通常都会使得合作项目暂时中止，因此企业应当整体考虑该纠纷是否对自身利益产生较大影响。在决定应对诉讼时，企业应及时做好降低损失的预案，并在可能的情况下，引入新的合作方，以使企业的运营不会受到影响。

以软件服务采购合同为例，通常来讲，企业采购软件服务一般都是采用委托开发的方式来购买软件开发企业的服务。在项目合作过程中，由于软件验收出现问题导致双方出现争议的案例并不鲜见，此时双方会纠缠于合同履行是否按照双方约定，对方是否出现违约行为。如果旷日持久的纠纷导致双方心生怒火，则会极大影响项目的推进，后续软件上线、测试、试运行，以及交付工作都会受到极大干扰。因此，企业应当在决定应对诉讼时，及时引入第三方，从而及时止损，并保证项目能够继续进行下去，从而兼顾处理诉讼纠纷和项目开发运营工作。

在应对诉讼过程中，企业应当梳理证据，对合同履行过程中双方的争议点进行统筹考量，利用有利证据，证明对方存在违约或者侵权行为，从而为自己争取最优的诉讼结果。以软件开发合同为例，作为甲方，应特别关注软件性能指标是否满足招标文件或双方约定的交付或验收标准，在必要时引入第三方机构对软件功能进行测试或鉴定，从而增加胜算。但应当注意的是，如果软件开发合同的履行延迟的原因是由甲方导致的，例如甲方不断更改或变换其项目要求，则此时采购方应承担不利的诉讼后果，如果无法提供强有力的证据来说明原因，就可能出现不利的诉讼结果，作为采购方的企业应当特别注意。

【典型案例】北京中易游网络科技有限公司与北京盛世星辉网络科技有限公司计算机软件开发合同纠纷案，（2019）最高法知民终 433 号

【基本案情】2016 年 7 月 27 日，北京中易游网络科技有限公司（以下简称中易游公司）作为甲方与北京盛世星辉网络科技有限公司（以下简称盛世星辉公司）作为乙方签订了《软件开发合同》，约定：软件源码总费用为 16 万元人民币。甲方按开发进度分两个阶段向乙方支付。合同签订后 3 个工作日内，甲方向乙方支付开发款 13 万元人民币。乙方交付软件验收合格后，甲方向乙方支付剩余开发款 3 万元人民币。在双方发生履行纠纷之后，盛世星辉公司对

中易游公司人员与盛世星辉公司人员 QQ 聊天记录进行公证。根据聊天记录显示，盛世星辉公司对取得 gate 服务器列表、新建 / 修改昵称、取得游戏主页面信息、返回信息说明、玩家连接聊天、取得被告数据、角色升级、关卡记录、进入关卡、获取战斗信息（战斗数据）、衣服属性、邮件数据、角色专属属性等进行工作交流，仍获得中易游公司人员的回复，直至 2017 年 6 月 21 日双方仍就涉案软件的维护和开发进行协商。上述事实，有《软件开发合同》、公证书等予以证明，本院开庭笔录亦在案佐证。庭审中双方一致认可中易游公司已经向盛世星辉公司支付 13 万元。

【法院观点】关于中易游公司主张盛世星辉公司未按约完成项目，工作成果未交由中易游公司进行验收，构成违约的问题。中易游公司与盛世星辉公司的聊天记录显示，盛世星辉公司应中易游公司的要求，对涉案项目进行修改和维护，中易游公司多次提出修改及增加端口的要求，是导致合同履行超期的原因之一，并且盛世星辉公司的完成工作量与中易游公司的已付款项相当，综合考虑上述因素，对中易游公司要求返还已支付的开发款及利息的请求不予支持。在上诉之后，最高人民法院认为，盛世星辉公司不构成迟延履行，具体理由如下：其一，由于涉案合同双方在履行过程中未能及时协商制定《项目功能说明书》，不可避免地增加双方在对接磨合、相互探明意图过程中无谓耗费的时间成本，进而客观上加大了受托方不能如期交付软件的风险和难度。其二，二审庭审过程中，中易游公司和盛世星辉公司均确认合同履行过程中没有制订软件开发计划，而双方围绕应由何方制订软件开发计划的问题亦各持己见。由于涉案合同双方在履行的初始阶段未能及时共同制订软件开发计划，不可避免地造成后续软件开发过程出现前后端对接上的无序状态，人为增加了双方在协调工作进度上的时间成本，进而同样加大了受托方不能按期交付软件的风险和难度。其三，盛世星辉公司被要求修改或推倒重来，或是因为负责软件前端开发的中易游公司开发人员变动，新进人员未清楚了解前任人员与盛世星辉公司开发人员的沟通过程；或是因为中易游公司在履行过程中自行更改软件开发思路，新增需求事项。而涉案软件开发过程中缺乏《项目功能说明书》和软件开发计划的指引和约束，进一步加剧了前后端开发人员对接混乱的状态。其四，中易游公司在软件交付期限届满后仍在持续与盛世星辉公司就软件开发事宜保持沟通，并不断要求盛世星辉公司修改接口。可见，中易游公司以其实际行动表明，在软件约定交付期限届满后，其仍然希望继续推进合同的履行。立足于中立之理性人的观察立场，在案证据不足以证明涉案合同目的因盛世星辉公司的迟延履行而落空。综上所述，中易游公司的上诉请求不能成立，应予驳回。原审判决认定事实基本清楚，适用法律虽存在瑕疵，但裁判结果正确，本院在依法查明事实和纠正相关瑕疵后予以维持。

【案例点评】本案中，中易游公司数次修改需求，更改软件开发思路，导致软件开发合同的履行延迟，此时采购方应承担不利的后果。这也提示委托方在软件开发过程中应明确自身的需求定位，防止软件相关纠纷的产生。

4.4 企业采购中的商业秘密管理

企业在采购、生产活动中会牵涉信息的交换，因此对于商业秘密的保护也是企业在采购、生产活动过程中应关注的工作事项，具体包括以下内容。

4.4.1 合同签约前的准备和调研工作

企业在采购、生产活动中会签署各种合同，例如买卖合同、加工承揽合同、设备安装合同、建设工程合同、租赁合同、保管合同、仓储合同、运输合同、维修合同等。有些合同的签订及履行会知悉甚至使用企业的商业秘密，企业应注意在各个环节对商业秘密进行保护。

企业在签署合同前应注意做好以下调查及准备工作：一是判断合同目的和合同履行后的预期，确保采购、生产活动合法、合规；二是对合同相对方的资质、技术水平、诚信度等进行考察；三是对相对方的实际履约能力进行考察，判断其是否能够独立履约还是需委托第三人进行分包；四是考察合同相对方的保密措施，例如是否能够对采购、生产所需的涉密资料、图纸等采取加密、加锁、权限限制等足够保密的措施，并有相应制度和流程的支持；五是对于签约洽商过程中可能会涉及企业核心机密的生产、采购活动，可以在合同洽商初期先行协商保守商业秘密协议或条款，以确定保密信息知悉人员范围、保密信息在谈判中的交换方式及所采用的保密措施、保密期限、保密资料的返还或销毁、违约责任和赔偿责任等。

4.4.2　合同签约时的商业秘密保护注意事项

（1）根据交易类型完善商业秘密保护条款。企业在采购、生产活动中与交易相对方签订合同时，除在合同中明确商业秘密的内容和范围、各方保密义务外，还应注意以下事项：一是对合同相对方提出保密要求。比如要求合同相对方妥善保管物品和图纸，对知悉的商业秘密采取加密、加锁、权限限制等保密措施，并限定知悉人员的范围。特殊情形下，可禁止合同相对方拆箱（如保管、承运合同），当商业秘密为方法时，还应当特别约定实施方法时的现场维护。二是充分考虑拟签订合同类型的法律规定和实现条件，并调整相应的保密条款。例如按照法律规定在承揽合同的委托人未向承揽人支付报酬或者材料费等时，除非当事人另有约定，否则承揽人对完成的工作成果享有留置权①。在此情形下，企业若作为委托人一方，则应充分考虑己方履约能力，同时对留置权的行使权利及行使方式作出调整和限定，以防止商业秘密的泄露。再以买卖合同为例，合同中的货物规格型号、进货时间和进货渠道都可能成为竞争对手利用和分析的对象，用以推测企业最近的研发思路、进程和方向。因此当企业作为买方时，应特别约定卖方对上述内容的保密义务。三是充分利用“禁止反向工程”和“禁止反向破解”条款。当企业作为产品销售方或提供方，且交易对方为特定对象时，企业可要求合同相对方不得对标的物实施反向工程和反向破解，并约定相应的违约责任。四是注意在合同履行过程中对商业秘密的保守情况予以跟进，当一方发现可能出现泄密情形时，应及时提醒合同相对方，并采取相应补救措施。

（2）合同保密随附义务的适用前提是企业有效拥有商业秘密。按照我国法律规定，尽管当事人未在合同中约定保密义务，但根据诚信原则以及合同的性质、目的、缔约过程、交易习惯等，被诉侵权人知道或者应当知道其获取的信息属于权利人的商业秘密的，人民法院应当认定被诉侵权人对其获取的商业秘

---

① 《民法典》第七百八十三条：“定作人未向承揽人支付报酬或者材料费等价款的，承揽人对完成的工作成果享有留置权或者有权拒绝交付，但是当事人另有约定的除外。”

密承担保密义务[①]。由此可见，交易各方在合同签约、履行过程中对商业秘密的保守义务是一种法定的随附义务。但是，主张对方承担保守秘密的随附义务，应以商业秘密存在且被侵权一方为该商业秘密的合法权利人为前提，否则在主张商业秘密被侵犯时将难以得到法院支持。

【典型案例】江苏某乐地板有限公司与某梦迪木业（南通）有限公司侵害商业秘密纠纷案，（2020）苏民终1005号

【基本案情】某梦迪木业（南通）有限公司（以下简称某梦迪公司）、江苏某乐地板有限公司（以下简称某乐公司）自2015年起发生业务往来，某乐公司为某梦迪公司从事外包加工业务。2018年10月29日，某梦迪公司（甲方）与某乐公司（乙方）签订《外包加工保密协议书》一份，其中规定了保密义务与违约责任。2019年11月20日，某梦迪公司致函某乐公司，就其违反保密协议及侵权行为进行告知。2019年12月10日，某梦迪公司方李某蓉与某乐公司方某培培进行了电话沟通，对涉及保密事项的赔偿问题进行了商讨。2019年，某乐公司向某梦迪公司发送包含保密条款的协议，双方进行了多次磋商，最终某乐公司及某嘉公司（三方协议丙方）均在该协议上加盖了印章。

2020年1月13日，某乐公司向某梦迪公司出具《催款函关于撤销“邀约”的声明》，其主要内容为：经调查研究贵公司指控我司涉嫌违反《外包加工保密协议书》事件始末，认为本公司不构成违约，我司现撤销日前向贵公司发出的“协议”。贵公司尚欠我公司自2019年7月1日至2019年11月30日货款共计人民币440861.04元，根据双方所签署的合同（协议）约定，贵公司的付

---

① 《民法典》第五百零一条：“当事人在订立合同过程中知悉的商业秘密或者其他应当保密的信息，无论合同是否成立，不得泄露或者不正当地使用；泄露、不正当地使用该商业秘密或者信息，造成对方损失的，应当承担赔偿责任。”《最高人民法院关于审理侵犯商业秘密民事案件适用法律若干问题的规定》第十条：“当事人根据法律规定或者合同约定所承担的保密义务，人民法院应当认定属于反不正当竞争法第九条第一款所称的保密义务。当事人未在合同中约定保密义务，但根据诚信原则以及合同的性质、目的、缔约过程、交易习惯等，被诉侵权人知道或者应当知道其获取的信息属于权利人的商业秘密的，人民法院应当认定被诉侵权人对其获取的商业秘密承担保密义务。”

款期已经届至。现贵公司已逾期付款，对我公司的资金安全与正常经营已经造成影响。有鉴于上述，请在收到此通知书后3天内将上述逾期未付的款项全额汇至我公司账户。经通知贵公司仍逾期的，本公司将通过法律途径或其他合法方式催收解决，届时可能造成贵公司不良影响，并将有损贵公司诚信形象。

某梦迪公司向江苏省南通市中级人民法院起诉，请求判令：1. 某乐公司向某梦迪公司支付违约金人民币50万元；2. 某乐公司赔偿某梦迪公司为追究违约责任支付的律师费35000元；3. 本案诉讼费用由某乐公司承担。江苏省南通市中级人民法院经审理，作出（2020）苏06民初401号民事判决。

某乐公司不服，向江苏省高级人民法院提起上诉，江苏省高级人民法院经审理，于2021年3月8日作出（2020）苏民终1005号民事判决，驳回上诉，维持原判。

【法院观点】某梦迪公司、某乐公司在2018年10月就合作事项专门签订了《外包加工保密协议书》，对合作过程中涉及的技术资料、产品样品、传真邮件、经营信息、财务信息等不为公众所知悉的内容进行保密约定，并约定了违反保密协议的责任。而关于某乐公司是否违反保密协议的问题，某梦迪公司、某乐公司在2019年12月10日进行了电话沟通，在之后双方还和某嘉公司一起拟定了涉案的三方协议，且某乐公司与某嘉公司均在该三方协议中盖章。虽然因某梦迪公司未盖章导致该三方协议未生效，但是综合考虑该三方协议内容、涉案《外包加工保密协议书》以及某梦迪公司、某乐公司之间的电话沟通内容、某乐公司与某嘉公司之间存在的关联关系等因素，可以确定在本案诉讼之前，某乐公司对其实施了违反保密约定行为的事实并无异议。某乐公司在一、二审中均抗辩其系为了尽快要回货款而作出的妥协，该观点与上述事实不符，故在某乐公司未进一步提交相关证据的情形下，一审法院认定某乐公司存在违约行为正确，某乐公司关于其并不存在违反保密约定行为的上诉理由不能成立，本院对此不予采纳。根据某梦迪公司、某乐公司签订的《外包加工保密协议书》约定，如某乐公司存在违约行为，须承担20万元的违约金。因某梦迪公司的实际损失及某乐公司的具体获利均难以计算，故一审法院参照涉案三方协议中约定的赔偿金额并综合考虑本案的其他因素，酌情确定6万元的赔偿额，并无不当。

【案例点评】企业生产过程中同样存在商业秘密泄露的风险。本案某梦迪公司与委托加工方基于业务往来订立了保密协议书，就商业秘密的保密义务和违约责任进行了约定。在委托加工方某乐公司出现违约行为后，该份协议即作为被侵权人提出主张的重要依据。因此，建议企业针对业务往来中可能泄露商业秘密的风险环节，提前拟定相应的保密条款或保密协议，当发现可能存在泄密风险时，应注意及时提醒合同相对方，并采取相应留痕、存证和补救措施。

第五章

企业销售中的知识产权管理

销售是企业的产品或者服务真正实现价值的时机，也是企业与客户进行直接交流的时机。因此，销售环节是知识产权风险的高发环节，做好包括专利、商标、版权、商业秘密等相关的知识产权管理工作，对企业销售至关重要。

5.1 企业销售中的专利管理

企业销售中的专利管理体现在销售的各个环节，以下从销售的各个环节出发，对需要注意的专利相关问题进行详细说明。

5.1.1 销售前的专利管理：做好 FTO 分析

自由实施尽职调查（Free to Operate，FTO），是指为确定一项技术或者一个产品能否在一定的前提下不受第三方知识产权（主要是专利权）的阻碍而能够实施所进行的法律尽职调查。FTO 主要解决三个问题：能做什么、在哪里能做、什么时候能做。

通常企业在如下情形时进行 FTO：（1）在产品 / 技术开发立项之前或者开发的过程中；（2）在产品 / 技术的开发后期或者销售前；（3）在融资或并购过程中；（4）产品或技术许可或转让。

目前来看，能够在研发之前即进行 FTO 的企业并不多，更多的是在产品或者服务即将推向市场前，此时企业管理者要求通过 FTO 了解即将上市产品的侵权风险程度。在此阶段，产品或者服务的总体设计已经完成，项目成果已经十分明晰，这时候企业可以通过进行 FTO 分析，对于项目高度相关专利作出筛选并进行风险评估。

在评估过程中，企业可以根据 FTO 分析结果和建议，对产品上市前的专利风险进行了解，并进行有针对性的商业活动。如果产品确实存在一定的风险，而当前技术方案仍有改动空间，有规避风险的可能，则企业此时可以在产品上市前进行技术改进，以规避可能的专利风险。但如果没有规避的可能，则企业此时可以根据产品所在地、产品行业特性等因素，进行进一步的专利赔偿风险评估，以最终确定产品是否仍要进行商业销售。

需要说明的是：对于企业的生产经营而言，绝对规避风险可能并不现实。这是因为一方面 FTO 分析存在局限性或者主观性，另一方面市场和市场主体也存在不确定性，过度地规避风险在某种程度上就意味着丧失机会。尤其是对于中小企业而言，如何能够在最快的时间将产品投入市场，取得市场上的成功才是企业生存下去最大的需求。因此，企业需要在专利侵权风险和公司稳健经营两方面进行平衡考虑。

FTO 检索分析涉及技术分析和法律判定，是一项专业性较强的工作，通常在律师事务所或者专利代理机构的协助下进行。代理机构提供检索报告，在检索报告中标定出高相关专利，以及产品相对于专利的侵权风险高低。企业根据检索报告获得可能侵犯专利权的相关专利信息，制定应对策略以避免陷入专利侵权诉讼。其中，潜在的应对策略主要包括以下几种：

（1）规避设计：通过改进产品的设计方案，避开侵权专利的保护范围。规避设计的方法包括：省略权利要求中的某些技术特征、改变权利要求中的某些技术特征、选择专利权人在意见陈述过程中明确放弃的技术方案，或仅记载在说明书中而未在权利要求中保护的技术方案。

（2）无效侵权专利：分析目标专利的稳定性，如果稳定性不高，则对该专利发起无效宣告请求。无效宣告请求可以在产品上市前发起，也可以在收到专利权人的专利侵权警告函后发起。

（3）许可或收购：与专利权人进行许可或收购谈判，以保证自由实施专利方案。与被诉后进行被动谈判相比，主动进行许可或收购谈判可以使企业能够占据主动地位。

5.1.2 广告等宣传行为中的专利管理

广告的主要目的是宣传，但其中也会含有企业的专利、产品或者经营信息，因此企业在广告发布之前要对这些内容进行甄别，需要特别注意以下方面：

（1）是否有披露未公开的专利信息或者技术秘密信息的风险。

（2）在对产品进行宣传过程中是否涉及产品的技术内容，这些技术内容是否会被专利权人作为侵害专利权的证据。

（3）在涉及销量的广告宣传内容中，要特别注意所宣传的商品是否存在专利侵权的风险。尤其要注意的是，如果商品被判定侵犯专利权，则所宣传的销量有可能作为自认的计算赔偿额的依据。

（4）杜绝涉及专利的不规范的广告行为，例如：对于非专利产品，标注专利产品；专利已经递交申请，暂时还没获得授权时，应注意标注规范；专利已经到期，继续标注专利号；标注他人专利号。此外，如果在广告中不规范使用“专利”等词汇（例如“国际专利”），有可能会违反《专利法》和《广告法》，造成不必要的损失。

5.1.3 展会中的专利侵权纠纷

随着我国对知识产权保护力度的不断加强，展会知识产权保护也逐渐引起各参展商的重视。然而，与其他类型的侵权行为不同，知识产权侵权行为的取证存在专业性强、难度大等特点。因此，在展会的参与者当中，无论是作为参展者，还是作为欲维权的专利权人，都需要做好充足的准备。

（1）作为欲维权的专利权人的专利管理

用于维权的专利是展会维权的权利基础，对所涉专利权进行全面调查研究是整个维权行动的前提。而全面调查研究的核心就是对专利技术方案的深入理解。因此，专利权人需要熟读专利权利要求书和说明书，深入理解专利技术方案。

进一步地，由于在展会维权中需要在较短时间内向展会管理人员解释专利侵权，因此，建议专利权人采用表格形式，以每项专利权为单位，将所有权利要求划分出的技术特征列为一列，然后对应地将专利产品上相应部分通过在图片或照片上以直接标注的形式来显示出与所划分的技术特征相对应的内容。这样，一来自己能够快速判断展会产品是否侵权，二来还可以帮助展会管理人员进行侵权判断。

最后，在展会维权时，需要准备相应的材料。每个展会对知识产权侵权纠纷投诉立案材料的要求略有不同，一般展会投诉时包括以下材料：①权利基础证明，如：专利证书；②专利权人身份证或营业执照副本，或者是利害关系人的身份证或营业执照副本，另需有证明属于可单独进行投诉的利害关系人的证明材料，如：专利权独占许可协议；③专利权法律状态证明材料（一般为专利登记簿副本）；④现场维权律师的授权委托书、所函或介绍信；⑤展会投诉书或投诉表格（事先在展会官网下载或直接向展会举办方索取）。

（2）作为参展人的专利管理

当然，作为参展人，也希望自己的展览能够顺利进行，达到预期的宣传效果。在这个过程中，就需要对专利权人的展会维权行为做好应对准备。

调查并评估参展产品的专利侵权风险是做好应对准备的第一步，即收集所涉参展产品过往被起诉、投诉的历史（包括对网上电商的侵权投诉），整理出风险专利的列表，并针对该风险专利进行研究、分析。在销售之前所做的 FTO 分析的结果，此时可以作为确定风险专利的重要依据。

在找到风险专利并有针对性地进行研究、分析之后，企业还需要结合参展产品制定应对预案，一般分三个层次进行：

第一层次，将参展产品与风险专利进行侵权比对。如发现明显不符合全面覆盖原则的，记录并标注出参展产品上缺少的相应技术特征或与风险专利相应技术特征不相同也不等同的技术特征，以便用于在展会现场做不侵权抗辩。

第二层次，如果经过侵权比对，发现有些技术特征比对结果属于构成等同的边缘模糊地带，有较大争议空间的，则需将不构成等同的理由一一列出，并提供相应法律依据及证据，以使在现场用到时能信手拈来。

第三层次，如果经过侵权判断，结果是构成侵权，则需根据权利人的具体情况准备若干应对方案，一般可供选择的方案主要包括：①事先寻求授权许可；②调查风险专利权利人的参展产品是否构成对企业自有专利权的侵权，如可能构成，则可寻求交叉许可，也可在展会上形成默契，互不侵犯；③在展会开始前针对风险专利提起无效宣告请求并获得受理通知书，根据相关法律规定和展会制度，使其不能在展会上进行维权；④事先对参展产品方案进行改动，使其不落入风险专利保护范围，例如：在不影响参展产品整体外观的前提下，拿掉或改掉一个或多个相应的必要技术特征，保证产品展出顺利，不受干扰[①]。

（3）展会中的知识产权纠纷案例

作为示例，以下给出展会中的知识产权纠纷的案例，供参展人或者欲维权的专利权人参考。

【典型案例】某克国际家居用品股份有限公司展会维权案

【基本案情】某克国际家居用品股份有限公司（以下简称某克家居）系专利号为ZL201430548182.7、专利名称为柜（CON–2–客厅小柜）的外观设计专利的专利权人。在第三十九届中国（广州）国际家具博览会中，某克家居派出维权工作组发现多起侵犯某克家居旗下品牌知识产权的行为，被仿制产品高达几十件。东莞家具展上位于9号馆L2D27–D28展位的浙江春蕾家具有限公司大肆抄袭某克家居旗下品牌Caracole和某克美家产品高达十余件，广州展上的沈阳依普瑞森家具有限公司、中山市佳之艺家具有限公司、深圳市东佳利五金有限公司（东佳利家具）、台州迪威斯家具有限公司、福兴隆家私有限公司（深圳）及FOCUS CASA（东莞）家具公司，抄袭某克家居多件产品的外观设计，严重侵犯了某克家居产品的外观设计专利权。发现抄袭行为之后，某克家居维权小组立即到展会现场的知识产权投诉站进行投诉，并且提供了涉嫌侵权产品的专利证书等相关证明文件。最终，展会知识产权投诉站专家组认定以上公司涉嫌侵犯某克家居知识产权，并要求侵权公司对侵权产品进行下架撤展或全部遮盖，不得再次展出。

【案例点评】展会维权是企业知识产权维权的常见途径，做好充足的准备，可以有效地达到展会投诉的目标，从而打击侵权，维护自身的权益。

---

① 刘兴彬：《展会专利维权该如何提前准备？》，载微信公众号“IPRdaily”，2017年5月24日。

【典型案例】金华市世鑫休闲用品有限公司与广宗县悦诚儿童玩具厂实用新型专利侵权纠纷案，（2020）最高法知民终1838、1806号

【基本案情】金华市世鑫休闲用品有限公司（以下简称世鑫公司）是专利号为201420522206.6、专利名称为“车把杆折叠机构”实用新型专利的权利人，该专利应用于滑板车。2019年11月，在河北省邢台市平乡县召开的第十二届中国北方（平乡）国际自行车、童车玩具博览会上，专利权人对多家展位销售、许诺销售涉嫌侵权的滑板车产品的情况进行了公证取证，随后提起两起诉讼。

【法院观点】在（2020）最高法知民终1838号案中，参展商广宗县悦诚儿童玩具厂（以下简称悦诚玩具厂）无正当理由未出庭应诉且未提供反驳证据，二审法院根据被诉侵权产品自身随附的信息，结合公证取证的名片中记载的内容、悦诚玩具厂经营范围，认定悦诚玩具厂为制造、销售、许诺销售侵权行为的侵权主体，并应承担相应民事责任。而同一展位的参展商平乡县舒贝儿童玩具厂（以下简称舒贝玩具厂），积极到庭应诉并积极举证，提交了租赁协议、微信聊天记录、转账凭证等证据。法院经审查认定，前述证据能够证实舒贝玩具厂与悦诚玩具厂之间系展位租赁关系，且其主观上不具有与悦诚玩具厂共同侵权的意思联络，再考虑到判断被诉侵权产品是否构成专利侵权对其而言难度较大、审查义务过重，故认定在案证据不足以认定舒贝玩具厂存在帮助悦诚玩具厂实施侵权行为的故意或明显过错，舒贝玩具厂不构成销售、许诺销售的共同侵权，不应承担相应民事责任。在（2020）最高法知民终1806号案中，虽然两参展商邢台市硕童儿童玩具有限公司（以下简称硕童公司）、平乡县优泰童车厂（以下简称优泰童车厂）主张他们是与案外第三人共同租赁展位，实际从事销售、许诺销售被诉侵权产品的是案外第三人，产品亦非他们制造，但二审法院认为，两参展商提供的证据未披露第三人的真实情况，未就其所主张的租赁事实提供充分证据予以证实，对于未从事销售和许诺销售行为的抗辩理由不予支持。又因硕童公司、优泰童车厂未举证被诉侵权产品的合法来源，在二者均具有生产资质的情况下，认定被诉侵权产品由硕童公司、优泰童车厂制造，并且硕童公司、优泰童车厂应当就其侵权行为承担连带责任。在涉及在展会上销售、许诺销售侵害专利权产品的案件中，要厘清不同主体的行为性质，既坚决贯彻保护权利人利益的宗旨，又切实考虑市场经营活动的复杂多样性，着重

以直接侵权人为主要侵权打击对象，并促使当事人诚实守信、积极举证。当事人违反诚实信用原则，在诉讼过程中不披露也不举证真正侵权人的情况下，结合其他客观事实，人民法院可以推定侵权行为成立，由相关责任人承担相应的不利后果。

【案例点评】两起侵权案件中，均涉及参展主体是否为侵权主体的认定。两案中被诉侵权参展者均提出存在合租展位的情况，一案当事人积极举证，根据其提交的证据可以认定直接侵权人，故认定其并非共同侵权人，不承担法律责任；另一案当事人未就其主张的事实提供证据，在无法区分参展者行为的情况下，认定其为共同侵权人并判决其承担相应法律责任。

5.1.4 单纯销售行为的专利侵权纠纷

不从事生产制造，只是在销售环节提供产品给客户的销售者同样需要关注知识产权风险，这其中涉及两方面的关系：

（1）销售者（供应商）与下游客户之间的关系

在这种情况下，销售者将产品销售给下游客户，如果下游客户在再销售或者使用过程中出现了知识产权纠纷，销售者如何控制自己的风险？

由于越来越多的下游客户希望销售者替自己解决专利侵权问题，因此会在供货合同中设置侵权赔偿条款。但从销售者的角度看，侵权赔偿条款怎么定，要结合具体的产品情况而定。如果产品为非标准件产品，其全部设计由下游客户决定，那么销售者可以少承担甚至不承担专利侵权赔偿责任；如果产品是标准件产品，即使销售者同意了为下游客户提供全部侵权赔偿，也最好在合同中明确约定。

（2）销售者与上游供应商之间的关系

①作为销售者，其最重要的风险规避方式是将风险转移给上游供应商

《专利法》第七十七条规定了专利侵权产品销售者免予赔偿责任的合法来源抗辩："为生产经营目的使用、许诺销售或者销售不知道是未经专利权人许可而制造并售出的专利侵权产品，能证明该产品合法来源的，不承担赔偿责任。"这为销售者规避侵权风险提供了合法的途径，建议销售者保留好相关证据，以在诉讼中维护自身权益。

【典型案例】宝蔻（厦门）卫浴有限公司与佩龙门市实用新型专利侵权纠纷案，（2019）最高法知民终118号

【基本案情】专利号为ZL20122023××××的“一种阀体一体式结构的双开关恒温阀”实用新型专利权人为崔某，专利申请日为2012年5月13日，授权公告日为2013年3月20日，2016年5月13日该专利权转移至宝蔻（厦门）卫浴有限公司（以下简称宝蔻公司）。佩龙门市为个体工商户，经营者为武某磊。佩龙门市经营期间一直与山东蒙阴浴尔源卫浴设备厂有业务往来，其从该厂以35元/个的价格购买了30个被诉侵权产品，直至知悉该产品被诉侵权时一共销售6个。在答辩期间，佩龙门市提供了《销售出货单》。《销售出货单》显示，2016年4月11日，武某龙购买“开心果（上水）”30个，送货地址为“河北省邯郸市馆陶县魏征路陶山亭广场南200米路西”，《销售出货单》盖有“山东汇恒卫浴设备有限公司”公章，电话：0539-35××××。宝蔻公司主张由佩龙门市承担赔偿责任。

【法院观点】一审法院认为，宝蔻公司涉案专利权受法律保护。佩龙门市销售的涉案产品“开心果恒温阀”包含涉案专利权利要求1的全部技术特征，落入其专利权保护范围，应当承担停止侵害的责任。佩龙门市提交了《销售出货单》，根据涉案产品的价值及交易惯例，可以认定佩龙门市销售的涉案产品有合法来源，不应承担赔偿责任。二审法院维持了一审法院的判决。

【案例点评】在本案中，最高人民法院明确了专利侵权案件销售者合法来源抗辩的成立要件：销售者合法来源抗辩的成立，需要同时满足被诉侵权产品具有合法来源这一客观要件和销售者无主观过错这一主观要件，两个要件相互联系。如果销售者能够证明其遵从合法、正常的市场交易规则，取得所售产品的来源清晰、渠道合法、价格合理，其销售行为符合诚信原则、合乎交易惯例，则可推定其无主观过错。此时，应由权利人提供相反证据。在权利人未进一步提供足以推翻上述推定的相反证据的情况下，应当认定销售者合法来源抗辩成立。

②经销商与生产商关于合理注意义务程度的不同

在实际的销售过程中，可能包括多个销售环节，即A生产后销售给B，B再销售给C，C再销售给D……并且，某些生产者也兼做销售业务，在这种情

况下，不同的身份所需要负担的注意义务可能不同。

【典型案例】和力泰公司与速锐公司、快女公司实用新型专利侵权案，（2019）最高法知民终25号

【基本案情】涉案专利为ZL201420443××××“包装机”，专利权人为和力泰公司，专利权合法有效。2017年7月11日，广东省广州市花都区知识产权局（以下简称花都区知识产权局）在广州市花都区商业大道241号就和力泰公司请求处理快女公司涉嫌侵犯涉案专利权纠纷一案进行现场勘验、检查，现场有正在使用的立式面膜机5台。快女公司法定代表人李某彦确认正在使用5台涉嫌侵犯和力泰公司涉案专利的产品，该产品从速锐公司购买，每台单价6.5万元，没有库存。快女公司不清楚被诉产品的专利权利状态，亦不清楚被诉产品涉嫌侵害和力泰公司的专利权。和力泰公司指控速锐公司制造、销售和许诺销售侵权产品，快女公司使用侵权产品。速锐公司辩称侵权产品具有合法来源，来源于鑫进公司，并提交了购销合同、收据、微信转账记录和证明等为据。

【法院观点】一审法院和二审法院的共同观点：1. 被诉侵权技术方案具备涉案专利权利要求1的其他技术特征，故被诉侵权技术方案具备和力泰公司专利权利要求1的全部技术特征，落入专利权保护范围。2. 依据快女公司提供的合法来源证据，快女公司使用的侵权产品具有合法来源，且其已支付该产品的合理对价，故无须停止使用该侵权产品。

一审法院和二审法院的不同观点：一审法院认为，依据速锐公司提供的证据，可认定本案中速锐公司销售、许诺销售的侵权产品来源于鑫进公司，但速锐公司作为销售机械设备行业内的厂商，对所销售的设备是否涉嫌侵权应有较高注意义务，其因未尽该义务导致销售侵权产品，不符合合法来源抗辩“不知道”之主观要件，其赔偿责任不应免除，故判定速锐公司一次性赔偿和力泰公司15万元。二审法院认为，速锐公司所提交的相关证据能够证明其销售的侵权产品是其以正常市场价格和方式购买自案外人鑫进公司，故速锐公司已证明其销售的产品具有合法来源，并且可推定速锐公司销售侵权产品的行为并无主观过错，因此应当认定速锐公司提出的合法来源抗辩成立，其不应当承担相应的赔偿责任。在合法来源抗辩成立的情况下，权利人为获得停止侵权救济的合

理开支仍应得到支持，酌定和力泰公司为本案支出的合理开支为3万元。

【案例点评】1.关于注意义务的程度，对于兼具生产能力的销售者，一审法院的观点给我们敲响了警钟，其作为本行业领域的参与人员，不同于普通的销售者，是否应当承担责任，承担多大的责任，承担的是单独责任还是连带责任，在法律界仍然有不同的理解，为了规避风险，此类特点的企业还是需要提高警惕，多尽注意义务。2.关于合法来源抗辩成立的情况下，是否还需要承担专利权人为制止侵权所付出的合理开支。最高人民法院认为，合法来源抗辩仅是免除赔偿责任的抗辩，而非不侵权抗辩。合法来源抗辩成立，并不改变销售侵权产品这一行为的侵权性质，而维权合理开支系基于侵权行为而发生，故在合法来源抗辩成立的情况下，权利人为获得停止侵权救济的合理开支仍应得到支持。

③经销商作为贸易型企业，很难评估专利风险有多大，最好的办法是与所有的供应商分别签一份《专利侵权免责协议》，把风险转嫁给真正的侵权方。当然也并非签了《专利侵权免责协议》就高枕无忧了，最现实的方法就是让上游供应商提供保证金。这是因为靠模仿抄袭为生的小厂家随时都有被法院执行而破产跑路的风险。在这种情况下，有保证金在手，销售者的风险才能得到根本控制。

5.1.5 电子商务中的专利侵权纠纷

在电子商务交易中，电商平台、网店、消费者形成了交易三方。在电子商务领域的专利保护中，电商平台、网店卖家、专利权人形成了利益迥异、相互缠斗的博弈三方。

对于专利权人而言，一方面，其作为受害者需要通过直接投诉或者“通知—删除”规则追究网店卖家或者电商平台的侵权责任。另一方面，专利权人又可能存在滥用“通知”的可能。对于电商平台而言，如果对专利权人“通知”阳奉阴违就有可能偏袒网店卖家，但如果一味迎合专利权人也很有可能“错杀”网店卖家，从而影响自身利益。对于网店卖家而言，一方面可能是借助电商平台大肆实施专利侵权的始作俑者，另一方面也可能成为专利权人滥用“通知”

的受害者。

在电子商务专利侵权领域，平台收到的侵权投诉数量很大。而发明、实用新型专利都具有较强的技术性，理解专利的权利要求以及进行全面覆盖或者等同侵权判断，需要具备一定的技术背景知识与专利法律知识。法院审理一件专利侵权纠纷案件往往需要半年以上，如果要求电子商务平台的法务人员在短时间内完成判断并作出及时反应，非常困难，通常来说，只可能进行形式性审查，难以要求其完成实质性审查。

面对电子商务环境下的专利侵权，电商平台最常用的抗辩理由是适用“避风港”原则。当电商平台对于专利侵权行为尚未处于明知或者应知状态时，需要适用“通知—删除”规则来规避责任。经过多年摸索，《电子商务法》第四十二条、第四十三条创设的“通知—删除”新“四步法”成为电子商务活动中涉及知识产权纠纷的标准处理程序。

电子商务领域中的“通知—删除”新“四步法”具体而言是指：

（1）专利权人发现电商平台上网店销售的商品侵犯了自家的专利权，向电商平台发送通知。此处的通知，需要具有权属证据、侵权证据、联系方式及技术特征比对表，才能视为“合格通知”。

（2）电商平台在接收到通知之后，立即删除相关商品链接，同时发送通知至相关网店。

（3）网店在收到通知之后，如果认为相关商品并未侵权，可以向电商平台发送反通知，说明相关情况。

（4）电商平台在收到反通知之后，转送此反通知，并视专利权人是否在15日内投诉或起诉，决定是否恢复。在该步骤中，电商平台不再在接到网店反通知（即“声明”）后，立即恢复此前被删除的信息，而是告知专利权人进行投诉或起诉，只有当专利权人在规定的15日内不投诉或不起诉的，才恢复此前被删除的信息。换言之，一旦专利权人在15日内投诉或起诉，那么此前被删除的信息在投诉或起诉事项被处理完毕之前将不会得到恢复[①]。

① 王自栋、马远超：《电子商务领域专利保护之“三方博弈”》，载微信公众号“知产力”，2018年12月4日。

【典型案例】威海某易烤生活家电有限公司与永康市某仕德工贸有限公司、浙江某猫网络有限公司专利权纠纷案,(2015)浙金知民初字第148号、(2015)浙知终字第186号

【基本案情】威海某易烤生活家电有限公司(以下简称某易烤公司)是名称为"红外线加热烹调装置"发明专利的专利权人,该专利于2014年11月5日获得授权。某易烤公司认为永康市某仕德工贸有限公司(以下简称某仕德公司)在天猫网上销售的烧烤炉侵犯其上述专利权,浙江某猫网络有限公司(以下简称某猫公司)在其发送侵权投诉的情况下未采取有效措施,应共同承担侵权责任。

【法院观点】浙江省金华市中级人民法院认为某仕德公司的产品侵犯某易烤公司专利权,某易烤公司提交的投诉材料符合某猫公司的格式要求,某猫公司仅对该材料作出审核不通过的处理,其并未尽到合理的审查义务,也未采取必要措施防止损害扩大,应对损害扩大的部分与某仕德公司承担连带责任,故判决某仕德公司立即停止销售侵权产品,赔偿某易烤公司经济损失15万元,某猫公司对其中5万元承担连带赔偿责任。某猫公司不服提起上诉,浙江省高级人民法院认为,某易烤公司的投诉符合《侵权责任法》规定的"通知"的基本要件,属于有效通知。某猫公司接到投诉后未及时采取必要措施,一审判令其就损失的扩大部分承担连带责任并无不当,故维持一审判决。

【案例点评】本案涉及网络平台销售侵害专利权产品时如何界定其责任的问题。由于专利侵权并非显而易见,二审判决认为《侵权责任法》规定的"必要措施"并不限于删除、屏蔽、断开链接,而应根据所侵害权利的性质、侵权的具体情形和技术手段等综合确定,但是,将投诉材料转达被投诉人应当是必要措施之一,并在此基础上认定本案中某猫公司未采取必要措施。本案借鉴了著作权领域的"通知—反通知"机制,在保护权利人利益的同时,也有助于防止其滥用投诉机制,既考虑到权利人和被投诉人之间的利益平衡,也有利于电子商务平台的健康有序发展。

5.1.6 非典型销售行为的专利侵权纠纷

随着科技的发展,除了电商平台之外,还出现了越来越多的销售形式,例

如直播带货、众筹等。在这些销售形式中，同样需要关注其中的知识产权风险，特别是专利侵权纠纷风险。

【典型案例】某疆公司与某映公司外观设计专利侵权纠纷案，（2020）粤03民初276号

【基本案情】原告某疆公司于2018年6月29日向国家知识产权局申请了名称为“云台相机”的外观设计专利，并于2018年12月25日获得该专利的公告授权。同时，某疆公司也在美国、欧洲、日本、澳大利亚、韩国、印度以及中国香港地区等申请了“云台相机”外观设计专利同族或系列专利。经某疆公司调查发现，“某映科技”微信公众号展示“capture pocket”被诉侵权相机产品，并发起认缴活动，还有预购方案。某映公司网站www.funsnap.cn及“某映科技”的新浪微博展示“capture pocket”被诉侵权相机产品，显示“capture pocket预售倒计时”“某映口袋云台准时上线Kickstarter，菜鸟价仅售129美元，限量发起”等宣传推广词语。美国黑科技产品发烧友网站www.kickstarter.com显示“capture口袋云台：口袋大小，4K云台摄像机发起人，某映科技筹集日期：2019年11月29日”“发起人某映科技和293名支持者”“293名支持者认缴$68327”。

【法院观点】关于原告指控被告制造、销售、许诺销售被诉侵权产品的问题，被告某映公司在其经营的“某映科技”微信公众号、网站www.funsnap.cn及“某映科技”的新浪微博，对“capture pocket”被诉侵权相机产品进行介绍推广，因此法院认定被告许诺销售被诉侵权产品的事实。根据《最高人民法院关于审理侵犯专利权纠纷案件应用法律若干问题的解释（二）》第十九条的规定，产品买卖合同依法成立的应当认定属于销售行为。被告某映公司在Kickstarter众筹平台发起众筹并众筹成功，有“293名支持者认缴$68327”，被告某映公司就销售“capture pocket”被诉侵权相机产品与该293名众筹支持者达成合意，“capture pocket”被诉侵权相机产品买卖合同成立，因此认定被告销售被诉侵权产品的事实。被告抗辩提出，众筹平台规定发起者可以随时取消并退还支持者的认缴，若退还认缴，则发起者和支持者不再有任何协议。被告未对任何人发货，不存在销售行为。对此，深圳市中级人民法院认为，合同成

立是合同当事人对销售商品的意思表示达成合意的事实状态，不需要进一步考察合同的具体条款和履行过程，被告与众筹支持者就销售“capture pocket”被诉侵权相机产品达成合意即属于销售行为，故对被告关于其未销售被诉侵权产品的主张不予采信。

【案例点评】本案中法院认为合同成立是合同当事人对销售商品的意思表示达成合意的事实状态，不需要进一步考察合同的具体条款和履行过程。因此侵权人与消费者就销售被诉侵权产品达成合意，产品买卖合同成立，应当认定构成销售侵权行为。本案中众筹的销售模式是一种新样态的销售方式，但也为侵权赔偿举证提供了方便之门，值得关注。

5.1.7 海外销售引发的专利侵权纠纷

（1）中国企业与中国企业之间的竞争

随着中国制造企业技术和产业升级，产业制造链的不断成熟和完善，中国企业更能找到相似的人才和制造资源，从而容易形成同质化竞争。所以，实际上在海外市场中，中国企业遇到的最激烈的竞争对手往往还是来自中国，而相关的知识产权的战场也往往在中国。

对于此类案件，诉讼法院往往是中国法院，适用的法律也是中国法律。然而，需要特别强调的是，企业在应对此类诉讼时更需要注意，由于海外经销商对于法律风险更为重视，如果存在知识产权纠纷或者生效的知识产权侵权判决，则对于后期海外市场的开拓和维护可能会存在负面影响。因此，对于此类案件，同为中国人的当事人，选择和解或者调解方式来解决纠纷，应属上策。

【典型案例】中山市某利电光源科技有限公司诉厦门龙某达照明电器有限公司侵犯专利权纠纷案

【基本案情】中山市某利电光源科技有限公司（以下简称中山某利）是国内最早进行海外灯具、电光源产品制造销售的照明生产企业之一，特别是在美国市场，与美国劳氏（Lowe’s）、沃尔玛等建立长期供应和销售合作。厦门龙某达照明电器有限公司（Longstar Lighting，以下简称厦门龙某达）、上海某凌电子有限公司（TCP，以下简称上海某凌）都是老牌照明制造销售企业，并且都属于外销型为主，在美国等市场具有重要影响力。

2020 年，中山某利通过广东开耀律师事务所分别向厦门龙某达、上海某凌发出律师函，就其专利号为 201920808062.3 的一种灯具实用新型专利被侵权事宜与该两家公司进行正式交涉。中山某利主张，厦门龙某达和上海某凌这两家公司在美国销售、许诺销售的 HTSL024MCLS155 和 HTSL025MC40 型号的产品的技术特征与中山某利专利相应技术特征一致，要求该两家公司在中国停止制造销售侵犯其专利的相关车库灯（ShopLight）、生长灯产品，自觉停止专利侵权，销毁侵权成品与半成品，销毁专用模具并且主动洽谈赔偿事宜。

【案例点评】由于厦门龙某达、上海某凌的销售行为在美国，因此通过律师函的形式向侵权方发出警告，是一种比较好的维权方式。本案中，外销型企业之间的专利纠纷体现了中国企业在开拓海外市场过程中的竞争日趋激烈，需要关注专利相关的法律风险。

（2）中国企业与国外企业的专利侵权纠纷

在第二类海外销售引发的专利侵权纠纷中，诉讼地往往在国外，适用的法律也是所在国法律，所涉及的专利也是所在国的有效专利。

由于专利具有地域性，每个国家根据各自的专利法审查专利，在一个国家获得授权的专利，只在该国家或地区有效，因此重要的专利通常在重点市场国家地区均有布局。通常来说，产品在海外上市涉及多个国家，在任何一个国家均应排除专利侵权的可能，这需要在每一个目标市场国家和地区进行专利检索，以确定是否存在可能侵犯的专利权。因此，如果销售地在中国大陆之外的国家或者地区，则需要特别针对该国家或者地区进行 FTO 分析，并根据 FTO 的分析结果进行应对。

当然，如果没有做相应的 FTO 分析，或者在 FTO 分析中未提示相关风险，而又遭遇专利侵权诉讼，则也不必过分紧张，按照相应程序应对即可。对于企业而言，切忌因为解决诉讼纠纷的费用过高而放弃海外市场。因为一旦放弃，则可能整个市场将拱手让与竞争对手。而如果积极应对，则可能闯出一片属于自己的精彩天地。

中国企业经常面对的诉讼纠纷主要包括以下两个方面。

①美国 337 调查。美国 337 调查是根据美国《1930 年关税法》第 337 节的规定，美国国际贸易委员会（ITC）可以对进口贸易中的不公平行为发起调查并采取制裁措施。该制裁措施包括：可对侵犯美国专利的产品下达排除令，以命令美国海关拒绝任何专利侵权产品进入美国市场，该排除令甚至会延及非当事人的产品，只要被认定专利侵权。

美国 337 调查一般是由美国的公司对 ITC 提出申请，指控外国公司侵犯其专利或者其他知识产权，其中的知识产权包括：专利、外观设计、商标、著作权、商业秘密、反垄断等。据统计，大部分调查以专利为主——以 2019 年为例，美国 337 调查以专利为主的案件约占 86.7%。而且，中国已连续十多年成为遭遇美国 337 调查案件数量最多的国家。

应对美国 337 调查的策略：专利无效；专利不侵权；规避设计；同意令。

关于同意令，如果被告不介意自己的产品被排除在美国市场之外，那么同意令是一种快速的解决方法。同意令与和解之间的区别在于，同意令可以在未经原告许可的情况下完成，尽管被告仍然需要 ALJ（行政法官）的许可。

关于专利无效，不同于在美国国内遭遇专利侵权诉讼时首选向美国专利与商标局提起专利无效，在美国 337 调查中，专利无效并非最优的选择。这是因为，ITC 在美国 337 调查中常常忽略专利无效程序，即 ITC 不会因专利无效程序而中止案件，如果被告提出无效性问题，ITC 更愿意自己对无效性问题进行评估。

关于专利不侵权和规避设计，这两者之间不矛盾，可以同时完成。如果专利不侵权策略由于某种原因而失败（例如马克曼程序），此时可以将规避设计视为我们的 B 计划，以便消除风险。

【典型案例】中国某迪电器有限公司在美国 337 调查中未侵犯 Okin 专利权案

【基本案情】中国民企某迪电器有限公司（以下简称中国某迪）是一家位于江苏常州的全球直线驱动器专业制造商，其直线驱动器产品顺利打入美国及欧洲市场。德国 Dewert Okin GmbH 及其美国下属公司 Okin America Inc.（以下统称 Okin 公司）同样是直线驱动器产品的制造商。面对中国某迪在商业竞争方面的优势，2013 年 4 月 3 日，Okin 公司向美国国际贸易委员会提交了一份针对“某些直线驱动器”的 337 调查申请书。中国某迪在收到指控之后，迅速委托美国的律师事务所介入，制订了详细的应诉方案。由于准备充分，措施得力，迫使 Okin 公司主动向 ITC 提出了撤诉申请。随后，为了防止 Okin 公司在联邦法院提起诉讼，中国某迪主动出击，在美国马里兰州巴尔的摩联邦法院对 Okin 公司提起诉讼，要求法院确认中国某迪未侵犯 Okin 公司的专利。在专利律师的协助下，最终陪审团一致裁定中国某迪并不侵犯 Okin 公司的专利，并且否决了 Okin 公司关于侵权及损害赔偿的所有主张。至此，中国某迪赢得了与 Okin 公司的诉讼，Okin 公司不能再依据相同的专利来主张中国某迪相关直线驱动器产品的权利。

【案例点评】本案中，中国某迪在应对美国 337 调查时，及时寻求专业力量的介入，取得了良好的结果，为自己的直线驱动器产品打下了一片美国市场，也为国内其他企业应诉美国专利侵权案树立了典范。

②法院诉讼。法院诉讼也是国外专利权人针对中国企业进行专利维权的重要途径。与美国 337 调查相比，法院诉讼所历经的时间更长，所消耗的精力也会更多。

【典型案例】某正电气与某伏顿专利案件

【基本案情】GFCI 产品是美国政府强制推行的防漏电安全装置，在过去的 20 多年中，相关市场由某伏顿等美国企业垄断。2004 年，某正电气开创出漏电保护的新路，其产品进入美国后，迅速打入了美国市场。2004 年 4 月，某伏顿公司用一项 GFCI 母专利（558 专利）对某正电气在美国的主要客户发起了侵权诉讼。某正电气积极支持客户应诉，为保护美国营销渠道，某正电气还主动为全部被告承担诉讼费用和侵权担保。同年 10 月 6 日，某正电气正式介入新墨西哥州地方法院作为被告应诉某伏顿的专利诉讼案。在专业律师的协助下，历经艰苦的诉讼，付出高昂的代价，某正电气取得了一系列诉讼的胜利。2006 年 5 月 23 日，美国新墨西哥州联邦地方法院确认某正电气的产品不存在侵权问题。2009 年 8 月 27 日，美国联邦巡回法院判定美国国际贸易委员会败诉。

【案例点评】东正公司面临的法院诉讼和美国337调查是中国企业在海外市场经营中经常碰到的专利纠纷。本案中东正公司主动参与诉讼，虽然付出了高昂的代价，但保住了海外的市场，长期来看，有利于其产品海外销售和市场开拓。

5.2 企业销售中的商标管理

企业销售产品或服务的过程中，需注意销售合同中知识产权条款关于商标权利部分的约定，海外销售、代理海外品牌、海内外参加展会中商标侵权/维权纠纷的风险控制，海关查处时对于商标纠纷的有效应对，以及电商平台中商标纠纷的预先防范，本章节具体从这几方面进行一一探讨。

5.2.1 销售合同中商标条款引发的纠纷

企业在销售过程中订立合同，避免不了对知识产权条款的约定。而在销售过程中最常见的两种合同形式，一种是企业处于销售合同的甲方，另一种是企业处于采购合同的乙方。其中对商标的约定，多见于对商标权属无瑕疵的承诺，以期成为合法来源抗辩的基础。但不论企业处于合同的哪一方，如发生商标纠纷，仍需要对企业在销售或采购商品或服务的过程中是否发生了商标侵权行为进行判断，从而进一步就是否适用合法来源抗辩进行分析。

《商标法》第六十四条第二款规定："销售不知道是侵犯注册商标专用权的商品，能证明该商品是自己合法取得并说明提供者的，不承担赔偿责任。"在商业活动中，企业在提供商品或服务时不可避免地会使用他人的商标，以表明商品或服务的来源。在发生商标纠纷时，大多数情况下，企业会直接面对商标权利人的司法诉讼或行政投诉，从而承担相应的法律责任，此时需要灵活利用合法来源抗辩来维护自身利益。

在实务中，企业订立合同时往往仅是看对方有没有商标注册证，获得对方的商标授权证明，但经常会忽略合同条款中对商标权属无瑕疵、不侵犯第三方商标专用权的保证条款的约定。此时，企业在后续可能发生的商标侵权纠纷中，会在适用合法来源抗辩方面产生较大争议。因此，企业在销售订立合同时，对商标保证条款的约定尤为重要。

【典型案例】北京某莎友谊商城有限公司侵犯商标专用权纠纷案，（2009）二中民初字第3346号

【基本案情】2000年3月7日，温州某金交电化工（集团）公司酒类分公司在第33类商品上申请注册的“卡斯特”文字商标经商标局核准注册，注册号为1372099，核定使用的商品是果酒、葡萄酒、酒精饮料。2002年4月25日，商标局出具证明，核准温州某金交电化工（集团）公司酒类分公司将“卡斯特”商标转让给李某之。2005年8月16日，李某之与班提公司签订《商标使用许可合同》，双方约定的主要内容包括：李某之将“卡斯特”商标许可班提公司使用；合同有效期从2005年8月16日至2010年3月1日。截止到本案一审审理阶段，“卡斯特”商标处于有效期限内。2008年2月28日，李某之的委托代理人从北京某莎友谊商城有限公司（以下简称某莎商城）公证购买了14种葡萄酒，在14种被控侵权商品中，商品1—12上贴有外文和中文两种标贴，商品包装和标贴上使用商标的情况如下：“法国卡斯特”字体最为突出；在商品13和商品14的包装和标贴上，均标注了“张裕·卡斯特酒庄”。庭审中，某莎商城举证证明其销售的被控侵权商品系从北京某恒实信贸易有限公司、北京市某批双隆酒业销售有限责任公司等销售渠道购进，李某之和班提公司予以认可。

【法院观点】被控侵权商品与第1372099号“卡斯特”商标核定使用的商品相同，涉案商品1—12的中文标贴除使用“CASTEL”商标外，还在中文标贴以及商品包装上突出标注“法国卡斯特”“卡斯特”，该使用方式属于对商标的使用。在涉案商品13、商品14的包装和标贴上均标注了“张裕·卡斯特酒庄”，从使用形式上看也属于对商标的使用。因此，涉案14种被控侵权商品上使用的“卡斯特”商标与李某之注册的“卡斯特”商标相同，属于侵犯李某之注册商标专用权的商品。某莎商城销售该侵权商品的行为侵犯了李某之和班提公司的商标权，应停止该销售行为，但由于某莎商城举证证明了被控侵权商品的来源和提供者，故其不承担赔偿责任包括对方因诉讼支出的合理费用。判决：

某莎商城于本判决生效后，停止销售涉案14种葡萄酒商品；驳回李某之、班提公司的其他诉讼请求。

【案例点评】本案中某莎商城成功举证证明了被控侵权商品的来源和提供者，故其不承担赔偿责任，但仍然要承担停止销售的责任。

【典型案例】云南某药集团健康产品有限公司与郑州某百货超市侵害商标权纠纷案，（2018）豫01民初4632号

【基本案情】云南某药集团股份有限公司享有第3635192号商标权。云南某药集团健康产品有限公司经云南某药集团股份有限公司授权，取得该注册商标的使用权及以自己名义维权的权利。郑州某百货超市销售的被控侵权产品不是原告生产，但使用了与第3635192号注册商标相同的商品标识，且与上述商标核定使用商品为同一类别。

【法院观点】一审法院认为，郑州某百货超市所销售的标有“云南某药”标识的产品使用了与涉诉商标相同的商标标识，足以使相关公众对与云南某药集团健康产品有限公司生产的“云南某药”产品产生混淆，其行为侵犯了云南某药集团股份有限公司第3635192号商标使用权，应当承担停止侵权并赔偿损失的责任。判令郑州某百货超市停止侵权，并赔偿云南某药集团健康产品有限公司7000元。宣判后，郑州某百货超市未提起上诉。

【案例点评】本案是“合法来源抗辩”的反面案例，本案中郑州某百货超市并未成功证明其销售的产品具有合法来源。应注意，终端零售商销售了侵犯他人注册商标的产品，在未提供确切证据证明其销售的产品具有合法来源的情况下，终端零售商应承担侵权并赔偿损失的责任。实践中，有的终端零售商以明显低于市场的价格购进侵权商品，有的虽然按照市场价格购进侵权商品，但未索要发票等有效凭证，导致在诉讼中被判处承担赔偿责任。本案裁判对规范终端零售商的经营行为、保护消费者合法权益，起到了积极的引导作用。

5.2.2 海外销售、代理海外品牌引发的商标纠纷

商标专用权具有地域性，商标权的地域性是指商标专用权的保护受地域范围的限制。注册商标专用权仅在商标注册国享受法律保护，非注册国没有保护

的义务。在我国注册的商标要在其他国家获得商标专用权并受到法律保护，就必须分别在这些国家进行注册，或者通过《马德里协定》等国际知识产权条约在协定的成员国申请领土延伸，以获得商标权保护。

正是由于商标的这种特殊属性，在企业海外销售或者代理海外品牌的过程中，商标纠纷频发。故此，企业在海外销售或代理过程中应提前做好海外风险防控措施，对企业品牌提前进行海外商标布局，并对代理的海外品牌做好谨慎审查。具体来说，第一，在企业未来计划发展的海外区域，企业应进行自身品牌主要商标的注册申请，避免商标被抢注或有在先近似商标的存在，以达到“产品未动，商标先行”的战略目的；第二，在代理海外品牌过程中，企业可以通过委托市场调研机构、律师事务所等进行调查工作，以深入了解相应产品在国外和我国的注册情况，避免代理后发生纠纷而产生较大的损失。

【典型案例】河北某久自行车配件集团有限公司诉邯郸某象车业有限公司侵害商标权纠纷案，（2015）二中民三知终字第2号

【基本案情】原告河北某久自行车配件集团有限公司（以下简称某久公司）诉称：原告是以生产、销售自行车零配件为主的大型企业，公司始建于1989年，地处中国最大的自行车零件城，占地面积26万平方米，建筑面积18万平方米，拥有全国最先进的整车及零配件检验检测中心，现在职工近千人。原告系第6134602号商标的专有权人，上述商标核定使用商品均为第十二大类。经过多年的使用和大力宣传，上述商标在市场上具有极高的知名度和美誉。并且原告的商标为驰名商标。被告邯郸某象车业有限公司（以下简称某象公司）曾和原告一同在上海博览会上展出过相关商品，对原告的商标相当熟悉，并且进行了充分详细的了解。现在被告未经原告的许可，在其生产销售的自行车及其配件上使用原告的商标，于2014年申请出口相关商品时被天津海关发现，并依职权通知了原告，为此原告提出申请海关对该批侵权商品予以扣留并采取保护措施。2014年4月2日，天津海关对该侵权商品予以扣留。被告的行为构成对原告商标注册权的严重侵害。故请求：1. 判令被告停止侵犯原告第6134602号注册商标专用权；2. 判令被告停止侵权、消除影响，并向原告赔礼道歉；3. 判令被告立即停止制造、销售侵权商品，并消除侵权商品上的商标印记；4. 依法

判令被告赔偿原告经济损失计 149 万元；5. 依法判令被告承担原告的律师代理费及调查取证并且制止侵权（申请海关采取保护措施）等所发生的费用；6. 本案诉讼费用由被告承担。

【法院观点】商标的价值在于通过商标的使用实现区分商品或服务来源的识别功能，侵犯商标权即对该功能的破坏，使得一般消费者对商品的来源产生混淆、误认。本案中，某久公司虽然取得了第 6134602 号“某久 OSHN”注册商标专用权，但该商标与某象公司向尼日利亚 ONYEKASON 国际有限公司出口自行车配件产品上使用的“OSHN”标识并非相同商标，考虑到某久公司注册的“某久 OSHN”商标中，英文字母组合“OSHN”占整体商标的一半以上，尚可认定某象公司在出口商品上使用的标识与某久公司的注册商标具有一定近似性。根据我国《商标法》第五十七条第二项的规定，相同商品上使用近似商标构成侵权需以容易导致混淆为条件。某象公司在被控侵权商品上标记“OSHN”标识是在向尼日利亚公司出口商品申报出关的过程中，并未进入中国境内的商品流通环节，不会造成国内消费者对商品的来源产生混淆，只会在中国境外产生商品来源的识别功能。从本案某象公司提供的证据来看，被控侵权商品的收货人——尼日利亚 ONYEKASON 国际有限公司已在本国申请注册了涉案“OSHN”标识，因此即使该商品在国外亦不应损害到某久公司的利益。虽然本案某象公司没有提供尼日利亚 ONYEKASON 国际有限公司与其之间直接的加工合同，但从其出口的对象、使用的商品标识、与河北天本车业有限公司之间的关联关系以及往来邮件中尼日利亚公司的态度来看，原审法院认定某象公司系按照尼日利亚公司的委托进行定牌加工后出口，并无不当。某象公司在定牌加工关系中，虽然由其作为境内加工方在产品上标注商标，但实质的商标使用者仍为境外委托方。因此，在某久公司不能提供其他证据进一步证明某象公司存在其他侵权行为的情况下，原审法院认定某象公司并未侵犯某久公司商标权正确，法院予以维持。

【案例点评】商标的基本功能是识别商品或服务的来源，该基本功能亦是确定商标侵权行为的基础。构成侵害商标权的前提是必须存在商标使用行为，即在商品来源标识意义上的使用。2013 年修正的《商标法》对于商标“使用”行为的定义增加了“用于识别商品来源”的限定。自此，全部用于境外销售、在中国境内不进入市场流通领域的产品上附加的标识（“贴牌”），在中国境内不具有识别商品来源的功能，不会造成国内相关消费者的混淆和误认，不具有商标的属性。因此，在被诉侵权商品上贴附涉案标识的行为不构成商标意义上的“使用”行为，不构成商标侵权。

5.2.3 展会引发的商标纠纷

展会是企业为了展示产品和技术、拓展渠道、促进销售、传播品牌而进行的一种宣传活动。随着社会经济迅速发展，各行业展会成为宣传企业品牌、展示企业实力，扩大影响力的重要平台。而企业品牌的宣传，主要是商标的广泛宣传使用。当前各大展会均设置有展会知识产权投诉机制，其中商标侵权纠纷在展会的平台上也时有发生。

企业如何在展会中有效把控商标风险，是避免陷入商标侵权纠纷的关键。首先，企业在参加展会之前，应进行自我排查，提前在相应展会官方网站核实重点知识产权保护对象，从而核实企业自身商标是否与其他品牌有冲突。特别是同类产品对象，可以核查是否有其他企业侵犯自身商标的情形存在。其次，若有侵犯他人商标的情形存在，则应及时对侵权产品来源进行合理说明，同时可以采取主动撤回侵权产品等措施，以减少可能面临的处罚。而若有侵犯自身商标的情形存在，则企业可以及时保全、固定或封存相应证据，以便用于展会投诉，乃至为后续的诉讼做好充分准备。最后，商标是标记商品或服务来源的重要标识，因此及时申请获取商标专用权保护，做好商标布局，是企业在创建品牌和技术研发中应提前做好的重要工作。

【典型案例】泸州老窖股份有限公司、四川省百年老窖酒业股份有限公司、泸州市泸山酒厂等侵害商标权纠纷案，（2019）川知民终 227 号

【基本案情】2017 年 3 月 19 日 11 时 15 分，泸州老窖公司代理人赵某与四川省成都市律政公证处（以下简称成都律政公证处）公证员谭某、工作人员蒋某劲到成都市金牛区人民北路二段 29 号“2017 年成都春季全国糖酒会”成都大酒店展区 2 楼 42A 号展位，对展出的“百年老窖”酒拍摄以及索取宣传册一本、名片一张。成都律政公证处就上述过程出具了（2017）川律公证内民字第 32506 号《公证书》。《公证书》所附的照片显示：1.“2017 年成都春季全

国糖酒会”成都大酒店展区2楼42A展位为“汾酒清香世家·兴隆佳品全国运营中心”；2. 该展位展示了“百年老窖典藏（精裱盒）”酒；3. 名片显示：五粮液集团兴隆佳品运营中心/汾酒集团清香世家全国运营中心，某龙酒业公司，销售副总贾某勇。

【法院观点】一审法院认为，某龙酒业公司是否在实体门店、酒类商品交易会、酒类网站上实施了宣传、招商、销售被诉侵权酒的行为。根据（2017）川律公证内民字第32506号、第31797号、第31803号、第32497号《公证书》及附件的记载，某龙酒业公司在成都世纪城国际新会展中心展位的宣传海报显示某龙酒业公司2017年成都春季糖酒会地址为：（1）成都大酒店2楼展厅42号位、（2）锦江宾馆3348号房间、（3）岷山饭店614号房间、（4）成都国际会展中心1号馆082T，且某龙酒业公司的销售人员在成都大酒店2楼42A展位、岷山饭店六楼614号房间展位展示“百年老窖典藏（精裱盒）”酒，在成都世纪城国际新国际会展中心“一号馆1F082T展位”展出“百年老窖精制（扁圆铁盒）”酒，在其工作人员发放的宣传册上对“百年老窖典藏（精裱盒）”酒、“百年老窖锦上添花（金卡开窗）”酒、“百年老窖20（圆角铁盒）”酒、“百年老窖15（深压纹）”酒宣传招商。上述事实表明某龙酒业公司在2017年成都春季糖酒会上对被诉侵权酒宣传、招商。某龙酒业公司在酒类商品交易会上对被诉侵权酒宣传、招商的目的是销售被诉侵权酒，故该院认定某龙酒业公司在酒类商品交易会上实施了被诉侵权酒的销售行为。一审法院裁判：某龙酒业公司在判决生效之日起立即停止在酒类商品交易会上宣传、招商、销售“百年老窖典藏（精裱盒）”酒、“百年老窖精制（扁圆铁盒）”酒、“百年老窖锦上添花（金卡开窗）”酒、“百年老窖20（圆角铁盒）”酒、“百年老窖15（深压纹）”酒；某龙酒业公司在判决生效之日起15日内向泸州老窖公司赔偿经济损失及维权合理开支共计8万元。

【案例点评】某龙酒业公司在全国性的糖酒类食品交易会上展览、宣传、招商侵权产品，属于商标法上的销售行为。商标法上的销售，不仅指达成交易的销售，也指为销售而从事的各种准备活动，包括宣传、展览和招商。本案中原告通过展会的方式完成举证，是常见的侵权举证方式。作为参展方，应提前做好商标侵权风险排查，防止侵权行为发生。

【典型案例】某卓公司（Metso Corporation）等与沈阳某泰矿山机械设备制造有限公司等侵害商标权及不正当竞争纠纷案，（2019）沪73民终104号

【基本案情】原告某卓公司（Metso Corporation）系权利基础商标的权利人，其商标核定使用于建筑机械及矿山、矿物处理设备等产品及服务。某卓公司将上述商标在中国大陆地区的权利许可给原告某卓矿机（天津）国际贸易有限公司（以下简称某卓矿机公司）及其分公司。被告沈阳某泰矿山机械设备制造有限公司（以下简称某泰公司）经营范围为生产制作各种矿山、电站、破碎粉磨设备等机械产品及零部件。被告在网站、微信公众号及相关展会上虚构与原告有合作或授权生产关系、持有原告技术和图纸的事实，并宣称可以生产原装原告产品，使用与原告部分产品相同的产品编号。被告在参展的海报、微信公众号使用“Metso”标识、在对其破碎机等产品的文字描述中擅自使用“某卓”“Metso”标识、在微信公众号发布的破碎机产品的宣传图片上以水印的方式突出使用“Metso”标识。原告向法院诉称：被告的行为构成商标侵权，被告在相关网站及微信公众号上声称其持有原告产品图纸可以生产原装原告产品，声称与原告存在许可关系，将被告生产的破碎机及备件产品称为“某卓”或“Metso”产品并抄袭原告独有的命名和编号系统，构成不正当竞争，请求法院判令被告停止侵权、消除影响、赔偿损失300万元及合理开支。

【法院观点】一审法院认为，原、被告均系矿山机械产品的生产者和销售者，为同业竞争者。原告企业及某卓产品在矿山机械企业中具有相当高的知名度。被告在相关网站、微信公众号、参展展会中实施的一系列行为，会使相关公众认为其系原告授权商或有权生产经营原告产品的生产商，其生产的产品即为原告产品，或被告与原告具有关联关系。被告的行为不仅欺骗和误导相关公众，还不当攀附原告企业信誉和商品声誉，掠夺原告及其关联企业的商业机会，严重损害原告利益，构成虚假宣传的不正当竞争行为。被告在微信公众号发布的破碎机产品的宣传图片上以水印的方式突出使用“Metso”标识，以及在对其破碎机等产品的文字描述中擅自使用“某卓”“Metso”标识等，属于在类似商品上使用与原告近似商标的行为，构成对原告注册商标专用权的侵害。法院一审判决被告立即停止虚假宣传行为，立即停止对“某卓”“Metso”商标权的侵害，赔偿原告经济损失300万元、合理费用10万元并刊登声明消除影响。

判决后，被告不服上诉。二审法院判决驳回上诉，维持原判。

【案例点评】本案对外国投资者的平等保护以及顶格判赔额受到了社会各界的高度赞扬。本案判决体现了法院维护法治化营商环境的决心，为构建开放良好的市场经济环境提供了有力的司法保障。

5.2.4　海关查处引发的商标纠纷

《知识产权海关保护条例》第七条规定："知识产权权利人可以依照本条例的规定，将其知识产权向海关总署申请备案；申请备案的，应当提交申请书……"知识产权海关备案是企业在进出口过程中保护自身权益的重要措施，也是海关采取主动保护措施的前提条件。因此，我们建议企业对自身商标进行海关备案，这样既有助于海关发现侵权产品，也有助于企业及时有效发现侵权情形，减少因侵权产生的不必要损失，对侵权行为人也是一种警告和震慑。

【典型案例】温州某博科技有限公司诉瑞安市某恒工贸有限公司、瑞安市春秋贸易有限公司、浙江某达通企业服务有限公司侵害商标权纠纷案，(2018)浙02民终941号

【基本案情】温州某博科技有限公司（以下简称某博公司）系"RIKA"商标（商标注册号5285354）的权利人，该商标核定使用类别为第7类，核定使用商品为离心机、离心泵、泵（机器）等。瑞安市某恒工贸有限公司（以下简称某恒公司）与瑞安市春秋贸易有限公司（以下简称某秋公司）将包装物塑料杯与内容物电子燃油泵写入同一张报关单，并委托浙江某达通企业服务有限公司（以下简称某达通公司）申报出口至不同的收货主体。2017年7月，宁波海关将涉嫌侵犯某博公司涉案商标权的若干电子燃油泵扣留。被诉侵权产品塑料包装外壳上显著使用"RIKA"标识，标志下写有"FUEL PUMP，HIGH QUALITY/11BAR/LONG LIFE"，燃油泵上没有标志和标识，也没有写生产日期、场地等信息，塑料包装外壳内装有的滤网与原告提供的实物一致。某博公司遂向法院起诉，请求判令某达通公司、某秋公司、某恒公司立即停止对其享有的"RIKA"商标专用权的侵害并销毁被海关扣押的侵权产品；赔偿因侵犯某博公司商标专用权给其造成的经济损失55万元（含因制止侵权行为所支

付的合理费用）。

【法院观点】浙江省宁波市北仑区人民法院审理后认为，本案的争议焦点为塑料杯与电子燃油泵是否构成侵权产品。首先，报关单中生产销售单位为某恒公司，报关产品包括电子燃油泵、塑料杯、离合器压盘、喇叭，电子燃油泵与塑料杯是一起出口的；其次，从海关调取来的塑料杯、燃油泵及附件看，该燃油泵上没有写生产日期、场地等信息，没有任何标志和标识，不是独立的产品，需要借助包装外壳来销售；最后，塑料杯外壳上印有“FUEL PUMP”，文字、图形跟某博公司生产的产品是一致的，而“FUEL PUMP”系燃油泵的英文单词，并且塑料杯里装的滤网跟某博公司出示的实物也是一致的。因此拆分开的塑料杯外壳和燃油泵构成整体的侵权产品。本案某博公司的注册商标“RIKA”为独创的美术化的字体，而被控侵权产品上使用的标识为“RIKA”，与图形化的“RIKA”商标相比，构成相同。某恒公司与某秋公司未经许可，在与涉案商标核定使用的同一种燃油泵商品上使用了相同的商标，构成商标侵权行为，而某达通公司仅系为某恒公司与某秋公司办理出口的代理人，且其已经尽到合理的审查义务，无须承担侵权责任，遂判决某恒公司、某秋公司停止侵权并连带赔偿某博公司经济损失 20 万元。

当事人不服提起上诉，浙江省宁波市中级人民法院经审理认为，据已查明的事实，报关单中生产销售单位为某恒公司，报关产品包括电子燃油泵、塑料杯、离合器压盘、喇叭，电子燃油泵与塑料杯是在一张报关单上一起出口的。从海关调取来的塑料杯、燃油泵及附件看，该燃油泵上没有写生产日期、场地等信息，没有任何标志和标识，不是独立的产品，很可能需要借助包装外壳来销售，装入涉案塑料杯后尺寸相符；外壳印有涉案商标的塑料杯上的图形跟某博公司在展会上曾经展示的产品是一致的，而杯子所标注的“FUEL PUMP”系燃油泵的英文单词，该英文词语显然并非装饰性字体，结合“HIGH QUALITY/11BAR/LONG LIFE”的英文性能描述及汽车公司名称，说明该塑料杯的用途是燃油泵的外包装。虽然某恒公司与某秋公司在庭审中陈述塑料杯外壳和燃油泵的收货人是目的地国的不同主体，两者的出口数量也并不匹配，但依据民事诉讼高度盖然性的证明标准，上述证据显示相互印证的多处信息已可证明带有涉案商标的塑料杯是同时报关出口的燃油泵的外包装，两者构成整体销售的侵权产品，某恒公司与某秋公司构成商标侵权，某达通公司作为出口代理人对货物已尽合理审查义务，无须承担侵权责任，原审判赔额度合理适当，遂判决驳回上诉，维持原判。

【案例点评】本案宁波海关将涉嫌侵犯某博公司涉案商标权的若干电子燃油泵扣留，为后续诉讼做好了证据准备，有利于商标权利人维权。本案还明确了当特定容器的标识含有内容物商品品名、对内容物商品的描述或者商品制造商等使得消费者及相关公众据以明确认知商品类别属性的信息时，该容器的用途也应确定无疑地为内容物商品的外包装。该包装物上所标注的商标，可以对应内容物商品所使用的商标。包装物与内容物商品不仅可能构成整体的侵权产品，带有涉案商标并标注内容物商品名称的包装物，亦可能单独构成商标侵权。此类制造、销售带有他人商标无内容商品的包装物的行为，属于商标侵权行为。

5.2.5 电子商务平台销售中的商标纠纷

在互联网经济蓬勃发展的今天，电子商务网站已经成为当下最主要的购物途径，各行业的产品服务均可在电子商务网站中完成一次完整的交易。而伴随交易来往的繁盛，各种纠纷均有可能发生，商标纠纷就是其中之一。

企业在电子商务中提供产品或服务时，应对投诉乃至诉讼已经成为常见的情形。对于商标权利人而言，打击电子商务中的商标侵权行为也是企业法务的日常事务。以电子商务网站为交易中心的新型贸易的兴起，虽然有利于各种商品或服务的便捷交易，但同时也产生了大量仿冒、傍名牌的产品或服务。不过，商标权利人通过搜索，很容易找到一些侵权线索进行投诉或诉讼。作为电子商务网站，本身也肩负着维护交易安全、保护商标权利人合法权益的义务。因此，电商平台对于仿冒、傍名牌的产品或服务有义务进行清理，从而维护正常的社会经济秩序。考虑到电子商务平台在交易中的法律地位，为了规避平台责任，电商平台在知识产权审查中，应比一般消费者更具有谨慎注意的审查义务，这样在维护消费者、销售者双方权益的同时，也能够最大限度地降低电子商务平台自身的法律责任风险。

【典型案例】某桑特株式会社诉深圳某秀网络科技有限公司等侵害商标权

纠纷案，（2012）高民终字第3969号

【基本案情】某桑特株式会社于2003年3月21日，经商标局核准取得2000475号商标，核定使用商品为第25类运动鞋、运动服等。某桑特株式会社在中国大陆地区设立了多家品牌专柜及专卖店，经营商品品牌为“法国乐卡克公鸡”，并对上述商标进行了大力宣传，在多种媒体上投放了大量广告，同时，相关国家行政机关和司法机关在行政文书和司法文书中也认定“法国乐卡克公鸡”在运动类服饰上享有较高的知名度。2011年3月，被告北京某日都市信息技术有限公司（以下简称某日都市公司）在其经营的团购网站“嘀嗒团”上发布信息，以99元人民币价格组织团购由被告深圳某秀网络科技有限公司（以下简称某秀网公司）提供的“原价480元的法国公鸡旅行鞋”，该款旅游鞋包装盒使用了某桑特株式会社的涉案商标，在鞋面上印有标识和“LeCoqSportif”字样。某桑特株式会社认为，二被告未经许可在其销售的旅游鞋上使用与其注册商标相同或近似的标识，已经侵犯了其注册商标专用权，故诉至法院，要求二被告停止侵权行为，共同赔偿原告经济损失及合理支出共计50万余元。

【法院观点】本案中，某秀网公司由于无法证明其提供的商品具有合法来源，因此判令其承担相应侵权责任，而作为本案第二被告的某日都市公司，在交易信息公开传播前是否应当对团购信息的知识产权合法性进行审查，其是否尽到了合理的审查义务，则是本案焦点所在。通常，网络服务提供者对利用其网络服务传播信息的知识产权合法性一般不具有事前审查义务。如果权利人发现特定信息侵害其合法权益，应当通知网络服务提供者，网络服务提供者应当及时采取必要措施阻止特定信息的公开传播，否则具有过错，应当承担赔偿责任。那么，团购网站经营者在什么情况下有义务在事前即交易信息公开传播前对其知识产权合法性进行审查？如果电子商务平台经营者与提供被控侵权交易信息的网络用户合作经营，或者电子商务平台经营者从被控侵权交易信息的网络传播或相应交易行为中直接获得经济利益的，可以推定电子商务平台经营者在被控侵权交易信息公开传播前知道网络用户利用其网络服务侵害他人民事权益。

【案例点评】本案中，消费者向某日都市公司所经营的“嘀嗒团”支付货

款，完成交易，可见某日都市公司直接从被控侵权商品的特定交易中获得经济利益。因此，某日都市公司应当承担在团购信息发布前审查被控侵权商品合法性的义务，包括审查被控侵权商品使用的商标是否合法。虽然某日都市公司主张，其已经审查了某秀网提供的两份《证明》，因此已经尽到了相应的审查义务，但是被控侵权商品使用了涉案商标，而两份《证明》既不能证明涉案商标在中国大陆的商标权归属，也不能证明被控侵权商品使用涉案商标的行为得到合法授权，故在两份《证明》形式上明显不能证明被控侵权商品使用的商标合法性的情况下，应当认定某日都市公司并未尽到合理审查义务。综上，某日都市公司未尽合理审查义务而发布被控侵权商品的团购信息，具有过错，应当承担相应的法律责任。

5.3 企业销售中的版权管理

企业在销售产品（包括服务）的过程中，需要注意销售合同中版权条款的约定；在海内外销售时注意规避版权纠纷；在参加展会展览时应注意版权风险排查；在海关查处时应有效应对版权纠纷以及在电商平台销售时应防范版权投诉风险，下面具体介绍。

5.3.1 销售合同中版权条款引发的纠纷

企业在销售过程中主要分为面向最终用户（ToC）的销售合同和面向商业伙伴（ToB）的销售合同。在前一种合同中，当企业卷入版权纠纷时，企业既是版权内容的生产者，也是版权内容的销售者；而后一种合同中，企业若卷入版权纠纷，则通常易于举证企业是版权内容的生产者，而企业的商业伙伴通常会作为侵权内容的销售者出现在诉讼中。但无论企业是何种角色，判断企业是否存在版权侵权行为，最终仍然需要判断企业是否存在版权法项下的侵犯著作权人身权益和财产权益的行为。

企业在销售合同的签署过程中，若版权条款面向最终用户，由于最终用户通常基于个人欣赏或个人使用而具有合理使用的抗辩，企业主体在版权诉讼中需要承担更重的责任。特别是由于取证较容易，因此一旦发生版权侵权，则在诉讼证据上企业并不占有优势，此时企业应及时评估版权侵权风险，作出合理的商业决策。若企业面向的仅仅是商业伙伴，则原告取证的主体经常是企业的商业伙伴，此时若商业伙伴接收到大量的版权侵权投诉（包括律师函），就会使企业与商业伙伴之间的合作关系岌岌可危，尤其当企业过于倚重或依赖这种合作关系时，企业将在商业上面临非常大的风险。

相应地，在版权条款的签署上，对于最终用户，企业负有默认不侵犯第三方版权的责任，并且在发生争议纠纷时，一切不利的责任也是由企业自身来承担。若影响到最终用户的使用，则应该根据保障消费者权益的相关法律来进行处理。对于商业伙伴而言，若渠道关系至关重要，则企业往往处于不利的商业地位之中。此时企业通常会签订不侵犯第三方版权的保证条款，一旦发生纠纷争议，通常需要负担全部的诉讼费用和产品责任。综上，企业应当根据具体的商业情形、不同的交易对象、双方的谈判地位等诸多因素，来决定销售合同中版权条款的具体内容，以达到最有利的合同条款的签署。

实务中，由于销售合同版权条款签署模糊、版权条款签署不公平，版权纠纷中产生较大争议的情形比较常见，如果处理不当，会对企业的长期发展造成不利影响。特别是在网络购物时兴的当下，电商平台的话语权非常大，如果处理不当，企业就会丧失非常好的销售渠道。

【典型案例】北京某之城文化有限公司与某凰食品（山东）有限公司侵害作品复制权纠纷、侵害作品发行权纠纷案，（2019）鲁09民初355号

【基本案情】原告北京某之城文化有限公司（以下简称某之城公司）是一家以设计、运营国内原创动漫形象“阿狸”为主的动漫文化公司，自成立以来，以设计“阿狸”系列形象与童话故事、研发“阿狸”系列形象表情为主线，整合动漫网络资源，带动相关衍生品的发展，形成了以“阿狸”系列形象为核心，集创作、动画、绘本、图书与动画片的出版发行、动漫周边产品开发与销售、动漫形象授权合作于一体的多元化动漫产业链。被告某凰食品（山东）有限公司（以下简称某凰公司）在未经原告许可授权的情况下，擅自生产、销售涉案侵权产品，其行为侵犯了原告的著作权，给原告造成了巨大经济损失。经

庭审比对，被告生产销售的产品外包装上突出印制有拟人化的小狐狸形象属于对某之城公司主张的美术作品的再现，构成实质性相似。某之城公司生产销售的上述商品未经某之城公司合法授权，属营利性使用，其行为显然侵犯了北京某之城对“阿狸新版”美术作品的复制权和发行权。某之城公司辩称，其生产被控侵权产品系得到了某雅贝拉公司的授权，并在本案中提交了某雅贝拉公司与其签订的《食品代加工合同》和《销售代理合同》。但原告认为：关于《食品代加工合同》，一是委托加工及销售合同明确约定委托加工产品标注式样为“委托方：某雅贝拉有限公司”，但是被控侵权产品并没有标注委托方某雅贝拉公司的任何企业信息；二是该合同并没有某雅贝拉公司在蛋糕上授权被告使用“阿狸新版”的动漫形象的内容；三是该合同第八条第三款约定某凰公司所生产的所有产品上，必须在显著部位张贴某雅贝拉公司提供的防伪标签，但被控侵权产品并没有张贴任何防伪标签。综上，说明被控侵权产品不是某雅贝拉公司委托被告生产的，更不是原告所授权的产品。此外，《销售代理合同》中第一条只是约定某雅贝拉公司授权某凰公司销售西式糕点产品，并没有约定销售授权带有“阿狸新版”美术作品的西式糕点，该份证据并不能证明被告所主张的证明目的。

【法院观点】本院认为，虽然被告提交了《食品代加工合同》和《销售代理合同》，以证明其生产被控侵权产品得到了某雅贝拉公司的授权，但是其提交的证据或真实性存疑，或关联性不大，显然无法达到其合法授权的证明目的，故对某凰公司的以上辩解，本院不予采信。本案中，原告主张被告赔偿其经济损失及合理开支50万元，但未提供其因侵权所受的损失或者被告的侵权获利，仅提供其支付合理开支11000元的证据。本院依据相关法律规定，酌定被告赔偿原告经济损失及合理开支20万元。判决如下：某凰公司于本判决生效之日起立即停止侵害某之城公司享有的“阿狸新版”美术作品复制权和发行权的行为；某凰公司于本判决生效之日起十日内赔偿某之城公司经济损失及合理开支20万元。

【案例点评】本案中某之城公司提交了某雅贝拉公司与其签订的《食品代加工合同》和《销售代理合同》，以期抗辩其生产被控侵权产品系得到了某雅贝拉公司的授权，但由于这些合同存在瑕疵而导致败诉。这也提示企业在销售合同中应约定清楚版权条款，以防止诉讼纠纷的发生。

5.3.2 注意海内外销售引发的版权纠纷

由于海内外的司法环境、政府监管、营商环境、用户习惯各有不同，因此在企业出海的过程中，版权纠纷也时有发生。企业在决定产品出海之前，应当做好基本的海外风险排查工作。由于版权通常会牵扯到外观设计专利、商标、版权、包装装潢等方面的知识产权，因此在产品出海之前，应当在可能的情况下，进行相关的风险排查工作。特别地，针对重点的竞争对手以及当地市场上非常知名的产品的版权相关情况，应当通过当地销售渠道、销售人员、法律人士、市场调研机构进行基本的筛查工作，以降低侵权风险。

为了防范包括版权等知识产权方面的诉讼纠纷，企业应当建立规范的产品销售渠道，并对销售人员进行基本的法律培训。由于国外原告在诉讼活动中经常会将诉讼材料直接送达当地的门店等地址，因此一旦忽略这种诉讼材料的送达或者由于各种管理不规范的原因导致时间延迟，则在临时禁令等情形之下将会产生非常严重的后果。此外，在应对版权诉讼时，企业应联合国内律师和国外律师，积极配合和应对法院的各种活动，从而通过诉讼抗辩来规避法律责任，并在适当的时候寻求谈判和解。

【典型案例】某睿智（北京）国际教育科技有限公司等与某卷出版有限责任公司等著作权权属、侵权纠纷案，（2015）高民（知）终字第1073号

【基本案情】某睿智（北京）国际教育科技有限公司（以下简称某睿智公司）向北京市第二中级人民法院提起诉讼称：某睿智公司经韩国的BrownEducationCo.,Ltd（中文译名：布朗教育公司）授权，获得了《KidsBrown》系列图书及多媒体程序（即《KidsBrown》布朗儿童英语系列产品）（包括48本不同的故事书、48本不同的学生用书、48本不同的作业书、48张不同的多媒体课件MULTI-CDROM）中除英文文字部分之外的内容在中国和印度地区的独家永久著作权。2013年12月24日，某睿智公司在北京市东城区、西城区等地发现有未经授权的《KidsEnglishProgram》系列产品在公开销售，该系列产品包括某卷出版有限责任公司（以下简称某卷出版公司）出版的系列图书、

辽宁电子出版社出版的多媒体光盘。该系列产品由某石文华公司授权出版发行，由某铭兰德公司销售。经比对，除书名和光盘名称有所变化外，该系列产品与《KidsBrown》布朗儿童英语系列产品从内容到形式完全一致，上述行为侵害了某睿智公司对《KidsBrown》布朗儿童英语系列产品的著作权。案外人布朗教育公司是成立于韩国的企业法人。某睿智公司是2010年成立于中国的公司，其于2011年8月23日取得了音像制品经营许可证，于2012年3月14日取得了出版物经营许可证，并进行了对外贸易经营者备案登记。某睿智公司主张其涉案作品《KidsBrown》（除英文文字部分）的著作权来源于布朗教育公司。根据某睿智公司提交的原告（反诉被告）布朗教育公司与被告（反诉原告）BLF株式会社、被告1株式会社BroardconInteractive、被告2黄某南等首尔中央地方法院2012甲14147（本诉）及2012甲82812（反诉）禁止侵害著作权纠纷案（以下简称14147号案）判决书记载，布朗教育公司和BLF株式会社（韩）各自主张对幼儿用英语教材《KidsBrown》享有著作权，并向对方提起诉讼，请求禁止对方的著作权侵权行为并请求损害赔偿。2012年11月23日，韩国首尔中央地方法院第十二民事部就该案作出判决，该判决对《KidsBrown》作品的具体构成、相关著作权权属的流转关系作出了司法认定，认定其中“插画等著作权”（除英文表达部分以外的其余部分的著作权）著作权人是布朗教育公司，Storybox株式会社与SVH株式会社之间的内容转让合同合法解除，从没有权限的SVH株式会社受让著作权的BLF株式会社不是《KidsBrown》的著作权人。在此基础上，该法院判决被告（反诉原告）BLF株式会社等向原告布朗教育公司承担停止侵权、赔偿损失的法律责任等。

【法院观点】涉案作品在韩国创作完成，其著作权归属之认定具有复杂性、专业性，在韩国曾产生极大争议。韩国各级法院在历时多年的多次诉讼中对这一问题都未作出生效认定，且在2012年9月3日韩国终审判决前，韩国法院在2373号判决中认定SVH株式会社在2009年6月1日至2010年12月8日期间处于“KidsBrown旧版表达”的著作权人的地位，并判决布朗教育公司停止侵权。某石文华公司作为普通的中国境内的图书发行机构，没有能力也没有义务代替韩国法院收集相关证据并查清著作权究竟归谁所有，其只能依据黄某南、SVH株式会社向某石文华公司出具的相关韩国生效裁判来认定SVH株式会社对于涉案作品是拥有著作权的。也正是基于某石文华公司对于韩国法院文书之信任，某石文华公司才愿意支付高达人民币 360 万元的版权费引进涉案作品。综合全案事实，某石文华公司通过系列许可协议从韩国 SVH 株式会社处取得了涉案作品的相关授权，审查了合同原件，尽到了较高的注意义务，过错程度较低，应当承担停止侵权及与其过错程度相适应的赔偿责任。在此情况下，作为某石文华公司委托的出版社，某卷出版公司、辽宁电子出版社尽到了合理注意义务，在主观上并无过错，故不应承担侵权赔偿责任，仅应承担停止侵权的法律责任。某铭兰德公司依法应承担停止侵权的法律责任。判决：某卷出版公司、辽宁电子出版社、某石文华公司于判决生效之日起，停止出版发行含有涉案侵害某睿智公司涉案插画等著作权（即除去英文文字之外的权利）的内容的涉案《KidsBrown》布朗儿童英语系列产品；某铭兰德公司于判决生效之日起，停止发行含有涉案侵害某睿智公司涉案插画等著作权（即除去英文文字之外的权利）的内容的涉案《KidsBrown》布朗儿童英语系列产品；某石文华公司于判决生效之日起十日内，赔偿某睿智公司经济损失及因诉讼支出的合理费用人民币 5 万元。

【案例点评】本案中某石文华公司虽然审查了合同原件，尽到了较高的注意义务，但仍然发生了版权侵权的情形，这对企业版权相关工作者和外部顾问律师提出了更高的专业要求。

5.3.3　关注展会和展览引发的版权纠纷

企业参加国内外展览展会是非常重要的产品推介方式，但随着国内知识产权强保护的司法环境提升，在展览展会现场收到知识产权相关投诉、被现场撤展、被现场取证的情况也比较多见。而在国外布展和参展的过程中，企业所面临的风险会更大，由于展览之前的宣传就已经让竞争对手关注到动向，因此这个时候也是临时禁令和涉外送达高发的时间阶段。

为了规避展览展会引发的版权纠纷，企业应在规划参展方案的时候就考虑到可能的法律风险，对竞争对手的动向进行提前调查，若诉讼频发，则风险较大。而在布展时，对于产品的展示方式也应提前规划，防止产品的展示内容直接成为被起诉的对象或证据。在参展的过程中，展会现场应布置有企业国内外的司法人员力量，包括企业自身具有法律背景的工作人员以及展会当地的法律支持人士。通过以上方式，企业可以提前谋划，并在产生版权纠纷时，及时应对和处理，从而在即使面临撤展的风险时也能处理得当，降低对自身商业信誉和产品声誉的负面影响。

【典型案例】SPICEBOX公司诉东莞市某海文具科技有限公司著作权权属、侵权纠纷案，（2014）东三法知民初字第31号

【基本案情】原告SPICEBOX公司为一家加拿大有限公司，SPICEBOX公司自成立以来一直在产品内容撰写创作、产品包装设计、广告推销、市场销售等均投放大量资源，并通过其分销渠道、互联网及每年的国际性展会、展览等不同渠道对其商品进行了持续的市场宣传，在大众消费者中获得了很高的知名度及影响力。2013年8月左右，SPICEBOX公司获悉，市场上正开始推广一款与SPICEBOX公司产品几乎一模一样的图书文具套装。经过深入的调查及对样品资料的收集，最后查明市场上推广销售的相关侵权产品是由被告东莞市某海文具科技有限公司（以下简称某海公司）生产供应的。SPICEBOX公司亦从某海公司的网站中发现某海公司主打销售仿冒SPICEBOX公司的产品，某海公司仿冒SPICEBOX公司的并不是单一产品，而是包含整个系列的产品，某海公司除以FUNBOX商标取代SPICEBOX公司的SPICEBOX注册商标外，其产品内容包括图书的文字内容、产品包装、设计风格等，都与SPICEBOX公司相同。同时，网站资料亦显示发现某海公司参与了2012年9月、2013年1月、2013年4月在中国各地的国际性展览会，向全球无数客户推销其侵权产品。某海公司也向澳大利亚等客户销售了其侵权产品。某海公司生产之系列产品内容都窃取了SPICEBOX公司原创的产品文字内容，采用近似的包装风格、名称、装潢，大量生产并通过网络及参加国际性展览会进行推广销售，以谋取不正当利益。某海公司的上述行为已严重侵犯了SPICEBOX公司的合法权益，并给SPICEBOX公司造成严重的经济损失。

【法院观点】本院认为，SPICEBOX公司是设立于加拿大的企业法人，中国与加拿大均为《伯尔尼保护文学和艺术作品公约》的成员国，故根据法律规定，案涉作品的著作权受我国法律保护。SPICEBOX公司提供的合法

出版发行的“趣味串珠”“指甲彩绘”“趣味折叠”“动物气球”产品上记载SPICEBOX公司享有案涉作品的著作权，SPICEBOX公司还提供产品开发文件、春季产品目录、产品采购订单、供应商发票、箱单、收货单、产品测试报告、参加各类展会的资料等进一步证明其是著作权人，虽然产品中的指导手册还另外署有作者、编辑、创意总监、艺术指导、设计、制作、采购等人员的名字，仅能证明上述参与创作案涉作品的人员享有相应的署名权，不足以作为否认SPICEBOX公司享有著作权的依据，因此，本院认定SPICEBOX公司享有案涉“指甲彩绘”“趣味折叠”“动物气球”作品的著作权。SPICEBOX公司主张某海公司通过其网站对外宣传其生产被控侵权产品，其提供的广东省深圳市深圳公证处（2014）深证字第16563号公证书显示，在某海公司域名为“www.ystamper.com”的网站上，也有“折纸礼盒套装”“串珠手链礼盒套装”“魔术气球礼盒套装”“美甲礼盒套装”产品的展示，但所展示的产品图片模糊，无法确定产品内容，更无法确定该产品内容侵害SPICEBOX公司著作权，因此，该证据无法证明SPICEBOX公司关于某海公司生产侵害SPICEBOX公司著作权产品的主张。SPICEBOX公司提供的证据不足以证明某海公司生产被控侵权的产品存在侵害SPICEBOX公司著作权的行为。判决如下：驳回原告SPICEBOX公司的诉讼请求。

【案例点评】本案中原告的举证方式之一就是从某海公司的网站中，发现某海公司参与了2012年9月、2013年1月、2013年4月在中国各地的国际性展览会，向全球无数客户推销其侵权产品，这也提示相关企业应注意网站内容的审查，否则极容易成为侵权证据而被权利人使用。

5.3.4 应对海关查处中涉及的版权纠纷

版权海关备案是指版权权利人为取得海关版权保护而事先就自己需要保护的版权向海关进行申请备案。通常来讲，版权方面的海关备案的内容应当易于进行侵权对比，或者属于企业的核心版权内容，如果具有一定的知名度，则会对海关进出口货物的侵权处理大有裨益。

建议版权权利人及时进行海关备案，这是因为，如果事先没有将其知识产权向海关备案，即使发现侵权货物即将进出境，权利人也没有权利要求口岸海关予以扣留。而如果进行了海关备案，版权权利人就可以在发现侵权货物即将进出口时向货物进出境地海关提出扣留侵权嫌疑货物的申请。被扣留的侵权嫌疑货物，经海关调查后认定侵犯版权的，由海关予以没收。此外，海关备案还有助于海关对侵权嫌疑货物的查验，从而使海关可以在对货物的日常监管过程中发现侵权嫌疑货物并主动予以扣留。所以，事先进行知识产权备案，可以使版权权利人的合法权益得到及时的保护。

【典型案例】东莞市汶某实业有限公司、东莞市中堂立某洗涤用品厂著作权权属、侵权纠纷案，(2018) 粤19民终8130号

【基本案情】叶某森通过创作取得美术作品《GDJ》《M.CK》《SILVEREAGLE》的著作权，并在国家版权局自愿登记。2016年5月1日，叶某森与东莞市汶某实业有限公司（以下简称汶某公司）签订《知识产权许可合同书》，约定将案涉国作登字-2012-F-00069379号、国作登字-2013-F-00081509号、国作登字-2013-F-00081510号作品著作权排他许可给汶某公司使用，受许可方可以自己名义维护上述著作权不受侵犯，即可以自己名义调查取证、控告侵权方、索赔、执行、委托他人维权等，所获得的赔偿款项均归受许可方，并可以对许可前的侵权行为单独进行维权。原告主张其案涉注册商标在国内外市场具有较高市场知名度，为此，原告提供了以下证据：涉案商标在海关总署的备案信息、深圳海关关于侵权嫌疑货物调查结果通知书。

【法院观点】本案东莞市中堂立某洗涤用品厂（以下简称立某厂）未经汶某公司授权在其注册使用的网站上将突出使用汶某公司案涉作品的洗衣粉产品图片作为立某厂的洗衣粉产品图片进行展示，还设置了购买链接和立某厂的厂家联系方式，属于商业性使用。经比对，立某厂上述使用"MCK""GDJ""GOJ"美术字样的产品外包装，以及使用的"EAGLE"美术字样的EAGLE200G洗衣粉产品外包装均与汶某公司登记作品《M.CK》《GDJ》《SILVEREAGLE》存在实质性相似，立某厂也承认其使用汶某公司产品图片的事实。据此，一审法院认定，立某厂在其网站上使用的上述图片，侵犯了汶某公司对案涉作品的复制权和信息网络传播权，应当承担停止侵权、赔偿损失的民事责任。本案中，汶某公司未提供其因涉案侵权行为遭受经济损失的证据或立某厂因侵权获利数额

的证据。鉴于本案中汶某公司因立某厂侵权行为所造成的损失或立某厂因侵权所得利润难以计算确定，故一审法院在判定赔偿数额时综合考虑：1. 涉案作品的类型；2. 立某厂侵权行为的性质、持续的时间、被侵害作品的数量；3. 立某厂的经营规模；4. 汶某公司的合理维权费用等。酌情判定立某厂赔偿汶某公司包括合理维权费用在内的经济损失 6 万元。

【案例点评】原告通过提交涉案商标在海关总署的备案信息以及深圳海关关于侵权嫌疑货物调查结果通知书，完成了版权侵权的初步举证。因此，通过海关备案和海关查处的方式获得侵权线索，对于权利人维权非常有利。

5.3.5 重视电商平台销售中的版权纠纷

电商平台投诉是目前常见的企业维权或需要应对的知识产权事宜，由于电商的便利性和丰富性，通过电商平台销售产品已经深刻地改变了人们的生活。随之而来的就是大量涉及知识产权的纠纷，包括版权纠纷。

对于版权权利人来说，如果侵权行为明显则容易认定，但如果侵权后果并不严重，或者侵权方只是个人或规模较小的公司，则版权权利人基于维权成本的考量，可选择先向侵权行为所在平台（例如电商平台、版权内容发布平台）进行投诉，按照相关平台的投诉指南提交相关材料，并要求平台方对侵权行为及时采取行动，这样可以有效地维护自己的版权利益。

对于版权被投诉方来说，如果收到版权投诉，则应及时核实投诉方的权利证明材料，以及是否构成版权侵权行为。如果投诉方的权利存在瑕疵，或者并不构成版权侵权，则应通过相同的投诉渠道向平台提供相关抗辩意见或证据材料，以避免版权产品被下架的风险。

【典型案例】成都某笔派家居用品有限公司、伍某香、代某等著作权权属、侵权纠纷案，（2018）川 01 民初 2451 号

【基本案情】成都某笔派家居用品有限公司（以下简称某笔派公司）于 2017 年 5 月 7 日创作完成美术作品《日落印第安系列》，后将该作品进行了版权登记。案外人周某于 2016 年 4 月 20 日创作完成美术作品《夜莺系列》，并将该作品在浙江省版权局登记，周某还许可某笔派公司通过复制、发行、信息

网络传播等方式使用美术作品《夜莺系列》，并授权对任何侵害该作品著作权的行为进行调查取证和提起诉讼。2018年5月，某笔派公司发现代某与伍某香共同经营的“在蓬莱”某宝网网店销售的包括“美式乡村桌布欧式餐桌布布艺新长方形欧式客厅台布茶几布盖布（日落红）”等产品使用了《夜莺系列》作品。代某、伍某香以拍照的方式再现作品属于复制，将作品复制件通过网络的行为向公众提供，侵害了某笔派公司的发行权，而将涉案产品上传至某宝网使得公众可以在选定的时间和地点下载，侵害了某笔派公司的信息网络传播权。“在蓬莱”网店在开庭前还再次上架了被诉侵权产品，属于持续恶意侵权。某宝网公司未尽审查注意义务，为伍某香、代某的侵权行为提供了实质性帮助，构成共同侵权，应当承担连带责任。被告某宝网公司辩称，某宝网公司只是信息发布提供商，某宝网作为网络交易平台没有对平台发布的商品和信息逐条审查的义务；某宝网公司事前通过服务协议和规则要求网络卖家不得发布侵犯他人合法权益的商品信息，也对卖家的真实身份进行了形式审查，收到起诉状后为避免扩大损失以人工方式对涉案网店进行盘查，并对伍某香进行了通知，伍某香进行了申诉，在反通知不成立的情况下，某宝网对疑似侵权的链接进行了删除，而从交易技术特点来看网络交易平台提供者对线上产品管理也是以商品ID为基础，本案应当适用“通知＋移除”的避风港原则。综上，某宝网公司没有主观过错，且履行了相应的义务，不应当承担责任。

【法院观点】某宝网公司在收到起诉状以后，对“在蓬莱”网店进行了通知，在伍某香申诉不成立的情况下，于2018年11月1日删除了涉嫌侵权的链接。因此，某宝网公司的上述行为符合审慎合理原则下采取必要措施的要求，符合避风港原则的适用条件，不能因某宝网公司在收到起诉状后未立即删除涉嫌侵权的链接而推断其不应当适用避风港原则。本案中某宝网公司在接到起诉状后知晓了“在蓬莱”网店涉嫌侵权的问题并在该网店申诉不成立时删除了涉嫌侵权的链接。因此，某宝网公司应当明知“在蓬莱”网店销售的“欧式餐厅桌旗美式茶几客厅桌旗套装餐桌旗布艺北欧现代简约床旗”产品属于涉嫌侵权的产品。即使每次上架均会产生不同的ID，但在产品名称及产品并未发生变化的情况下，某宝网公司有能力也应当根据产品名称在特定网店屏蔽侵权链接的再次上架，避免侵权的再次发生，否则权利人的投诉将失去实质上的意义。但是，某宝网公司未采取相应的措施，导致“在蓬莱”网店在侵权链接删除后再次上架相同的侵权产品。因此，本院认为，某宝网公司被诉侵权产品再次上架构成帮助侵权。故本院对某宝网公司的辩称不予支持。判决：被告伍某香、代某于本判决生效之日起十日内，连带赔偿原告某笔派公司经济损失及维权合理开支共计 4 万元；被告某宝网公司对前述第一项确定的债务在 1 万元范围内与被告伍某香、代某承担连带责任。

【案例点评】本案中某宝网公司对于侵权产品的再次上架，未能尽到审慎审查义务，因此导致承担连带责任的结局。也即，某宝网公司在产品名称及产品并未发生变化的情况下，应有能力根据产品名称在特定网店屏蔽侵权链接的再次上架，从而避免侵权的再次发生，这对电商平台提出了更高的审查要求。

5.4 企业销售中的商业秘密管理

企业在销售过程中，如何保护自己的商业秘密不会随着产品或服务的提供而流失，是企业经营过程中的一大难点，需要关注以下几方面的内容。

5.4.1 客户信息的商业秘密保护

（1）形成受法律保护的客户信息。与一般的客户名单相比，作为商业秘密的客户信息应具有加工深度与非公知性[①]，否则将不能作为商业秘密受到法律保护。下面的案例中，广州知识产权法院（2020）粤 73 民终 3756 号民事判决书即明确了客户信息构成受法律保护的商业秘密，除满足三大法定特征外，还需要明确具体的细化内容，如交易习惯、独特需求、要货时间规律、成交价格

① 《最高人民法院关于审理不正当竞争民事案件应用法律若干问题的解释》第十三条：“商业秘密中的客户名单，一般是指客户的名称、地址、联系方式以及交易的习惯、意向、内容等构成的区别于相关公知信息的特殊客户信息，包括汇集众多客户的客户名册，以及保持长期稳定交易关系的特定客户。客户基于对职工个人的信赖而与职工所在单位进行市场交易，该职工离职后，能够证明客户自愿选择与自己或者其新单位进行市场交易的，应当认定没有采用不正当手段，但职工与原单位另有约定的除外。”

底线等，同时需要体现其区别于相关公知信息的特殊性。

为使一般性公知客户信息成为受法律保护的商业秘密信息，企业应特别注意在日常经营活动中对客户名单中所包含的各种信息进行深度加工，尽量结合企业经营特点将“客户名称＋联系电话＋地址”式的公知信息深化完善为包含客户交易习惯、客户交易需求、客户意向交易价格、客户预期承受能力等信息的完整客户资料，这样才能使原本处于公知领域的客户信息转化为非公知领域的商业秘密信息，从而在遭受商业秘密侵害时受到法律保护。

【典型案例】广州某稳电机有限公司与朱某荣、魏某伟、张某臣、蒋某舜、广州某辉电机有限公司侵害商业秘密纠纷案，（2020）粤73民终3756号

【基本案情】2015年9月至2018年4月，魏某伟在广州某稳电机有限公司（以下简称某稳公司）担任送丝机经理。2015年10月至2018年7月，张某臣在某稳公司担任销售经理，朱某荣担任外贸经理。上述三人分别与某稳公司签订了《劳动合同》，均约定其三人不得从事其他任何与某稳公司利益冲突的第二职业或活动，保守某稳公司的商业秘密和知识产权，如违反劳动合同中约定的保密义务或者竞业限制义务给某稳公司造成损失的，应当按照《反不正当竞争法》的规定承担赔偿责任。此外，魏某伟还与某稳公司签订《劳动合同补充协议》，约定魏某伟应当保守某稳公司的商业秘密等专有信息。

广州某辉电机有限公司（以下简称某辉公司）成立于2018年1月29日。工商登记资料显示，原登记在册股东为魏某伟、张某臣、李某香、张某文，魏某伟任该公司监事，朱某荣任该公司法定代表人、执行董事兼经理。2018年7月18日，该公司股东、法定代表人、执行董事兼经理均变更为张某文，监事变更为吴某。另吴某曾于2015年5月至2017年1月在某稳公司送丝机部门任职。某辉公司、某稳公司的经营范围基本相同，均包括微电机及其他电机制造、塑料零件制造、机械零部件加工、日用塑料制品制造、汽车零部件及配件制造等。

某稳公司主张朱某荣、魏某伟、张某臣、蒋某舜违反竞业限制，在该公司任职期间开设与其经营范围相同的有利益冲突的公司，并违反保密义务，利用某辉公司进行不正当竞争，遂向广东省广州市花都区人民法院起诉，请求判决朱某荣、魏某伟、张某臣、蒋某舜、某辉公司立即停止侵害某稳公司经营秘密

及不正当竞争的行为；朱某荣、魏某伟、张某臣、蒋某舜向某稳公司赔偿经济损失100万元；某辉公司对上述赔偿承担连带责任；朱某荣、魏某伟、张某臣、蒋某舜、某辉公司承担本案案件受理费。广东省广州市花都区人民法院审理后，作出（2019）粤0114民初1730号民事判决，驳回某稳公司的全部诉讼请求。

某稳公司不服，向广州知识产权法院上诉，请求：1.撤销一审判决，依法改判；2.本案案件受理费由朱某荣、魏某伟、张某臣负担。广州知识产权法院经审理，于2020年12月10日作出（2020）粤73民终3756号判决，驳回上诉，维持原判。

【法院观点】《反不正当竞争法》第九条规定，本法所称的商业秘密，是指不为公众所知悉、具有商业价值并经权利人采取相应保密措施的技术信息、经营信息等商业信息。《最高人民法院关于审理不正当竞争民事案件应用法律若干问题的解释》第十四条规定，当事人指称他人侵犯其商业秘密的，应当对其拥有的商业秘密符合法定条件、对方当事人的信息与其商业秘密相同或者实质相同以及对方当事人采取不正当手段的事实负举证责任。因此，当事人主张商业秘密必须提交符合法定条件的证据，包括商业秘密的载体、具体内容、商业价值和对该项商业秘密所采取的具体保密措施等。

《最高人民法院关于审理侵犯商业秘密民事案件适用法律若干问题的规定》第二十七条规定，权利人应当在一审法庭辩论结束前明确所主张的商业秘密具体内容；仅能明确部分的，人民法院对该明确的部分进行审理。本案中，某稳公司主张涉案商业秘密是指其与客户交易所涉的客户名单、商品名称、材质、规格、数量、价格、运输以及图纸。根据上述规定，某稳公司首先应当明确上述“其与客户交易所涉的客户名单、商品名称、材质、规格、数量、价格、运输以及图纸”的具体内容。在一审时，某稳公司申请法院前往广州市花都区工商行政管理局经济侦查大队调取该大队查处某辉公司违法出售未经3C认证产品的案卷材料，并以调取的案卷材料中的“东莞王牌焊机厂”“佛山市东力王汽车维修设备厂”“佛山牛王焊机厂”3份名单作为其主张保护的商业秘密中的客户名单。《最高人民法院关于审理不正当竞争民事案件应用法律若干问题的解释》第十三条第一款规定，商业秘密中的客户名单，一般是指客户的名称、地址、联系方式以及交易的习惯、意向、内容等构成的区别于相关公知信息的特殊客户信息，包括汇集众多客户的客户名册，以及保持长期稳定交易关系的特定客户。《最高人民法院关于审理侵犯商业秘密民事案件适用法律若干问题的规定》第二条规定，当事人仅以与特定客户保持长期稳定交易关系为由，主张该特定客户属于商业秘密的，人民法院不予支持。本案中，某稳公司在一审提交的客户订单、送货单等信息并未体现其客户的交易习惯、客户独特需求、客户要货时间规律、成交价格底线等具体的细化内容，也不能证明其属于区别于相关公知信息的特殊客户信息。因此，某稳公司主张的3份客户名单不构成《反不正当竞争法》规定的商业秘密。

【案例点评】商业秘密的构成需要满足一定的条件，本案是一个反面案例。作为权利人而言，企业应特别注意在日常经营活动中对客户名单中所包含的各种信息进行深度加工，例如包含客户交易习惯、客户交易需求、客户意向交易价格、客户预期承受能力等信息，这样才能使原本处于公知领域的客户信息转化为非公知领域的商业秘密信息，从而在遭受商业秘密侵害时获得法院支持。

（2）防范在职或离职员工泄露客户信息。建议企业可以通过以下方式加强对客户信息的保护：一是对在职员工的客户信息接触权限进行管控，以知密人员范围最小化为原则，将企业内能够阅知客户信息人员的权限进行细分，严格限制无关人员知悉客户信息。二是通过技术手段实现员工接触客户信息的信息留痕。企业在客户信息商业秘密被侵犯的维权诉讼的过程中，需要提供证据来证明员工在职期间接触过相关客户，否则将会由于证据不足而败诉。因此，在日常业务的开展过程中采取信息留痕的方式记录员工接触客户的历史记录显得格外重要。三是通过培训、教育加强员工对客户信息的保密意识，使之知晓侵犯客户信息商业秘密将会引起的法律责任和后果，从而产生敬畏之心，从源头上降低客户信息的泄露风险。四是根据接触客户信息岗位涉密人员的岗前、在岗、离岗状态，采取不同的保密应对措施，以提高客户信息保密效果（参见第三章3.4“企业研发中的商业秘密管理”3.4.1“涉密人员入职、履职、离职时的商业秘密管理”）。

（3）尊重员工个人具有的知识经验、技能和自由择业权。依据我国法律规定，客户基于对员工个人的信赖与员工所在单位进行市场交易，该员工离职后，能够证明客户自愿选择与员工或者员工新入职单位进行市场交易的，应当认定员工没有采取不正当手段侵犯企业商业秘密，但员工与企业另有约定的除外[①]。企业应当注意两方面问题：一是若员工个人具有的知识经验和技能等信息是所属领域相关人员通常所拥有的信息，则这些信息不属于商业秘密，企业不能以此限制员工自由择业的权利。二是虽然企业可以与员工对上述信息做出其他约定，但上述信息也应当满足商业秘密的秘密性、价值性和保密性三个要件，否则员工使用这样的信息不属于侵害原企业的商业秘密。

【典型案例】麦达可尔（天津）科技有限公司、华阳新兴科技（天津）集团有限公司侵害商业秘密纠纷案，（2019）最高法民再268号

【基本案情】华阳新兴科技（天津）集团有限公司（以下简称华阳公司）是一家从事工业清洗维护产品研发、生产和销售的企业。产品范围主要包括清洗剂、润滑剂、密封剂等工业化学品。麦达可尔（天津）科技有限公司（以下简称麦达可尔公司）成立于2015年10月30日，由王某刚创立，成立之初所登记的法定代表人为张某娟，系刘某之母，登记的股东林某娜系王某刚亲属，于2016年4月变更法定代表人为王某刚，主要经营清洗剂的生产销售。王某刚于1996年入职华阳公司，曾任华阳公司董事、销售副总经理、总经理、副总裁，自2012年至2016年任华阳公司的法定代表人，于2015年10月底创立麦达可尔公司，现任法定代表人和总经理。张某星于2001年入职华阳公司，曾任华阳公司技术部经理、技术服务部经理，于2016年1月入职麦达可尔公司，任技术部经理。刘某于2010年入职华阳公司，曾任华阳公司销售服务部经理，于2015年10月底入职麦达可尔公司，负责人事行政工作。华阳公司与张某星、刘某签订了保密协议，保密范围包括与客户业务、产品、服务有关的信息等商业秘密。

---

① 《最高人民法院关于审理不正当竞争民事案件应用法律若干问题的解释》第十三条第二款："客户基于对职工个人的信赖而与职工所在单位进行市场交易，该职工离职后，能够证明客户自愿选择与自己或者其新单位进行市场交易的，应当认定没有采用不正当手段，但职工与原单位另有约定的除外。"

华阳公司在本次诉讼中选择包含43家客户信息的客户名单作为被侵犯的商业秘密。（具体名单略）。华阳公司在本次诉讼中主张的秘密点为：与上述43家客户交易中所掌握的客户名称、品名、货品规格、销售订单数量、单价、联系人、电话、地址。上述43家客户与华阳公司在2014年、2015年的交易次数均在5次以上。华阳公司计算其与上述客户在2014年、2015年的销售额为2611162.14元，麦达可尔公司成立后与上述客户均有交易且销售额为1298163.3元。

华阳公司以侵害商业秘密为由将麦达可尔公司、王某刚、张某星、刘某诉至法院，不服天津市高级人民法院（2018）津民终143号民事判决，向最高人民法院申请再审。最高人民法院于2019年6月28日作出（2018）最高法民申5704号民事裁定，提审本案。经审理，于2019年12月16日作出（2019）最高法民再268号判决书，撤销天津市第一中级人民法院（2017）津01民初50号民事判决与天津市高级人民法院（2018）津民终143号民事判决，驳回华阳新兴科技（天津）集团有限公司诉讼请求。

【法院观点】人民法院在审理商业秘密案件中，既要依法加强商业秘密保护，又要妥善处理保护商业秘密与劳动者自由择业、竞业限制和人才合理流动的关系。职工在工作中掌握和积累的知识、经验和技能，除属于单位的商业秘密的情形外，构成其人格的组成部分，是其生存能力和劳动能力的基础，职工离职后有自主利用的自由。

根据华阳公司提交的证据，华阳公司对其客户名单采取了保密措施，也进行了相关的交易，但其是否属于《反不正当竞争法》保护的商业秘密，判断要件应根据法律和司法解释进行判断。本案中，根据麦达可尔公司提供的公证书，前述43家客户信息可以通过网络搜索得到。根据华阳公司提供的43家被侵权客户名单（2012—2015年），客户名单主要内容为：订单日期、单号、品名、货品规格、单位（桶或个）、销售订单数量、单价、未税本位币、联系人、电话、地址。根据该客户名单，该表格为特定时间段内华阳公司与某客户的交易记录及联系人。本院认为，首先，在当前网络环境下，相关需方信息容易获得，且相关行业从业者根据其劳动技能容易知悉；其次，关于订单日期、单号、品名、货品规格、销售订单数量、单价、未税本位币等信息均为一般性罗列，并没有反映某客户的交易习惯、意向及区别于一般交易记录的其他内容。在没有涵盖相关客户的具体交易习惯、意向等深度信息的情况下，难以认定需方信息属于《反不正当竞争法》保护的商业秘密。华阳公司称其43家客户名单交易信息能够反映不同客户的特殊产品需求和交易习惯。根据华阳公司提供的证据，华阳公司43家被侵权客户名单难以说明采购的产品反映了客户的特殊需求，亦难以证明其销售的产品反映了客户的特殊产品需求，更难以证明其反映了客户的特殊交易习惯。此外，根据麦达可尔公司提供的对比表，43家客户名单中重要信息相关联系人及电话号码，与华阳公司请求保护的均不相同的占比约86%，联系电话不同的占比约93%，且26家客户提交证明其自愿选择麦达可尔公司进行市场交易。考虑本案双方均为工业清洗维护产品研发、生产和销售的企业。产品范围主要包括清洗剂、润滑剂、密封剂等工业化学品，由于从事清洗产品销售及服务的行业特点，客户选择与哪些供方进行交易，不仅会考虑相关产品的性能、价格等信息，也会考虑清洗服务的质量，在联系人、联系电话较大比例不相同的情况下，也难以认定麦达可尔公司使用了华阳公司43家客户名单相关信息进行市场交易。

鉴于前述分析，结合华阳公司未与王某刚、张某星、刘某签订竞业限制协议的事实，麦达可尔公司并不承担相关竞业禁止义务。因此，在王某刚、张某星、刘某没有竞业限制义务，相关客户名单又不构成商业秘密，且相关联系人、联系电话较大比例不相同的情况下，本院难以认定麦达可尔公司、王某刚等人之行为构成侵犯华阳公司商业秘密。在既没有竞业限制义务，王某刚、张某星、刘某又不侵犯华阳公司商业秘密的情况下，运用其在原用人单位学习的知识、经验与技能，无论是从市场渠道知悉相关市场信息还是根据从业经验知悉或判断某一市场主体需求相关产品和服务，可以在此基础上进行市场开发并与包括原单位在内的其他同行业市场交易者进行市场竞争。虽然与原单位进行市场竞争不一定合乎个人品德的高尚标准，但其作为市场交易参与者，在不违反法律禁止性规定又没有合同义务的情况下，从事同行业业务并不为法律所禁止。如果在没有竞业限制义务亦不存在商业秘密的情况下，仅因为某一企业曾经与另一市场主体有过多次交易或稳定交易即禁止前员工与其进行市场竞争，实质上等于限制了该市场主体选择其他交易主体的机会，不仅禁锢交易双方的交易活动，限制了市场竞争，也不利于维护劳动者正当就业、创业的合法权益，有悖《反不正当竞争法》维护社会主义市场经济健康发展，鼓励和保护公平竞争，制止不正当竞争行为，保护经营者和消费者的合法权益之立法本意。

【案例点评】首先，本案再次明确了客户信息并不必然构成商业秘密，除满足法定三大特征外，必须反映相关客户的具体交易习惯、意向、特殊产品需求等深度信息，才能构成《反不正当竞争法》保护的商业秘密。其次，被侵权方应当证明涉嫌侵权人有渠道或机会获取商业秘密，且双方信息相同或者实质性相同。“相同”的认定需要结合具体行业特征和客户的选择因素，此外，如联系人、联系电话等重要信息存在较大比例不相同的，也较难认定。最后，本案明确指出，在不涉及商业秘密且双方没有约定离职后竞业禁止义务的情况下，劳动者运用其在原企业学习的知识、经验与技能，从市场渠道或是根据从业经验知悉相关市场信息，在此基础上进行市场开发并进行同业竞争，并不为法律所禁止。

5.4.2 招投标中的商业秘密管理

企业的招投标信息是企业的核心商业秘密信息，尤其是标书与报价信息关系到企业投标项目的成败，对企业经济利益有着重大影响。企业应当根据自身招投标业务活动的实际情况，梳理企业招投标时的活动流程，充分考虑参与招投标活动的各关联部门、标书内容相关信息传递的各个环节，接触招投标信息的人员，招投标信息涉及的载体等，从而识别企业在招投标流程中可能存在的泄密风险。在招投标泄密风险充分识别的基础上，对招投标活动的业务流程、保密技术措施和管理措施等方面进行优化调整。

（1）企业投标中的商业秘密保护。企业可以考虑采用如下方式优化调整商业秘密保护效果：以成立项目组的方式指定专人负责招投标工作，限定、减少标书制作过程中执行人员范围；对标书中的信息进行分类定级，对于设计方案、报价类核心机密信息全流程集中由专人知悉并处理，在必要的情况下与之就招投标项目签订单独保守商业秘密协议；招投标设计的业务人员、设计人员、商务人员采用点对点方式沟通招投标信息，避免采用公司或部门内部通信群组方式讨论；采用加密 U 盘或硬盘方式传递标书，避免使用公开局域网方式传输；

设置招投标专属打印机或打印室，并采取物理隔离、USB等外端接口管控、打印机管控等技术措施进行保护。除此之外，企业还应注意对涉密人员开展商业秘密保护教育培训，并根据自身招投标项目流程特点以及保密要求建立、完善招投标项目保密管理等配套管理制度。

（2）企业招标时的商业秘密管理。企业招标时，除借鉴投标时的商业秘密保护方式外，还应注意，对于按照国家法律规定必须招标的项目类型，比如建设工程项目，如仅涉及企业商业秘密，且该秘密未经主管机关批准上升为国家秘密，企业则不能据此认定该工程“涉及国家秘密”且“不适宜进行招标”而不采用招标方式。按照国家法律规定必须招标的项目只有符合我国《招标投标法》第六十六条规定的涉及国家安全、国家秘密等特殊情况，不适宜进行招标的项目，按照国家有关规定才可以不进行招标，否则招标活动及相关合同文件将会因违反国家强制性规定而无效。

【典型案例】青海西部化工有限责任公司与中天建设集团有限公司建设工程施工合同纠纷案，（2009）民一终字第7号

【基本案情】2003年5月6日，中天建设与西部化工签订建设工程施工合同。2004年5月18日，双方当事人在第三方省建设银行造价咨询中心工程师的参加下，形成了《青海西部化工有限责任公司示范工程决算工作会议纪要》，共同确认了工程取费标准。2004年5月20日，双方当事人在第三方省建设银行造价咨询中心工程师的参加下，形成了第2份《青海西部化工有限责任公司示范工程决算工作会议纪要》，共同确认了工程量，并附有工程量清单50页。由于对工程款数额存在争议，中天建设于2008年5月27日提起诉讼。青海省高级人民法院经审理，于2008年12月4日作出（2008）青民一初字第4号判决。当事人后来向最高人民法院提起上诉，最高人民法院作出（2009）民一终字第7号民事判决。

【法院观点】最高人民法院认为，关于案涉建设工程施工合同的效力问题。《招标投标法》（1999年）第三条规定：“在中华人民共和国境内进行下列工程建设项目包括项目的勘察、设计、施工、监理以及与工程建设有关的重要设备、材料等的采购，必须进行招标：（一）大型基础设施、公用事业等关系社会公

共利益、公众安全的项目；（二）全部或者部分使用国有资金投资或者国家融资的项目；（三）使用国际组织或者外国政府贷款、援助资金的项目。前款所列项目的具体范围和规模标准，由国务院发展计划部门会同国务院有关部门制订，报国务院批准。法律或者国务院对必须进行招标的其他项目的范围有规定的，依照其规定。”该法第六十六条规定：“涉及国家安全、国家秘密、抢险救灾或者属于利用扶贫资金实行以工代赈、需要使用农民工等特殊情况，不适宜进行招标的项目，按照国家有关规定可以不进行招标。”《工程建设项目招标范围和规模标准规定》（2000 年 5 月 1 日国家发展计划委员会发布）第七条规定：“本规定第二条至第六条规定范围内的各类工程建设项目，包括项目的勘察、设计、施工、监理以及与工程建设有关的重要设备、材料等的采购，达到下列标准之一的，必须进行招标：（一）施工单项合同估算价在 200 万元人民币以上的……”第八条规定：“建设项目的勘察、设计，采用特定专利或者专有技术的，或者其建筑艺术造型有特殊要求的，经项目主管部门批准，可以不进行招标。”本案建设工程施工合同属于施工单项合同。根据《招标投标法》第三条和《工程建设项目招标范围和规模标准规定》第七条规定，该合同价款暂估 550 万元，应当属于必须招标的范围。虽然西部化工在向青海省格尔木昆仑经济开发区管委会递交了《申请报告》，提出“由于本项目的一些工艺布局、工艺流程、施工图纸、技术参数尚属世界顶尖技术，属于我公司的高度商业机密，为防止技术泄密，因此特请示对此项工程不采取公开招标的方式，而采用议标的方式进行施工招标”，但其所称该公司的“高度商业机密”并不符合《招标投标法》第六十六条规定所称的可以不进行招标的“涉及国家安全、国家秘密”的特殊情况。此外，青海省发展计划委员会向西部化工下发《柴达木天然气—盐湖资源利用基地规划项目示范工程的批复》（青计工业〔2003〕314 号），以及青海省格尔木昆仑经济开发区开发建设局分别为本案团结湖示范工程项目核发建设用地规划许可证、建设工程规划许可证和建筑工程施工许可证的事实，也不能认定为《工程建设项目招标范围和规模标准规定》第八条规定的项目主管部门对本案工程可以不进行招标的批准行为。据此，本院认为，案涉建设工程属于法律、行政法规规定的必须招标的项目。《最高人民法院关于审理建设工程施工合同纠纷案件适用法律问题的解释》第一条规定：“建设工程施工合同具有下列情形之一的，应当根据合同法第五十二条第（五）项的规定，认定无效：……（三）建设工程必须进行招标而未招标或者中标无效的……”根据该规定，应当认定本案当事人所签的建设工程施工合同无效。对案涉工程施工合同的无效，西部化工作为建设方，应当承担主要责任[①]。

【案例点评】根据相关规定，本案当事人所签的建设工程施工合同应该进行招标，但未进行招标，因此被判合同无效。作为企业来讲，应注意区分哪种涉密情形不适用招标，否则在合同签订过程中会面临不利的后果。

5.4.3 适时提起商业秘密确认不侵权之诉

确认商业秘密不侵权之诉是企业遭受商业秘密权利滥用的民事诉讼救济手段，是指商业秘密权利人对特定主体发出侵权警告后，未在合理期限内依法向特定主体提起民事诉讼时，被警告人可以向法院提起确认不侵权诉讼[②]。企业在实施正常经营活动时遭受商业秘密权利人的警告或威胁后，企业可以向商业秘密权利人发出催告通知，催促其尽快行使诉权或撤回警告。倘若商业秘密权利人收到催告通知后一个月内或催告通知发出后两个月内，没有向法院提起侵权之诉，也没有撤回警告，则企业可以主动向法院提起确认商业秘密不侵权之诉，以实现继续自由经营的目的。

【典型案例】丹东克隆集团有限责任公司与江西华电电力有限责任公司确认不侵害商业秘密纠纷案，（2015）民申字第 628 号

【基本案情】本案涉及的产品名称为“螺杆膨胀动力机”。2001 年 11 月 8 日，胡某光个人与江西华电电力有限责任公司（以下简称江西华电）签订合作协议，协议约定：胡某光将“汽液全流螺杆膨胀节能发电技术”的全部技术资料、设计方案、配件供货资料等转让给江西华电，江西华电支付技术转让费 40 万元。次年，江西华电与陈某坤签订聘任合同，聘任陈某坤为副总经理，专职

① 王松主编：《最高人民法院司法观点集成（新编版）· 民事卷Ⅲ》，中国法制出版社 2017 年版，第 1992 页，观点编号 851。

② 参见《中华全国律师协会律师办理商业秘密法律业务操作指引》（2015 年修订）第四节“商业秘密不侵权诉讼”。

负责江西华电“螺杆膨胀动力机”产品的生产、安装调试、技术改造及产品系列化。双方还签订了保密协议书。2008 年 3 月 19 日，陈某坤在江西华电处辞职。2009 年，陈某坤到丹东克隆处工作，将内蒙古平庄矿务局机电总厂绘制的 LF150 型图纸一套提供给丹东克隆集团有限责任公司（以下简称丹东克隆）。丹东克隆就此进行螺杆膨胀动力机的开发、生产和经营活动。

2009 年 11 月 2 日，江西华电委托广东晟典律师事务所向丹东克隆及陈某坤发出律师函，称江西华电是螺杆膨胀动力机技术秘密的权利人，丹东克隆正在进行的螺杆膨胀动力机开发、生产和经营活动侵害了江西华电的合法权益。2010 年 7 月 14 日和 2011 年 2 月 23 日，江西华电又向丹东克隆的客户凌源钢铁集团有限责任公司和铜陵有色金属集团股份有限公司发出律师函，称丹东克隆侵犯了江西华电的技术秘密，两家公司在知悉相关情况的前提下仍购进“侵权产品”，将承担共同侵权责任。丹东克隆向江西华电回函称丹东克隆没有侵害江西华电的合法权益。江西华电对此再未向丹东克隆回复。故丹东克隆向丹东市中级人民法院提起诉讼，请求确认丹东克隆生产螺杆膨胀动力机所依赖的技术属于公知技术，不侵犯江西华电的商业秘密。

丹东市中级人民法院经审理，作出了（2011）丹民三初字第 40 号判决，确认丹东克隆生产、销售涉案螺杆膨胀动力机的行为不侵犯江西华电的商业秘密。

江西华电不服，向辽宁省高级人民法院提起上诉。辽宁省高级人民法院经审理，于 2014 年 9 月 15 日作出（2013）辽民三终字第 18 号裁定，撤销了一审判决，驳回丹东克隆的起诉。

丹东克隆不服，向最高人民法院申请再审。最高人民法院经审查，于 2015 年 11 月 27 日作出（2015）民申字第 628 号裁定，指令辽宁省高级人民法院再审本案，并于再审期间，中止原裁定的执行。

【法院观点】确认不侵权之诉，是通过确定权利人与被诉侵权人之间侵权法律关系的存在与否，防止权利人滥发侵权警告函等滥用权利的行为给被诉侵权人合法权益造成损害，平衡权利人与被指控侵权人的程序利益。本案中，江西华电向丹东克隆及其客户发送侵权警告函，但在将近三年的时间里又未向人民法院提起侵权诉讼，丹东克隆为此提起本案诉讼，请求确认其生产的螺杆膨胀动力机未侵害江西华电的商业秘密。与专利权等知识产权相比，商业秘密不具有外显性，本案虽由丹东克隆提起，但根据双方的举证能力和获取证据的难易程度，江西华电应当可以明确侵权警告函中所称丹东克隆所侵害的商业秘密的具体内容。如果江西华电拒绝明示其商业秘密，则依法应由其承担不利的法律后果。二审法院以本案商业秘密不明、诉讼权利义务指向对象难以确定为由，认定本案不属于人民法院受理民事诉讼的范围，适用法律错误，应予纠正[①]。

【案例点评】本案是典型的确认商业秘密不侵权之诉，作为确认不侵权之诉的一种类型，在满足相关法律规定的情况下，适时提出该类诉讼，可以有效地维护企业自身利益和商誉。

5.4.4　注意避免商业秘密侵权惩罚赔偿

按照我国法律规定，商业秘密侵权人故意侵犯商业秘密且情节严重时，法院可以依据商业秘密权利人的主张，判决侵权人承担惩罚性赔偿责任，即以权利人实际损失数额、被告违法所得数额、侵权所获得的利益或许可使用费等作为计算基数，综合考虑被告主观过错程度、侵权行为的情节严重程度等因素确定惩罚性赔偿的倍数，令侵权人对商业秘密权利人作出赔偿[②]。

企业倘若由于侵犯商业秘密而被起诉，应当注意在接收到商业秘密权利人或利害关系人通知、警告后，立刻停止实施侵犯商业秘密的行为——其中最典型的行为即对涉嫌侵犯商业秘密产品的销售行为。通常情况下，企业接到停止侵权的通知或警报时，民事诉讼裁判文书尚未正式生效，但此时企业也应注意：若一审民事诉讼程序判决企业侵权，企业应当及时停止侵权行为，莫不可抱有侥幸心理。否则人民法院可根据商业秘密权利人在二审程序中的主张，判决企业承担惩罚性赔偿责任。除此之外，企业若因商业秘密侵权被行政处罚或者法院裁判承担责任后，也应避免再次实施相同或者类似商业秘密侵权行为，以避免被商业秘密权利人向法院主张惩罚性赔偿责任。

---

①　王松主编：《最高人民法院司法观点集成（新编版）· 知识产权卷 I》，中国法制出版社 2017 年版，第 90 页，观点编号 25。

②　《最高人民法院关于审理侵害知识产权民事案件适用惩罚性赔偿的解释》（法释〔2021〕4 号，2021 年 3 月 3 日）。

【典型案例】广州天赐高新材料股份有限公司、九江天赐高新材料有限公司侵害技术秘密纠纷案，（2019）最高法知民终562号

【基本案情】广州天赐高新材料股份有限公司（以下简称广州天赐公司）主要从事卡波产品技术的自主研发。2007年12月30日，华某与广州天赐公司签订《劳动合同》《商业保密、竞业限制协议》，并签收了公司的《员工手册》，就商业秘密的保密义务、竞业限制等方面进行了约定。广州天赐公司《离职证明》显示，华某离职生效日期是2013年11月8日。2012年至2013年间，华某利用其卡波产品研发负责人的身份，以撰写论文为由索取了九江天赐高新材料有限公司（以下简称九江天赐公司，与广州天赐公司合称天赐公司）。卡波生产工艺技术的反应釜和干燥机设备图纸，还违反广州天赐公司管理制度，多次从其办公电脑里将广州天赐公司的卡波生产项目工艺设备的资料拷贝到外部存储介质中。华某非法获取卡波生产技术中的生产工艺资料后，先后通过U盘拷贝或电子邮件发送的方式发送给安徽纽曼公司的刘某等人。华某还分别介绍朱某、胡某担任安徽纽曼公司生产安全、环保顾问及负责生产工艺设计。华某、刘某、朱某、胡某对卡波生产工艺原版图纸进行了使用探讨，其间，朱某和胡某均提出是否侵犯天赐公司相关权利的问题，华某遂指示胡某设计时不要跟天赐公司一模一样；胡某按华某要求对图纸进行了修改，并委托案外人设计、制造相关设备。安徽纽曼公司利用天赐公司工艺设备技术生产出卡波产品并向国内外销售。

在本案之前，2018年1月19日江西省湖口县人民法院作出（2017）赣0429刑初49号刑事判决，认定华某、刘某等人的行为构成侵犯商业秘密罪。后江西省九江市中级人民法院作出（2018）赣04刑终90号刑事判决，确认原审判决认定的事实，除改判其中一人的刑事处罚外，其余维持原判。

天赐公司于2017年10月向广州知识产权法院提起诉讼，主张华某、刘某、安徽纽曼公司等共同侵害了天赐公司卡波配方、工艺、流程、设备的技术秘密，且侵权行为给天赐公司造成了巨大的经济损失，要求华某、刘某、安徽纽曼公司、胡某、朱某等立即停止侵害技术秘密，销毁生产卡波的原材料、专用生产设备、配方及工艺资料，共同赔偿天赐公司经济损失及维权费用7000万元。

一审法院根据天赐公司申请向海关调取了安徽纽曼公司自2016年8月至

2019年1月间出口卡波产品的数据。由于天赐公司已初步举证证明安徽纽曼公司卡波产品获利巨大，为切实查清获利情况，一审法院根据申请于庭审时责令安徽纽曼公司限期提供2014年至庭审当日卡波产品获利数据，并附相应财务账册和原始凭证。安徽纽曼公司虽按期提交2014年1月至2019年3月其自行编制的年度及月度资产负债表和利润表，但以数量庞大且路途遥远为由未提交相应财务账册和原始凭证。广州知识产权法院经审理后，于2019年7月19日作出（2017）粤73民初2163号民事判决：1. 华某、刘某、安徽纽曼公司、胡某、朱某于判决生效之日起立即停止侵害天赐公司涉案技术秘密，并销毁记载涉案技术秘密的工艺资料；2. 安徽纽曼公司于判决生效之日起十日内赔偿天赐公司经济损失3000万元及合理开支40万元，华某、刘某、胡某、朱某分别在500万元、500万元、100万元、100万元范围内承担连带责任；3. 驳回天赐公司其他诉讼请求。

一审判决后，天赐公司和华某、刘某、安徽纽曼公司均不服，向最高人民法院提起上诉。最高人民法院知识产权法庭经审理后，于2020年11月24日作出（2019）最高法知民终562号民事判决：1. 维持原判第一项、第三项；2. 变更原判第二项为：安徽纽曼公司于判决生效之日起十日内赔偿天赐公司经济损失3000万元及合理开支40万元，华某、刘某、胡某、朱某对前述赔偿数额分别在500万元、3000万元、100万元、100万元范围内承担连带责任；3. 驳回天赐公司的其他上诉请求；4. 驳回华某、刘某、安徽纽曼公司的全部上诉请求。

【法院观点】通过对案件情节与事实的分析确定适当数额的惩罚性赔偿，应当考虑的不仅仅是行为本身，而是整体的情况，包括侵权行为造成的损害后果甚至潜在消极影响的程度、侵权行为是个别情况还是更广泛的经营模式中的一部分等。在适用惩罚性赔偿的具体情节难以如同列出数学公式般精确计量的情况下，法院可以对惩罚性赔偿的数额进行裁量。对于“情节严重”的判断由法官根据案件事实进行裁量，作为分析惩罚性赔偿是否适用以及后续惩罚性赔偿的合理数额确定的重要环节，这是一个综合性的因素，应当考虑案件的整体情况，对侵权行为的手段、规模、持续时间、消极影响（包含直接影响与潜在影响），权利人遭受的实际损失或侵权人获得的经济收益，侵权人在整个行为过程中表现出的恶意程度以及是否采取补救措施等方面进行综合分析。本案中，安徽纽曼公司生产规模巨大，自认的销售额已超过3700万元，销售范围多至20余个国家和地区；且安徽纽曼公司侵害的天赐公司技术秘密涉及产品生产工艺、流程和设备，这些技术秘密对产品的形成起到关键作用，可见安徽纽曼公司通过侵害技术秘密的行为获利极高，对天赐公司造成极大的损失。同时，当安徽纽曼公司前法定代表人刘某因侵害商业秘密行为被追究刑事责任后，安徽纽曼公司仍未停止生产，两天赐公司提交的二审证据显示其在一审判决之后并未停止侵权行为，其行为具有连续性，侵权规模巨大，持续时间长。综合以上因素，足见安徽纽曼公司等侵权情节之严重。因此，二审法院依据所认定的安徽纽曼公司侵权获利的五倍，即惩罚性赔偿的最高倍数顶格确定了本案损害赔偿数额。本案二审改判主要即体现在惩罚性赔偿的倍数由2.5倍提高至5倍。总之，惩罚性赔偿制度具有补偿、惩罚、威慑与预防功能，对于打击恶意侵权行为、有效保护基于商业秘密产生的竞争优势，进而维护市场竞争秩序，具有明显的现实作用。商业秘密侵权案件中，主观要件“恶意”即“主观故意”，客观要件“情节严重”是对行为与整体案件事实的综合考量。赔偿金额的确定应坚持适度原则、比例原则，惩罚性赔偿的倍数与情节严重程度应具有对应关系。适用惩罚性赔偿的商业秘密侵权案件多涉及共同侵权，应合理界定各侵权人在侵权活动中所起作用并以此确定连带责任的承担[①]。

【案例点评】本案系最高人民法院知识产权侵权惩罚性赔偿第一案。法官裁量“情节严重”既是适用惩罚性赔偿的客观要件，也是确定惩罚性赔偿倍数的重要考虑因素。其考虑因素并不限于侵权行为本身，而是着眼于全案，从行为的手段、规模、持续时间、消极影响、权利人遭受的实际损失或侵权人获得的经济收益，侵权人在整个行为过程中表现出的恶意程度以及是否采取补救措施等方面进行综合分析。

对于商业秘密侵权纠纷的涉诉企业，为避免惩罚性赔偿，应当在接到通知

---

①《最高法知识产权侵权惩罚性赔偿第一案——合议庭详解侵害“卡波”技术秘密纠纷案》，载微信公众号“最高人民法院”，2021年3月1日。

或警告后停止侵权行为，进行内部查证和处理；在本案或关联案件的裁判、决定等生效后，必须立即停止侵权行为，避免侵权规模的扩大和持续时间的延长，同时采取补救措施并保留相关证据，这将直接决定惩罚性赔偿是否适用以及最终倍数的确定。

第六章 企业融资中的知识产权管理

对于不少企业来说，要快速发展，迅速壮大，融资不失为一种直接有效的方式。知识产权融资是一种相对新型的融资方式，区别于以不动产或动产作为抵押物或质押物的传统融资模式，知识产权融资是指企业或个人以合法拥有的专利权、商标权、著作权、商业秘密中的财产权作为对象实现融资目的。

6.1 企业融资中的专利管理

专利权是企业最为重要的一种知识产权，特别是对于科技型企业而言，专利权相关的融资也是目前最为社会所认可的融资标的类型。

6.1.1 专利质押的法律依据和办理方式

在我国知识产权质押融资的环境中，专利权更加受到金融机构的青睐。据国家知识产权局统计数据显示，2020 年专利、商标质押融资额 2180 亿元，项目数 12093 项，其中专利质押金额 1558 亿元，项目数 11033 项，占比分别达到 71.5%、91.2%，足见金融机构对于专利权的重视。

2020 年质押专利中发明、实用新型和外观设计分别占到 33.6%、63.0% 和 3.4%。从中可以看出，与技术更为相关的发明和实用新型占据了绝大部分，其中实用新型的占比不容小觑。另外，出质专利中融资次数超过 5 次的占比 7.8%，这一方面说明出质专利的资产属性获得了金融机构的认可，但另一方面，由此带来的金融风险也应当引起监管机构的注意。

（1）法律法规

①《民法典》

第四百四十条："债务人或者第三人有权处分的下列权利可以出质：……；（五）可以转让的注册商标专用权、专利权、著作权等知识产权中的财产权；……"

第四百四十四条："以注册商标专用权、专利权、著作权等知识产权中的财产权出质的，质权自办理出质登记时设立。知识产权中的财产权出质后，出质人不得转让或者许可他人使用，但是出质人与质权人协商同意的除外。出质人转让或者许可他人使用出质的知识产权中的财产权所得的价款，应当向质权人提前清偿债务或者提存。"

②《专利权质押登记办法》

第十一条："专利权质押登记申请经审查合格的，国家知识产权局在专利登记簿上予以登记，并向当事人发送《专利权质押登记通知书》……"

第十八条："专利权质押期间，出质人未提交质权人同意转让或者许可实施该专利权的证明材料的，国家知识产权局不予办理专利权转让登记手续或者专利实施合同备案手续。出质人转让或者许可他人实施出质的专利权的，出质人所得的转让费、许可费应当向质权人提前清偿债务或者提存。"

（2）办理方式

除了传统的递交纸件之外，国家知识产权局还开通了网上办理专利权质押登记业务。办理步骤如下[①]：

①用户注册

企业需要在国家知识产权局的"专利事务服务系统"注册。

---

① 《专利权质押登记办理指引》，载广东省市场监督管理局网站，http://amr.gd.gov.cn/ztzl/zldbcfw/tzgg/content/post_3164614.html。

图 6–1

②在办理事项中选择“质押许可业务”

进入系统后，浏览所能办理的事项，在其中选择“质押许可业务”。

图 6–2

③录入基本信息

按照系统的提示，录入质押业务的基本信息。注意，录入的信息应与纸质材料的信息一致。

④上传文件

将已经签字、盖章文件的彩色扫描件上传系统。

提交成功后，由审核机构进行审核。当办理状态变更为“审核完成”时，即可携带与电子材料一致的纸质材料到所选择的自取地址领取质押、许可通知书。

（3）融资模式

目前，我国形成了四种典型的专利技术质押融资模式：北京模式、上海模式、武汉模式、中山模式。北京模式是市场主导的直接融资模式，上海模式是政府主导的间接融资模式，武汉模式是政府引导的直接模式和间接模式混合的模式。

中山模式是继北京模式、上海模式、武汉模式之后探索出来的又一创新专利质押融资模式。中山模式的特点是引进了银行、保险、风险补偿基金、服务机构共担风险，如出现不良贷款，由各个部门按约定比例分担相应损失。具体而言：

①银行方面：银行是发放贷款的机构，自然需要承担一定风险。在中山模式下其他机构分担银行的风险，银行仅需承担 26% 以上贷款利息的融资成本风险。

②保险公司方面：国家知识产权局会同中国人民财产保险股份有限公司开发完成了专利质押融资保证保险产品，该产品由融资企业投保，被保险人为银行。一旦融资企业未按照约定还款，经过约定的“赔款等待期”后，保险公司向银行承担还款责任。该产品保费计算公式为贷款金额 × 费率（费率一般为 2%—3%）。保险公司承担 16% 的融资成本风险。

③风险补偿基金方面：该基金是由政府设立的一个开放式平台，其作用在于为融资企业提供一定的保费补贴及贷款贴息，减轻企业“融资贵”的壁垒，并提供风险补偿支持。风险补充基金承担 54% 的融资成本风险。

④服务机构方面：是指为融资企业提供专利价值评估服务的机构。评估机构不再单单是收取评估费、出具评估报告的服务机构，其还需承担 4% 的融资成本风险，真正做到与融资企业风险共担，同时规范了专利价值的评估，加强了公司的信用评级，也增强了银行的信心。

毋庸讳言，国内的专利质押融资还是或多或少地受到了政府的支持，最为典型的就是知识产权质押贷款贴息和国资背景担保机构的介入，在某些情况下，政府财政也对质押风险进行一定程度的补偿。但可喜的是，专利质押融资的市场化程度越来越高，另外，国资背景担保机构也开始考虑分散风险。部分地区已经开始了企业、银行、国资背景担保机构、保险公司四方协作的利益共享、风险共担的专利质押融资新模式。

【典型案例】福州某仕达电子有限公司、某星恒隆电子（福州）有限公司与叶某兴专利质押权纠纷案，（2007）闽民终字第464号

【基本案情】某星恒隆电子（福州）有限公司（以下简称某星恒隆公司）系涉案13项专利的专利权人。而后，某星恒隆公司与叶某兴就签订的《专利权质押合同》，将上述13项专利质押于叶某兴。而后，双方将如上《专利权质押合同》向国家知识产权局审核登记。该《专利权质押合同》自2006年6月14日起生效，登记号为200435159。某星恒隆公司未经叶某兴许可，擅自于2004年11月将专利号为013549219之专利技术许可福州某仕达电子有限公司（以下简称某仕达公司）使用。

【法院观点】一审法院认为：某星恒隆公司在将013549219号专利权出质给叶某兴后，未经与其协商同意，即与某仕达公司签订了《专利实施许可合同》，将013549219号专利技术许可给某仕达公司使用，侵犯了叶某兴的合法权益。某星恒隆公司、某仕达公司就013549219号专利技术签订的《专利实施许可合同》自始无效。而后，某仕达公司提起上诉。二审法院认为：某仕达公司的上诉理由不能成立，故驳回上诉，维持原判。

【案例点评】本案例发生在《专利权质押登记办法》施行之前，强调保护质押权人的利益。但是，《专利权质押登记办法》试图平衡质押人（专利权人，许可人）、质押权人、被许可人之间的关系，强调交易安全，保护交易中的信赖利益。因此，如果按照《专利权质押登记办法》的相关规定，则某星恒隆公司、某仕达公司就013549219号专利技术签订的《专利实施许可合同》并非自始无效，而后，某星恒隆公司应当就专利许可所获得的许可费向叶某兴提前清偿债务或者提存。

6.1.2 专利出资引发的纠纷

通过将专利进行评估作价、出资用于公司的设立或者公司的增资，使专利权人成为公司的股东，也是专利权人选择实现专利技术产业化的一种常见方式。一方面，专利权人能够亲自参与实施专利技术，使专利创造的价值最大化；

另一方面，专利权人还有机会通过对公司的运营和对专利技术的持续改进，从而得到持续的、超预期的收益。

（1）专利所有权出资与专利使用权出资

《公司法》第二十八条第一款规定："股东应当按期足额缴纳公司章程中规定的各自所认缴的出资额。股东以货币出资的，应当将货币出资足额存入有限责任公司在银行开设的账户；以非货币财产出资的，应当依法办理其财产权的转移手续。"

传统观点认为，必须依法转移全部财产权，才能完成非货币财产的出资。然而，实务界也有一种新的观点，认为在不转移专利所有权的前提下，专利使用权也可以出资，这种新观点可能代表着未来的发展趋势。

（2）专利权出资的关注点

如果企业希望专利权出资，需要注意以下三个方面的风险：

①专利权的效力风险

目标专利的权利稳定性会直接影响专利权出资的成功率。关于效力风险，需要从以下几个方面去考虑：专利权的主体资格（是否存在权属纠纷等）；专利权的法律状态（是否已授权、是否被提无效、剩余保护年限等）；专利权是否受限（专利权是否存在他权利）等。

②专利权的价值风险

按照法律规定，对于想要出资的专利，需要由专门的评估机构对于专利权的价值进行评估。目前国内的知识产权评估机构在专利权价值评估的客观性方面容易受到质疑，评估金额受委托人的影响较大。在这种情况下，企业的经营者也要对专利权的实际价值做独立的判断。

③专利权的出资比例

目前，《公司法》没有对包括技术出资在内的非货币出资的比例做任何限制，因此，企业的管理者需要结合行业特点和企业自身情况，来确定专利权在企业股权中所占的比例[①]。

---

① 柯婷婷：《那些年，我关注过的"专利权出资"》，载微信公众号"IPRdaily"，2019 年 7 月 26 日。

【典型案例】青海威德生物技术有限公司、北京威德生物科技有限公司增资纠纷案，（2019）最高法民终959号

【基本案情】2002年10月30日，青海威德生物技术有限公司（以下简称青海威德公司）登记成立，企业类型为有限责任公司。受北京威德生物科技有限公司（以下简称北京威德公司）委托，2009年11月27日，北京大正评估公司对北京威德公司拥有的“一种以菊芋或菊苣为原料制造菊粉的新方法”发明专利及相关全套工业生产技术、“红菊芋”注册商标、“wede”注册商标3项无形资产作出168号评估报告。至评估基准日2009年9月30日，上述3项无形资产的评估结果为人民币1300万元，评估结论使用有效期自评估基准日起一年。2010年4月9日，青海威德公司作出股东会决议，同意北京威德公司以上述3项无形资产向青海威德公司增资，并以评估结果1300万元认定增资数额。而后，完成了无形资产的增资并依法变更登记。2014年12月30日，国家市场监督管理总局商标评审委员会作出商评字（2014）第0000115544号商标无效宣告请求裁定书，宣告“红菊芋”商标无效并进行了公告。2016年2月25日，国家知识产权局专利复审委员会作出第27799号无效宣告请求审查决定书，宣告03119619.5号发明专利权（“一种以菊芋或菊苣为原料制造菊粉的新方法”发明专利）无效并进行了公告。“wede”注册商标仍在有效期内。一审原告主张：专利、商标被宣告无效不属于客观因素，北京威德公司应补足出资。

【法院观点】根据《专利法》第四十七条第二款的规定，宣告专利无效的决定，对在宣告专利权无效前人民法院作出并已执行的专利侵权的判决、调解书，已经履行的或者强制执行的专利侵权纠纷处理决定，以及已经履行的专利实施许可合同和专利转让合同，不具有追溯力。但是因专利权人的恶意给他人造成的损失，应当给予赔偿。北京威德公司的专利权和商标权已通过增资方式完成了向青海威德公司的转让，北京威德公司由此获得相应的股东资格和股东权利，其转让出资义务已经履行完毕。青海威德公司未提交证据证明北京威德公司在上述无形资产出资时存在主观恶意。专利和注册商标被宣告无效存在多种可能，不能因此证明权利人存在主观恶意。青海威德公司以专利和注册商标被宣告无效来证明北京威德公司存在主观恶意的意见不能成立。《最高人民法

院关于适用〈中华人民共和国公司法〉若干问题的规定（三）》第十五条规定，出资人以符合法定条件的非货币财产出资后，因市场变化或者其他客观因素导致出资财产贬值，该出资人不承担补足出资责任，除非当事人另有约定。北京威德公司以注册商标、专利权出资时，双方并无因无形资产贬值需承担补足出资的约定。故即使专利和注册商标被宣告无效可能导致北京威德公司的出资贬值，青海威德公司也无权要求北京威德公司补足出资。青海威德公司关于专利、商标被宣告无效不属于客观因素的意见不能成立。综上，一审法院判决驳回青海威德公司的诉讼请求。

【案例点评】以专利、商标、著作权等非实物资产出资，应当履行评估的手续，但评估内容是基于当时环境所作出的，不能用后续情况发生变化来质疑评估内容的客观性；在非实物资产进行必要的评估手续，完成增资入股后，出资人的出资完成。如因市场变化或者其他客观因素出现非实物资产贬值的情况，非实物资产的出资人不承担补足出资责任。

6.1.3 专利权许可引发的纠纷

（1）专利权许可的概念

专利权许可是实现合同价值最为常见的途径。专利权许可是专利权人依专利许可合同允许他人实施其专利，获得权益的制度。通常，通过签订专利许可合同而进行的交易称为许可证贸易。

（2）专利权许可的类型

专利权许可有如下几种：①一般许可。专利权人许可他方在规定的时间、地域内享有对专利的使用权后，自己仍保留实施该专利的权利，同时还有权在同一地域内就同样专利再许可任何第三方使用。②排他许可。专利权人许可他方在规定的时间、地域内享有对专利的使用权后，除专利权人可保留这方面权利外，不得再将同一许可证发放给任何第三人。③独占许可。专利权人许可他方在规定的时间、地域内享有对专利的使用权后，不但无权向第三人发放该专利的许可证，而且自己也不得在合同期限内使用该专利。④分许可。专利权人许可他方在规定的时间、地域内使用该专利的同时，又允许被许可方将该专利许可给第三人使用。⑤交叉许可。两个专利权人均允许对方在一定的时间、地域内实施自己的专利，或允许对方将自己的专利许可给任何第三人使用。还需要补充说明的是，关于许可的限制，当事人可以自行选择，不局限于如上所述的时间和地域，还可以增加其他的限制性条件，例如：实施的行业和领域。

（3）专利权许可合同的备案

根据《专利实施许可合同备案办法》第五条，当事人应当自专利实施许可合同生效之日起3个月内办理备案手续。根据《民法典》第四百八十三条的规定，承诺生效时合同成立，但是法律另有规定或者当事人另有约定的除外。因此，专利实施许可合同与一般的民事合同性质相同，只要符合法定要件，不存在其他无效情形，该合同本身是合法、有效的，不备案并不影响专利实施许可合同本身的效力。备案最大的作用主要在于公示公信，即经过备案的专利实施许可合同，能够维持正常的专利交易，有效对抗第三人。例如，对于排他实施许可、独占实施许可的被许可人而言，如果专利权人在专利（排他）实施许可协议、专利（独占）实施许可协议之外，又将专利许可给其他第三人，则进行许可备案的被许可人可以对抗未进行许可备案的第三人，而在先未备案的被许可人无法对抗在后已备案的被许可人。

（4）专利权许可费

关于专利权许可费，一般情况下，在确定专利权许可费时，需要考虑以下因素：①该专利所在行业高精尖，例如生物医药、纳米、5G等；②该专利所产生的产品具有高利润率；③该专利的开发工作量大、难度高、技术先进；④该专利的许可领域是一个庞大且重要的市场；⑤专利权人还提供大量额外的服务和技术支持；⑥被许可的专利或者专利权人在行业内享有盛名，专利权很强大。还需要说明的是，不同行业的专利许可存在一些惯例，可供参考。

（5）关于标准必要专利

从理论上来讲，与普通专利不同的是，标准必要专利因被纳入技术标准，实质上是利用公权力推广实施相关专利技术，标准的实施者为了使其产品符合标准并进入市场而必须实施标准中包含的专利，并无选择自由。因此，标准必要专利的专利权人需按照“公平、合理、无歧视”原则（FRAND原则）对标准实施者给予许可。但是，在实际操作中，如何判断专利权人提出的许可方案是否符合 FRAND 原则，专利权人和标准实施者往往有不同的标准，很难达成一致。目前，专利许可费纠纷，特别是标准必要专利许可费率的纠纷，越来越多地走上了司法诉讼程序。并且由于标准必要专利的专利许可可能涉及多国，因此涉及专利许可费纠纷的管辖等问题也成为行业内的关注点和争论点。

【典型案例】中国某科学院生物技术研究所发明专利实施许可合同纠纷案，（2018）京 73 民初 196 号

【基本案情】涉案专利的专利权人为中国某科院生物技术研究所。2000 年 11 月 16 日，中国某科学院生物技术研究所（甲方，以下简称某科院生物所）与某世纪转基因技术有限公司（乙方，以下简称某世纪公司）签订涉案合同，约定甲方将涉案专利以有限排他实施许可的方式许可给乙方使用，在合同签订后，乙方分 10 年支付给甲方专利使用费。2012 年 2 月 22 日，某科院生物所与某世纪公司签订《Bt+CPTI 双价杀虫基因发明专利实施许可合同》补充合同，主要内容：涉案合同赋予乙方在中国境内棉花作物上实施双价专利的排他实施许可权，以及再许可第三方普通实施权的权利。2017 年 12 月 11 日，北京市一法律师事务所廖某梅律师接受某科院生物所委托，向某世纪公司发送律师函，要求某世纪公司于 10 个工作日内向某科院生物所支付尚欠的 525 万元涉案专利使用费。2018 年 1 月 4 日，北京市开越律师事务所接受某世纪公司委托，向某科院生物所发送律师函，称收到某科院生物所发送的律师函。自 2013 年以来，原农业部不再发放双价杀虫基因抗虫棉品种安全证书，涉案专利已没有商业价值，某世纪公司无法通过实施或许可他人实施的方式获得利益，因此，也没有利益可供某科院生物所分享。对此，某世纪公司负责人已及时通过口头方式告知某科院生物所涉案合同不具有履行的基础，应当中止履行，待国家产业政策发生变化后具体协商处理方式。律师认为，涉案合同的履行符合法律有关情势变更的情形，某世纪公司依法享有变更或解除涉案合同的权利，故建议通过友好协商解决涉案合同的终止及善后事宜。某科院生物所于 2018 年 2 月 27 日向北京知识产权法院递交起诉状，提出如下诉讼请求：1. 被告向原告支付 2014—2017 年欠款 525 万元；2. 被告向原告支付 2014—2017 年的使用费滞纳金 1415.625 万元。在庭审过程中，为证明涉案合同的履行发生情势变更，某

世纪公司向北京知识产权法院提交了如下证据：原农业部下发的政策文件。

【法院观点】某科院生物所与某世纪公司于2000年11月16日签订的涉案合同、双方于2012年2月22日签订的补充合同，均系双方真实意思表示，未违反相关法律的规定，应属有效，双方均应认真履行。关于上述两份合同，某世纪公司的合同目的在于利用涉案专利技术进行抗虫棉的生产、销售和投资，以及再许可第三方实施涉案专利。某世纪公司确认其是通过向第三方收取涉案专利使用费来获得利益，但是，含有涉案专利所述双价基因（Bt+CpTI）的转基因棉花品种通过品种审定并取得农业转基因生物安全证书，是第三方进行涉案专利所述的双价基因抗虫棉培育、生产和销售的基础，也是某世纪公司能够收取第三方涉案专利使用费的基础。但是，在原农业部于2013年提出转基因抗虫棉安全评价检验要求的情况下，曾经取得《农业转基因生物安全证书（生产应用）》的转cry1A和CpTI基因抗虫棉品种，确实未再取得后续有效的农业转基因生物安全证书，导致涉案合同及补充合同无法继续履行，从而导致双方的合同目的均无法实现。根据公平原则，本院综合考虑上述因素认为，某科院生物所依据补充合同要求某世纪公司支付2014—2017年涉案专利使用费525万元，显失公平，本院不予支持。

【案例点评】专利许可不光是许可双方当事人的事，其还受到各方面的限制，尤其是在涉及种子、烟草、金融、能源等特殊行业中。在这种情况下，订立专利许可合同需要考虑到外部环境、政策等各种因素，以对合同目的能够有合理的预期。

【典型案例】某文森公司与华某全球系列标准必要专利案件

【基本案情】2012年，某文森公司从原始专利权人芬兰诺基亚公司处购得涉及无线通信技术的专利包。2014年，某文森公司致函华某，称多项华某移动终端产品侵害该专利包的专利权，华某需要获得某文森公司的许可。2017年2月，某文森公司致函华某，称华某提出的标准必要专利包的费率不符合FRAND原则，并提出了新的全球专利许可费率。2017年4月，华某提出将在美国和欧洲的专利许可费率与在中国的专利许可费率分别解决。但某文森公司仍然主张全球专利打包许可。2017年7月24日，某文森公司在英国高等法院专利法庭（以下简称英国法庭）起诉华某，要求判定华某侵犯其四件英国专利权，并请求法庭裁定其全球专利包符合公平、合理、无歧视（FRAND）原则的许可费。华某认为由英国法院裁定外国专利（尤其是中国专利）的许可费率不正确，故提出了管辖权异议。2018 年 4 月 16 日，英国法庭对华某的管辖权异议作出裁定，一审裁定驳回异议。而后，英国上诉法院二审、英国最高法院均维持了英国法庭的一审裁定。2017 年 12 月 21 日，华某致函某文森公司，要求某文森公司在中国法院就中国专利侵权提起诉讼，但某文森公司并未在任何中国法院提起诉讼。鉴于某文森公司怠于针对其中国专利在中国行使诉权的行为，使得华某的生产经营处于不确定状态，故华某向江苏省南京市中级人民法院（以下简称南京中院）就某文森公司主张的三件标准必要专利提起确认不侵害专利权及标准必要专利许可纠纷之诉。

【法院观点】2019 年 9 月 16 日，南京中院作出一审判决，认定：1. 某文森公司主张的三件专利中的两件已经在无效宣告程序中被全部无效，故对华某的相关诉讼请求不予支持。2. 某文森公司主张的三件专利中的维持专利权有效的意见，华某需向某文森公司按以下许可费率支付许可费：单模 2G 或 3G 移动终端产品许可费率为 0；单模 4G 移动终端产品中国标准必要专利许可费率为 0.00225%；多模 2G/3G/4G 移动终端产品中国标准必要专利许可费率为 0.0018%。2018 年 4 月 20 日，某文森公司向德国法院针对华某提起三件侵害标准必要专利权纠纷诉讼，请求德国法院禁止华某销售、使用、进口或拥有相关移动终端产品，告知相关侵权行为和销售行为、赔偿侵权损害、销毁并召回侵权产品、承担诉讼费用等。某文森公司主张的三件标准必要专利为其在中国主张的三件标准必要专利的同族专利。2020 年 8 月 27 日，德国法院作出一审判决，认定华某侵害了某文森公司专利号为 EP1797659 的欧洲专利，支持了某文森公司的主张，并认为某文森公司向华某提出的标准必要专利许可费率要约未违反公平、合理、无歧视（FRAND）原则。德国法院的判决可在提供 240 万欧元后获得临时执行。2020 年 8 月 27 日，华某向最高人民法院知产法庭申请行为保全，请求责令某文森公司在最高人民法院知产法庭对华某诉某文森公司确认不侵害专利权及标准必要专利许可纠纷三案作出终审判决前，不得申请执行德国法院作出的停止侵权判决。最高人民法院知产法庭作出（2019）最高法知民终 732、733、734 号之一行为保全裁定：某文森公司不得在确认不侵害专利权及标准必要专利许可纠纷终审三案判决作出前，申请执行德国法院作出的一审停止侵权判决。如违反裁定，自违反之日起，处每日罚款人民币 100 万元，按日累计。该行为保全裁定虽经复议，但得以维持并立即执行。

【案例点评】该案件目前并没有结束，某文森在英国和德国的诉讼，以及在中国的诉讼都还没有最终结果，值得关注。该案件必然成为中国乃至世界专利史上里程碑式的案件。

6.1.4 专利转让引发的纠纷

专利转让是指将己方所有的专利申请权或者专利权让与他方，而他方支付对价的行为。

（1）专利转让的注意点

①与专利许可不同，专利转让中让与的是专利的所有权。在转让完成之后，没有合同约定和新权利人的同意，原权利人不能主张关于专利的权利。

②无论是专利权转让还是专利申请权转让，在专利登记簿上都会完整地登记从申请日（优先权日）起每个时期的权利人状况。

③专利转让不涉及发明人的变更，发明人是对专利的实质性特点作出贡献的人，其不随专利转让而变化。

（2）专利转让的流程

专利转让事实上是一种合同行为，交易双方在价格、交易方式等因素上达成合意即可。其他的工作就是向国家知识产权局做关于申请人 / 专利权人的著录项目变更。

专利权人变更需要办理著录项目变更手续，按照以下程序进行[①]：

①变更应当使用专利局统一制作的“著录项目变更申报书”提出。文件可以直接递交，也可邮寄。

②按规定缴纳著录项目变更手续费。

③同时提交相关证明文件原件。

① 载 https://www.cnipa.gov.cn/art/2020/11/17/art_707_227.html。

专利权人因权利的转让或者赠与发生权利转移提出变更请求的，应当提交转让或者赠与合同。该合同是由单位订立的，应当加盖单位公章或者合同专用章。公民订立合同的，由本人签字或者盖章。有多个专利权人的，应当提交全体权利人同意转让或者赠与的证明材料。

发明或实用新型专利权转让涉及外国人、外国企业或者外国其他组织的，应当符合下列规定：如果转让方是中国内地的个人或者单位，受让方是外国人、外国企业或者外国其他组织的，或者受让方是我国香港、澳门或者台湾地区的个人、法人或者其他组织的，应当出具国务院商务主管部门颁发的《技术出口许可证》或者《自由出口技术合同登记证书》，或者地方商务主管部门颁发的《自由出口技术合同登记证书》，以及双方签字或者盖章的转让合同。

④代理机构。

关于著录项目变更，有代理机构的变更手续应当由代理机构办理。

专利权转移的，变更后的专利权人委托新专利代理机构的，应当提交变更后的全体专利申请人签字或者盖章的委托书；变更后的专利权人委托原专利代理机构的，只需提交新增专利权人签字或者盖章的委托书。受让方是外国人、外国企业或者外国其他组织的，或者受让方是我国香港、澳门或者台湾地区的个人、法人或者其他组织的，应委托代理机构。受让方是单位且未委托代理机构的，应当在著录项目变更申报书中填写联系人。联系人应当是本单位的工作人员，其地址应与单位地址一致，不一致的，单位还需要出具证明材料证明该联系人为单位员工。

⑤多份专利的转让。

一件专利申请的多个项目同时发生变更的，只需提交一份申报书；多件专利申请的同一著录项目发生变更的，即使变更的内容完全相同，也应当分别提交各自的著录项目变更申报书。

【典型案例】彭某与某威朗光电（中国）有限公司专利合同纠纷案，（2013）浙嘉知初字第 197 号

【基本案情】2010 年 11 月 10 日，彭某、某威朗光电（中国）有限公司

（以下简称某威朗公司）签订《技术转让协议》一份，约定彭某将其拥有的ZL200810006666等13项专利转让给被告。合同第4.1条约定："双方同意，本协议项下，转让方可获得的被转让技术的转让价款的总额为210万美元，相当于每件专利以15万美元定价，且每件被转让技术项下可获得的转让对价（包括但不限于现金对价以及被转让技术带来的收入提成）。"第4.2条约定："本协议项下，转让价款由以下两部分组成并按照以下方式支付：A）现金对价：转让价部分付款30万美元（若按14件被转让技术全部转让计算，如少于14件则按实际转让件数计算）……；B）被转让技术带来的收入提成：受让方在使用某一被转让技术过程中所获得的以下收益，应当按以下规定提取一定比例支付给转让方，直至已支付的收入提成以及现金对价的总额达到该项被转让技术的单项转让对价为止：……（g）融资收益提成：若受让方单独利用被转让技术成功引进其他第三方投资的，在其他第三方书面确认其对受让方的投资与被转让技术有关且明确该等相关部分的投资金额的前提下，受让方应当在收到投资款后的一个月内将投资人确认的与该项被转让技术有关部分的投资金额的10%支付给转让方；（h）融资收益提成：若受让方在融资文件中把被转让技术列为知识产权的一部分时，受让方应当在收到融资款后的一个月内将融资金额的0.5%支付给转让方。"合同签订后，某威朗公司向彭某支付了合同项下的现金对价部分30万美元。2011年4月20日，国家知识产权局对合同项下的13项专利进行了专利权的转移的公告，变更专利权人为某威朗公司。

2012年3月6日，某威朗公司与案外人天某公司签订了《投资协议》一份，协议概述了天某公司投资于被告拟议的主要条款。其中包括：主投资人为招商局集团旗下基金，或者被告认可的在B轮融资中处于主投地位的其他投资人；投资金额为B轮融资的总金额为2亿元左右，所有投资全部用于被告增资。投资人的首期投资金额为人民币0.15亿元（"首期投资"），在主投资人投资足额到位后二个月内有权以相同估值再追加投资不超过人民币0.5亿元，此追加投资仍视作本轮融资的范畴；投资形式为在被告与主投资人签订具体投资协议后，按照与主投资人相同的被告估值及其他条款和条件在办理相关手续后转换为被告股权；投资估值为投资人投入资金之前被告的整体估值约为7.5亿元；不计投资人的追加投资，本轮增资2亿元后被告的整体估值约为9.5亿元等。

2012 年 12 月 20 日，某威朗公司与浦发银行嘉兴分行签订《知识产权最高额质押合同》，合同约定：被告以其享有的专利权作质押，为双方于 2012 年 12 月 20 日至 2013 年 12 月 20 日间办理的各类融资业务所发生的债权（前述期间是最高额担保债权的确定期间，即债权确定期间），以及双方约定的在先债权（如有）作担保。前述主债权余额在债权确定期间内以最高不超过等值人民币 5480 万元为限。在《知识产权最高额质押合同》附件所列的质押财产清单中，有 27 项被告享有专利权的专利，其中包括 10 项原告依《技术转让协议》转让给被告的专利。2013 年 3 月 6 日，国家知识产权局对包含在附件中的涉案十项专利进行了专利权质押登记生效的公告。在诉讼中，彭某要求某威朗公司支付被转让技术带来的收入提成 5075000 元的问题。原告在庭审中明确该数额主要由两部分构成：第一，依据被告与浦发银行嘉兴分行签订的《知识产权最高额质押合同》，要求其按照《技术转让协议》第 4.2 条第（g）项支付 500 万元；第二，依据被告与天某公司签订的《投资协议》，要求其按照《技术转让协议》第 4.2 条第（h）项支付 75000 元。

【法院观点】法院认为：关于原告主张的第一部分即 500 万元的收入提成，根据《技术转让协议》第 4.2 条第（g）项之约定，该条款明确载明系被告利用被转让技术“成功引进其他第三方投资”之情形。条款中所做的“投资”之文义本身，系第三方将资金、人力、知识产权等有价值的资产投入到被告企业，通过企业的生产经营活动等获取经济回报并承担相应风险的经济活动。本案中，浦发银行嘉兴分行与被告签订的《知识产权最高额质押合同》系为双方之间的金融贷款主合同就质押担保事项达成的从合同。故浦发银行嘉兴分行与被告之间是典型的金融贷款合同关系，其贷款行为系银行以被告的相关专利权利为质押标的，以一定的利率将货币资金出借给被告，并约定期限归还的经济行为。其与投资行为在主体以及风险与收益的关系上均存在本质区别。因此，被告以知识产权质押获取金融贷款的行为并不属于协议中所列明的“投资”之情形。此外，《知识产权最高额质押合同》附件即质押财产清单中，除涉案 10 项专利外，另有 17 项被告所享有的其他专利在列。同时，本案所涉 13 项专利的转让价款总额为 210 万美元，与被告因知识产权质押所获取的最高额贷款数额 5480 万元存在明显差距。因此，从质押专利的数量以及获取的最高额贷款额度来看，被告亦非条款中所称单独利用被转让技术获取金融贷款。综上，被告与浦发银行嘉兴分行签订的《知识产权最高额质押合同》获取金融贷款，并不符合《技术转让协议》第4.2条第（g）项约定之条件，故原告的该部分主张不能成立，本院不予支持。

关于原告主张的第二部分即75000元的收入提成。根据《技术转让协议》第4.2条第（h）项之约定，被告在《投资协议》中把被转让技术列为知识产权一部分时，其有义务在收到融资款后的一个月内将融资金额的0.5%支付给原告。对此，本院认为，该《投资协议》并未明确地、清楚地显示有涉及任何知识产权的事项，更未见涉案的专利作为知识产权的一部分出现在该协议中。同时，原告在庭审中也明确案外人天某公司目前并未成为被告方股东，即天某公司与被告并未按照《投资协议》完成股权转换。因此，目前尚不满足《技术转让协议》第4.2条第（h）项约定之条件，故对原告的该部分主张，本院亦不予支持。

【案例点评】关于专利转让，对于其对价支付方式要特别注意。尤其是在既涉及专利转让，又涉及专利融资、专利入股等的对价支付方式中，对于其中的交易细节、法律法规，一定要有充分的认识，否则有可能无法实现己方的交易目的。

6.2 企业融资中的商标管理

6.2.1 商标质押引发的纠纷

质押是担保的一种方式。商标专用权的质押是指以可转让的商标专用权作为标的而设定质权对债权予以担保的一项法律制度，从性质上而言，商标专用权的质押属于权利质押。

《民法典》第四百四十四条规定，以注册商标专用权、专利权、著作权等知识产权中的财产权出质的，质权自办理出质登记时设立。知识产权中的财产权出质后，出质人不得转让或者许可他人使用，但是出质人与质权人协商同意的除外。出质人转让或者许可他人使用出质的知识产权中的财产权所得的价款，应当向质权人提前清偿债务或者提存。

《注册商标专用权质押登记程序规定》第二条规定，自然人、法人或者其他组织以其注册商标专用权出质的，出质人与质权人应当订立书面合同，并向国家知识产权局办理质权登记。企业以商标权出质的，应及时办理出质登记，避免因未登记而导致质押合同无效。

【典型案例】浙江某一堂药业有限公司、兰溪市某旋实业发展公司合同纠纷案，（2020）浙07民终3107号

【基本案情】2001年11月6日，兰溪市人民政府作出（2001）61号专题会议纪要：由浙江某一堂药业有限公司（以下简称某一堂公司）收购兰溪市某旋实业发展公司（以下简称某旋实业公司）和二轻联社持有的某旋燃具公司的股份2400万股。2002年1月8日某一堂公司与某旋实业公司和二轻联社签订《股份转让协议》一份，协议约定：某一堂公司以600万元收购某旋实业公司持有的1107.2583万股，二轻联社持有的1292.3147万股的《浙江某旋燃具股份有限公司发起人股》。2001年11月8日某一堂公司通过金华市信托投资股份有限公司以贷款的形式支付二轻联社计300万元，2002年1月7日某一堂公司从公司工会账户转入诸葛农林公司300万元，2002年1月9日诸葛农林公司代某一堂公司分二笔支付某旋实业公司100万元和200万元。另查明：1.某旋燃具公司1993年6月1日成立，企业类型：其他股份有限公司（上市）。2.在办理股权转让时，未报请省证券委审批。3. 2003年4月24日，某一堂公司与某旋燃具公司签订《“某旋”商标质押合同》一份，合同第四条约定：质押期限自2003年5月1日至2008年4月30日。第六条约定：如某旋燃具公司在第四条规定的期限内完成对某一堂公司的股权转让，则质押解除；如某旋燃具公司不能在第四条规定的期限内完成对某一堂公司的股权转让，或某旋燃具公司在质押期限内破产清算，其“某旋”商标的所有权及专用权按《担保法》《破产法》等相关法律规定的程序办理。4. 2003年11月12日，兰溪市人民政府常务会议纪要〔2003〕16号第三条指出，会议认为，某一堂公司改制的国有资产转让收益处置是历史遗留问题。会议原则同意某一堂公司立即退出某旋实业公司2400万元股权、解除对“某旋”商标专用权的质押、割清与某旋实业公司的关联后，200万元国资转让收益余款予以免交。如果某一堂公司不退出

某旋实业公司股权和商标，则某一堂公司须将其应缴的200万元国资转让收益余款于今年年内上缴市财政。2003年11有18日，兰溪市人民政府办公室抄告单第139号：某一堂公司国有资产转让收益处置是历史遗留问题，经研究同意在某一堂公司退出某旋实业公司2400万元股权，解除对“某旋”商标专用权的质押后，免交200万元国资转让收益。5. 某一堂公司应缴的200万元国资转让收益款至今未上缴市财政。

【法院观点】一审法院认为，本案的争议焦点是：某一堂公司与某旋公司、二轻联社签订的《股份转让协议》是否已解除；本案双方签订《股份转让协议》后，在办理股权转让时，未报请省证券委审批，致使转让的股权一直未按法定的程序转让到位。从2003年4月24日某一堂公司与某旋燃具公司签订“某旋”商标质押合同，2003年11月12日兰溪市人民政府常务会议纪要〔2003〕16号，2003年11有18日兰溪市人民政府办公室抄告单第139号的内容中，可以看出某旋公司和二轻联社同意解除《股份转让协议》，而某一堂公司至今未将其应缴的200万元国资转让收益余款上缴市财政，视为接受兰溪市人民政府常务会议纪要〔2003〕16号第三条，某一堂公司立即退出某旋实业公司2400万元股权的意见。故一审法院认为，某一堂公司与某旋公司、二轻联社签订的《股份转让协议》已解除，对某一堂公司的诉请，不予支持。综上，判决如下：驳回某一堂公司的诉讼请求。二审法院认定：关于商标质押合同的效力应当以质押登记为准。二审法院对一审判决认定的事实予以确认。驳回上诉，维持原判。

【案例点评】本案是典型的注册商标专用权出质时未办理质押登记而出现纠纷的案例，企业应当注意在订立书面的商标权质押合同之后，要及时向国家知识产权局办理质权登记，否则可能会因未登记而导致质押合同无效。

6.2.2 商标出资引发的纠纷

《公司法》规定，股东可以用货币出资，也可以用实物、知识产权、土地使用权等可以用货币估价并可以依法转让的非货币财产作价出资。商标专用权作为知识产权权利之一，在实务中经常会碰到，出资人使用商标出资持股的情形较为普遍。以知识产权出资的，一是可以用货币估价，故此必须精心评估作价；二是可以依法转让，应当办理其财产权的转移手续，即到法定机构办理知识产权过户登记。

具体到商标领域，以注册商标所有权出资的，依《商标法》《商标法实施条例》关于商标权转让及使用许可的有关规定，出资人和新设立的公司应当共同向商标局提出申请，附送《商标注册证》加注发给新设立的公司，并予以公告。以注册商标使用权出资的，出资合同应报商标局备案。在此，企业需要注意的是，以注册商标所有权出资的，在转让中，需要关注是否有其他近似商标的存在。根据《商标法》的规定，转让注册商标的，商标注册人对其在同一种商品上注册的近似的商标，或者在类似商品上注册的相同或者近似的商标，应当一并转让。一件商标的转让出资可能会涉及一批近似商标的转让问题，因此，企业作为出资人应提前对自有商标有准确的梳理，精确掌握商标分类的注册情况，避免在出资协议纠纷中因为商标转让问题处于被动一方。

【典型案例】张某生与洛阳某丹宴酒业有限公司股东出资（商标权）纠纷案，（2009）豫法民三终字第 34 号

【基本案件】洛阳某丹宴酒业有限公司（以下简称某丹宴酒业公司）向原审法院诉称：某丹宴酒业公司系股东徐某与张某生共同注册成立的一家主营“某丹宴酒”销售的有限责任公司。按照双方签订的出资协议，张某生应在公司成立后将其作为出资的“某丹宴”商标所有权转移至某丹宴酒业公司名下。但张某生以种种理由拒绝履行其出资义务，致使某丹宴酒业公司无法正常开展业务。请求判令张某生履行出资义务，将其所有的“某丹宴”商标（商标注册号 902001，国际分类号 33）所有权转移至某丹宴酒业公司名下；赔偿因拒不履行出资义务给某丹宴酒业公司造成的经济损失 25 万元；负担本案的诉讼费、保全费。原审法院审理查明：张某生于 2007 年 10 月 22 日以转让人的身份向商标局申请将“某丹宴”商标权（商标注册号 902001，国际分类号 33）转让至受让人某丹宴酒业公司名下。2008 年 1 月 28 日，商标局受理了该申请。2008 年 2 月 14 日，商标局向某丹宴酒业公司签发了《转让中请改正通知书》，指出“转让人在酒等商品上注册的 240876 号商标与转让的 902001 号商标相近似，且核定使用的商品相同，依照《商标法实施条例》第二十五条第一款的规定，应一并办理转让。在 30 日内按上述要求改正，未在规定期限内改正的，

视为申请人放弃转让该商标的申请”。徐某与张某生双方就《转让申请改正通知书》要求协商未果，“某丹宴”商标权尚未转让。

【法院观点】徐某与张某生于2007年6月6日签订的《组建公司协议》是双方真实意思表示，为有效合同。张某生应按合同约定履行出资义务，即把“某丹宴”商标权转让至某丹宴酒业公司名下。张某生虽于2007年10月22日向商标局提出转让“某丹宴”商标权申请，但不符合法律规定，商标局在2008年2月14日《转让申请改正通知书》签发后，张某生应按通知要求及时改正，以履行其对某丹宴酒业公司的出资义务。张某生继受取得“某丹宴”“某丹仙”商标权，其2007年6月6日签订的《组建公司协议》时就应当知道“某丹宴”“某丹仙”商标权应一并办理过户手续。原审法院判决：张某生于判决生效后将其所有的“某丹宴”商标（商标注册号902001，国际分类号33）所有权转移至某丹宴酒业公司名下；驳回某丹宴酒业公司的其他诉讼请求。二审法院判决结果：驳回上诉，维持原判。

【案例点评】本案是有商标权出资而导致的诉讼争议，在商标法项下，企业出资进行商标权转让时，应当一并转让近似商标，因此本案中“某丹宴”“某丹仙”商标权应一并办理过户手续。

6.2.3 商标许可引发的纠纷

企业在商业往来中，品牌代理是日常经营的重要方式之一，在品牌代理协议中，甲乙双方追求品牌权益最大化是实现双方获取利益的重要目的，因此，在品牌代理中不可避免地会涉及商标的许可使用。而在大多数情况下，企业可能会忽视品牌代理中商标许可后保护的约定，也即，除一般商标归属等常见约定外，还应当禁止代理方对近似商标的注册，这也是极为重要的约定。

《商标法》第十五第一款条规定：“未经授权，代理人或者代表人以自己的名义将被代理人或者被代表人的商标进行注册，被代理人或者被代表人提出异议的，不予注册并禁止使用。”对此处“代理人”的解释，不仅包括接受商标注册申请人或者商标注册人的委托、在委托权限范围内代理商标注册等事宜的商标代理人或代表人，还包括总经销（独家经销）、总代理（独家代理）等特殊销售代理关系意义上的代理人、代表人。因此，企业应与代理方约定商标注册的约束条款，这样可以有效制止代理方在双方合作结束后，对被代理方商标进行攀附所可能发生的注册行为，以便保护被代理方商标的完整性而不受侵害，这样可以在追求企业品牌权益最大化的同时，减少不必要的纷争。

【典型案例】重庆正通药业有限公司、商标局与四川华蜀动物药业有限公司商标行政纠纷案，（2007）行提字第2号

【基本案情】2002年9月12日，四川华蜀动物药业有限公司（以下简称华蜀公司）向商标局提出争议商标“头包西灵 Toubaoxilin”的注册申请，该商标于2004年2月7日被核准注册，商标专用权人为华蜀公司，商标注册号为3304260，核定使用商品为第5类的兽医用制剂、兽医用药、兽医用生物制剂等，专用期限为2004年2月7日至2014年2月6日。2002年7月27日，重庆正通药业有限公司（正通公司）作为甲方与作为乙方的华蜀公司签订了《关于专销“头孢西林”产品的协议书》。在双方合作期间生产的产品包装上，“头孢西林”四字被以特殊字体使用在显著位置，且字号明显大于其他文字。在该产品包装上标明：四川省隆昌华蜀动物药业有限公司开发，重庆正通动物药业有限公司制造。产品包装上使用了注册商标“华蜀”。产品介绍的首句为“本品是华蜀公司2002倾力奉献……”该兽药外包装上还有“华蜀精心奉献兽医首选”“您放心地选择华蜀兽药”等宣传词。2004年1月7日，正通公司作为甲方，华蜀公司作为乙方签订了关于终止“头孢西林”等三个品种九个规格产品合作的《终止协议》，约定正通公司自2004年1月7日起不得再生产印有“华蜀”标识的原图案的以上品种，华蜀公司也不得生产加工印有正通公司生产及其批文标示等的以上产品。在双方解除合作关系后，正通公司继续生产头孢西林粉针产品，在产品包装上“头孢西林”仍然被以特殊字体和字号使用在显著位置，产品上使用的注册商标为“安逸”。

【法院观点】最高人民法院再审认为，关于《商标法》第十五条规定的“代理人”的范围问题，该条规定：“未经授权，代理人或者代表人以自己的名义将被代理人或者被代表人的商标进行注册，被代理人或者被代表人提出异议的，不予注册并禁止使用。”由于在本案中当事人及一审、二审判决对“代理人”的含义具有不同的理解和认定，为消除分歧，正确适用法律，可以通过该

条规定的立法过程、立法意图以及参照相关国际条约的规定等确定其含义。该条规定系2001年10月27日修改的《商标法》增加的内容。2000年12月22日,《关于〈中华人民共和国商标法修正案(草案)〉的说明》指出:"《巴黎公约》第六条之七要求禁止商标所有人的代理人或者代表人未经商标所有人授权,以自己的名义注册该商标,并禁止使用。据此,并考虑到我国恶意注册他人商标现象日益增多的实际情况,草案增加规定:'未经授权,代理人或者代表人以自己的名义将被代理人或者被代表人的商标进行注册,被代理人或者被代表人提出异议的,不予注册并禁止使用。'"据此,《商标法》第十五条的规定既是为了履行《巴黎公约》第六条之七规定的条约义务,又是为了禁止代理人或者代表人恶意注册他人商标的行为。《巴黎公约》第六条之七第(1)项规定,"如果本联盟一个国家的商标所有人的代理人或者代表人,未经该所有人授权而以自己的名义向本联盟一个或一个以上的国家申请该商标的注册,该所有人有权反对所申请的注册或要求取消注册"。据该条约的权威性注释、有关成员国的通常做法和我国相关行政执法的一贯态度,《巴黎公约》第六条之七的"代理人"和"代表人"应当作广义的解释,包括总经销、总代理等特殊销售关系意义上的代理人或者代表人。参照《最高人民法院关于审理国际贸易行政案件若干问题的规定》第九条关于"人民法院审理国际贸易行政案件所适用的法律、行政法规的具体条文存在两种以上的合理解释,其中有一种解释与中华人民共和国缔结或者参加的国际条约的有关规定相一致的,应当选择与国际条约的有关规定相一致的解释,但中华人民共和国声明保留的条款除外"的规定,《巴黎公约》第六条之七规定的"代理人"的含义,可以作为解释我国《商标法》第十五条规定的重要参考依据。华蜀公司因专销关系而使用正通公司构成未注册商标的"头孢西林"商品名称,在专销关系终止以后自行注册了与该商品名称近似的"头包西灵 Toubaoxilin"商标,违反了《商标法》第十五条的规定。商标局据此裁定撤销注册商标、一审判决维持该撤销裁定并无不当,二审判决适用法律错误,应予纠正。最高人民法院再审判决:撤销北京市高级人民法院(2006)高行终字第93号行政判决;维持北京市第一中级人民法院(2005)一中行初字第437号行政判决。

【案例点评】商标大多数情况下只有一个权利人,但是也存在商标共同共有的情形。在商标权共有的情况下，商标权的许可使用应遵循当事人意思自治原则，由共有人协商一致行使；不能协商一致，又无正当理由的，任何一方共有人不得阻止其他共有人以普通许可的方式许可他人使用该商标。

【典型案例】张某恒与沧州田霸农机有限公司、朱某峰侵害商标权纠纷案，（2015）民申字第 3640 号

【基本案情】张某恒申请再审称：1. 二审法院认定基本事实缺乏证据证明。（1）张某恒与朱某峰于 2009 年 4 月共同成立沧州某丰农机有限公司（以下简称某丰公司），由于双方产生矛盾，公司无法继续经营，双方对某丰公司进行清算。在某丰公司清算纠纷中，经河北省河间市人民法院主持调解，张某恒和朱某峰达成了调解协议，调解书中明确约定“田霸”商标归张某恒和朱某峰共同所有。在某丰公司清算之后，张某恒才得知朱某峰在某丰公司清算之前，在张某恒毫不知情的情况下，利用其担任某丰公司法定代表人的职务便利，擅自将“田霸”商标转让给了朱某峰成立的沧州田霸农机有限公司（以下简称田霸公司）。为此张某恒就朱某峰擅自转让商标行为向法院提起诉讼，要求确认转让行为无效。该案经沧州市中级人民法院、河北省高级人民法院和最高人民法院裁判，认定朱某峰擅自转让“田霸”商标无效。由于朱某峰未经商标权共有人的同意，擅自将“田霸”商标转让给田霸公司使用至今，侵害了张某恒的合法权益。基于此，张某恒提起本案诉讼，要求朱某峰和田霸公司停止侵权行为，并赔偿损失，该请求应得到支持。（2）一审、二审法院根据调解书第三条认定张某恒不得向朱某峰主张“协议约定之外的任何权利”，故对张某恒的诉讼请求不予支持，实属主观臆断。2. 二审法院适用法律错误。作为商标权共有人，朱某峰无权单独许可田霸公司使用“田霸”商标。如果商标权共有人可以随意许可他人使用其注册商标，容易造成被许可的商标的滥用，最终导致商标商誉价值损失殆尽，不利于保护其他商标权共有人的利益。因此，限制商标权共有人随意许可他人使用其商标，从长远看符合商标权共有人的共同利益。所以无论是张某恒还是朱某峰都无权单独许可他人使用“田霸”商标。退一步讲，即使商标权共有人有权单独许可他人使用其注册商标，也必须经商标权人的许可，签订许可使用合同，并办理备案。本案中，张某恒有理由相信田霸公司使

用“田霸”商标的行为没有得到任何商标权人的许可，属于侵权行为，应当承担侵权责任。综上，张某恒请求本院依法撤销一审、二审判决，再审本案，改判支持其一审诉讼请求。

【法院观点】最高人民法院再审认为，张某恒在二审开庭时已经明确其诉讼主张为：在张某恒与朱某峰达成调解协议之后，田霸公司未经许可使用“田霸”商标构成侵权。因此，本案争议焦点问题为：田霸公司的上述商标使用行为是否已经朱某峰的许可；田霸公司的上述商标使用行为是否侵害张某恒的注册商标专用权。1. 关于张某恒主张田霸公司使用“田霸”商标未经许可并备案的问题。本院认为，法院生效裁判已经确认，朱某峰擅自将“田霸”商标转让至田霸公司名下的行为无效，“田霸”商标由张某恒和朱某峰共同所有。朱某峰作为“田霸”商标的共有人已经申明其许可田霸公司使用“田霸”商标，朱某峰和田霸公司之间是否签订许可合同及备案并不能改变这一事实。而且，商标许可合同是否备案并不影响商标许可行为的效力，只是不能对抗善意第三人。因此认定，田霸公司使用“田霸”商标，经过了商标权共有人朱某峰的许可。2. 关于田霸公司的上述商标使用行为是否侵害张某恒的注册商标专用权的问题。田霸公司使用“田霸”商标已经商标权共有人朱某峰的许可。本院认为，商标权作为一种私权，在商标权共有的情况下，其权利行使的规则应遵循意思自治原则，由共有人协商一致行使；不能协商一致，又无正当理由的，任何一方共有人不得阻止其他共有人以普通许可的方式许可他人使用该商标。本案中“田霸”商标共有人朱某峰有权单独以普通许可方式许可田霸公司使用该商标，田霸公司使用该商标的行为不构成侵权。

【案例点评】本案涉及商标共有人处分权利的问题，通常来说在知识产权许可方面，共有权人可以单独处分权利，只是获得的收益应当在共有权人之间进行分配。但对于权利转让等特定类型的权利处分，通常需要共有权人一致同意。

6.2.4 商标转让引发的纠纷

《商标法》第四十二条规定，转让注册商标的，转让人和受让人应当签订转让协议，并共同向商标局提出申请。商标转让是有效盘活商标资源的重要手段，对转让方与受让方的利益均会产生重大影响。实践中，从商标转让合同签订到商标最终完成变更登记，这期间存在一定的时间间隔。但引起合同履行不确定的因素很多，其中恶意串通他人转让合同所涉商标，并以此作为借口拒不履行商标转让合同的情况就是其中之一。故此，企业在转让时需注意对转让履行期间加以规制，利用违约责任等多重约束，从而防止不确定因素的出现，避免企业遭受不必要的损失。

【典型案例】上海某健健身有限公司诉上海某力健身有限公司等商标权转让合同纠纷案，(2017)沪0107民初25638号

【基本案情】上海某健健身有限公司（以下简称某健公司）与上海某力健身有限公司（以下简称某力公司）签订《注册商标转让协议》，约定某力公司将名下4个商标以60万元的价格转让给某健公司并配合办理相关手续，协议签订后某力公司不得再使用涉案商标，涉案商标的所有权利由某健公司享有。后因某力公司拒不配合办理商标转让手续，某健公司诉至法院，要求其履行合同义务。诉讼程序启动后，某力公司即向商标局申请将合同所涉商标转让给由其原法定代表人及股东张某参股的某鼎实业（上海）有限公司（以下简称某鼎公司），并由张某同时担任转让双方的联系人。某健公司遂撤回前案诉讼，并以某力公司和某鼎公司为共同被告重新提起诉讼，请求判令某力公司支付违约金，确认两被告的商标转让行为无效并由两被告协助办理将商标变更至原告名下的手续。

【法院观点】某健公司与某力公司签订的《注册商标转让协议》对转让条件、转让对价、手续办理等诸多事宜作出约定，且特别明确协议签订后某力公司不得使用涉案商标，亦不得以任何方式谋求涉案商标或与之近似商标之任何权利，足见某力公司对其在合同项下的义务已明确知悉。在双方就协议的实际履行产生争议且诉诸法院后，某力公司立即向商标局申请将涉案商标转让至其关联公司某鼎公司名下，可以判断两被告公司在明知某健公司对涉案商标享有在先权利的情况下恶意串通，损害了某健公司的合法权益，该商标转让行为应属无效，因此取得的财产即涉案商标应返还给某健公司。

【案例点评】本案是一起商标转让方恶意串通他人损害商标受让方利益的典型案例。在认定是否构成《合同法》第五十二条规定的恶意串通行为时，可

以立足主客观两个方面的构成要件，从知识产权交易的诚实信用原则出发，结合行为的背景情况、主体关系、交易模式等因素作出判断，以有效遏制通过此种方式逃避商标转让合同义务的做法。

6.3 企业融资中的版权管理

企业在融资过程中可以有效地利用包括版权的知识产权来获得资金支持，下面从版权质押、版权出资、版权许可、版权转让四个方面来介绍企业在融资过程中需要关注的版权管理问题。

6.3.1 版权质押引发的纠纷

版权质押是指版权权利人以合法拥有的著作权中的财产权为质押标的物出质，经评估作价后向银行等融资机构获取资金，并按期偿还资金本息的一种融资行为。版权质押活动中，作为质权方应做好备案工作（中国版权保护中心是我国唯一的计算机软件著作权登记、著作权质权登记机构[①]）。由于版权质押涉及质押合同的签署，因此也会产生合同相关的诉讼纠纷。

【典型案例】上海某鑫影视发展有限公司等与李某军等侵害著作权纠纷案，（2014）苏知民终字第 0170 号

【基本案情】2006 年 10 月 29 日，上海某鑫影视发展有限公司（以下简称某鑫公司）依据《定稿确认书》一次性买断了涉案电视剧的剧本版权。同年 11 月 22 日，某鑫公司与某色里程公司签订《电视剧〈天情〉（原名〈你是一条河〉）联合摄制合同》（以下简称《联合摄制合同》），合同订立后，按约履行了投资义务并按投资份额享有涉案电视剧的版权。某色里程公司未经许可，擅自与北京某天典当有限公司（以下简称某天公司）签订《版权质押典当合同》，以 30 万元将涉案电视剧的版权及原剧本的电视剧使用权质押给某天公司。之

① 载 http://www.ccopyright.com.cn/inde × .php?optionid=992。

后，某色里程公司与某天公司确认因典当到期，某色里程公司无力偿还典当贷款本金及利息而形成绝当。某色里程公司的典当行为侵害了某鑫公司所享有的涉案电视剧及剧本著作权，给某鑫公司造成直接经济损失3147678.5元。某色里程公司还擅自单独发行涉案电视剧，2007年7月6日，某色里程公司与广州市某艺文化传播有限公司（以下简称某艺公司）签订《合同书》，以2万元将涉案电视剧的音像版权出售给某艺公司。某色里程公司还擅自单独申领了《发行许可证》，并在网上发行涉案电视剧。李某军于2007年6月16日出具《编剧授权》，将涉案剧本版权及影视版权授予某色里程公司独家拥有，李某军的行为侵害了某鑫公司所享有的剧本著作权。李某秀为某色里程公司法定代表人，且与李某军为夫妻关系，两者系恶意串通，故李某秀应对某色里程公司、李某军的侵权行为给某鑫公司所造成的损失承担连带赔偿责任。请求法院判令：1. 某色里程公司赔偿某鑫公司经济损失3147678.5元；2. 李某军、李某秀对某色里程公司上述赔偿义务承担连带责任；3. 某色里程公司、李某军、李某秀共同负担本案诉讼费。

【法院观点】既然某鑫公司按约履行了出资义务，不存在违约行为，其依《联合摄制合同》享有涉案电视剧的著作权。某色里程公司未经著作权共有人某鑫公司的许可，擅自将双方共有的电视剧版权及相关权利质押典当并绝当给某天公司，系无权处分。故某鑫公司认为某色里程公司的上述行为构成侵权，提起本案诉讼具备相应的法律基础，某色里程公司关于某鑫公司无权提起本案诉讼的上诉理由不能成立，本院不予支持。针对某色里程公司关于其典当行为未侵害某鑫公司涉案电视剧著作权的上诉主张。本院认为，某色里程公司在某鑫公司不存在未履行追加投资的义务，构成违约的情况下，违反《联合摄制合同》中关于未经对方书面同意，任何一方不得抵押或出卖联合摄制电视剧的任何财产、资产和无形权利的约定，未经某鑫公司许可，擅自将双方共同享有著作权的涉案电视剧质押典当并绝当给某天公司的行为，侵害了某鑫公司按份享有的涉案电视剧著作权，应承担相应的民事责任。电视剧投资存在风险，有可能全部投资无法收回，也有可能获得较大收益。正常情况下，电视剧投资的风险应由投资双方共同负担。但本案中，根据现有证据，涉案电视剧从2006年底拍摄完成直至目前为止，一直未能发行，实际已丧失了收回投资成本的最佳时机，其原因系由某色里程公司擅自将电视剧质押典当并致最终绝当的侵权行为所造成，故在某鑫公司不存在任何过错的情况下，其要求以全部投资款作为侵权行为给其造成的实际损失予以赔偿的主张具有合理性，本院予以支持。本案赔偿额应以经李某秀签字确认的某鑫公司投资款2631993.50元予以确定。

【案例点评】版权质押在实务中经常碰到，由此产生的诉讼纠纷也并非鲜见，本案中某色里程公司未经著作权共有人某鑫公司的许可，擅自将双方共有的电视剧版权及相关权利质押典当并绝当给中天公司，系无权处分，故某色里程公司的上述行为构成侵权。

6.3.2 版权出资引发的纠纷

版权出资通常是股东用版权这类可以用货币估价并可以依法转让的非货币财产作价出资的融资行为。需要注意的是，对作为出资的非货币财产应当评估作价，核实财产，不得高估或者低估作价。法律、行政法规对评估作价有规定的，从其规定[①]。作为企业而言，应与股东在版权出资方面作出明确约定，并在转让情况下做好权利转让和备案，在许可情形下做好权利许可和备案。

根据中国版权保护中心的说明，著作权人转让或许可他人使用作品的著作权，与受让方或被许可方签订著作权转让合同、著作权专有许可使用合同或非专有许可使用合同的，可以申请著作权合同备案。通过著作权合同备案，可以更加明确合同双方约定的内容，预防著作权纠纷，减少作品使用的交易成本、降低交易风险，避免侵权纠纷的发生，并能帮助权利人有效追究侵权人的侵权责任。著作权转让或许可使用的权利种类包括复制权、发行权、出租权、展览权、表演权、放映权、广播权、信息网络传播权、摄制权、改编权、翻译权、汇编权等。

【典型案例】某狐软件公司等与赵某君等计算机软件著作权权属纠纷案，

① 《公司法》第二十七条："股东可以用货币出资，也可以用实物、知识产权、土地使用权等可以用货币估价并可以依法转让的非货币财产作价出资；但是，法律、行政法规规定不得作为出资的财产除外。对作为出资的非货币财产应当评估作价，核实财产，不得高估或者低估作价。法律、行政法规对评估作价有规定的，从其规定。"

（2009）保民三初字第46号

【基本案情】2009年8月20日，某狐软件公司和某泰艾普公司以对赵某君和某波公司登记的软件拥有著作权，赵某君和某波公司构成对某狐软件公司和某泰艾普公司的不正当竞争为由将其诉至法院，请求法院：确认原告对被告登记的软件拥有著作权，判令两被告立即停止侵犯原告著作权的行为。1999年11月1日，赵某君、彭某勇、周某强三人成立了保定市某波数据软件有限公司，注册资金50万元。同日，某狐软件公司也注册成立，法定代表人为陈某路，注册资本50万元。12月15日，陈某路替代赵某君成为保定市某波数据软件有限公司的股东并任法定代表人。2000年1月30日，保定市某波数据软件有限公司与某狐软件公司合并，名称仍为某狐软件公司。后经过股东内部出让股权，王某旭、舒某兵也成为公司股东。2000年9月7日，陈某路向国家版权局就“坐标工具及多数据库集成应用系统”“石油地球物理辅助解释系统”进行著作权登记，著作权人是某狐软件公司、赵某君，开发时间分别是1999年4月5日、1999年11月1日。2006年3月22日，该公司通过了《第三届股东会决议》。第一条约定，赵某君、靳某、彭某勇向其他股东转股，退出某狐软件公司。第五条约定，老某狐和赵某君共有的知识产权双方共享，对原知识产权技术的改进、发展分别归各自所有。今后发生的某狐知识产权专利维护费用由某狐软件公司交纳。维护原知识产权需要赵某君签署的文件，由某狐软件公司新一届大股东保定国家高新技术产业开发区发展有限公司代理签署。2006年4月7日，赵某君与其他股东出资在河北省三河市设立某波公司，并任法定代表人。4月9日，赵某君以其个人名义在国家版权局就“某狐等值线及曲面生成软件”“某狐逆掩断层图件勾绘软件”“某狐多维空间数据网络化软件”三款计算机软件进行了版权登记。某狐软件公司在起诉状中称“赵某君将某狐软件公司拥有权利的软件，通过变更名称、抽取部分模块和伪造开发完成时间和首次发表时间等方式，进行软件登记，试图据为己有”。

【法院观点】根据软著登记，“坐标工具及多数据库集成应用系统V2000”和“石油地球物理辅助解释系统V2000”两款软件的著作权归属于赵某君和某狐软件公司共有。故赵某君对上述两款软件的著作权归属应系明知，其主张两款软件著作权归其所有理据不足，法院对此不予支持。涉案的以赵某君名义登记的“某狐等值线及曲面生成软件”“某狐逆掩断层图件勾绘软件”“某狐多维空间数据网格化软件”三款软件及以某波公司名义登记的“某波变速空校成图系统”“某波石油地球物理微机深度域解释系统”“某波数据集成应用系统”“某波坐标工具软件”四款软件均是在上述两款共有软件基础上升级开发完成，依据某狐软件公司 2006 年 3 月 22 日第三届股东会决议中“保定某狐软件有限公司和赵某君共有的知识产权双方共享，对原知识产权技术的改进、发展分别归各自所有”的决议，“某狐等值线及曲面生成软件”“某狐逆掩断层图件勾绘软件”“某狐多维空间数据网格化软件”三款软件的著作权应归赵某君所有。某狐软件公司主张三款软件为某狐软件公司的法人作品，应由其享有著作权的理据不足，法院不予支持。某狐软件公司未经共有人赵某君同意，擅自转让“坐标工具及多数据库集成应用系统 V2000”和“石油地球物理辅助解释系统 V2000”两款软件著作权的行为无效，上述两款软件的著作权仍应由原著作权人某狐软件公司和赵某君共有，某泰艾普公司无权就上述两款软件主张权利。某波公司在未取得共有著作权人某狐软件公司许可及有法律规定的情形下，使用了“坐标工具及多数据库集成应用系统 V2000”和“石油地球物理辅助解释系统 V2000”两款软件的核心模块，登记了四款软件，侵犯了某狐软件公司享有的软件著作权，应当承担停止侵权、赔偿损失的民事责任。某狐软件公司要求赔偿经济损失人民币 1000 万元，鉴于其未提供确切证据证明其因侵权受到的损失或侵权人的侵权所得，根据法律规定，人民法院在确定赔偿数额时，应当考虑作品类型、合理使用费、侵权行为性质、后果等情节综合确定。综合考虑涉案软件作品的类型和侵权行为的性质、情节、期间和后果，酌定赔偿数额为 10 万元人民币为宜。

【案例点评】本案是由股东会决议等出资协议引起的计算机软件著作权权属纠纷，根据股东协议，对于版权等知识产权共有的情形，处分权利时应非常慎重，否则极容易构成无权处分，进而引发侵权行为。

6.3.3 版权许可引发的纠纷

著作权许可使用的权利分为专有使用权和非专有使用权两种。专有使用权是指著作权人授予合同另一方当事人享有的以某种特定方式专有使用其作品的权利，该使用人对作品享有独占和排他的使用权，著作权人不得再授权第三人使用。非专有使用权是指著作权人将其作品授权另一方当事人以某种特定使用方式，非专有地使用其作品①。

《著作权法实施条例》第二十三条规定："使用他人作品应当同著作权人订立许可使用合同，许可使用的权利是专有使用权的，应当采取书面形式，但是报社、期刊社刊登作品除外。"为了规避版权纠纷，建议无论是专有使用权，还是非专有使用权，都采用书面的形式，并且做好版权许可的备案，以避免版权纠纷。

【典型案例】广东大圣文化传播有限公司诉广东雅恒影视文化传播有限公司等著作权权属、侵害著作财产权和录音制作者权纠纷案，（2013）民提字第173号

【基本案情】2008年5月20日，广东大圣文化传播有限公司（以下简称大圣公司）向湖北省武汉市中级人民法院提起诉讼称：大圣公司于2004年6月15日从《别说我的眼泪你无所谓》（以下简称《眼泪》）作品的词曲作者杨某处获得该作品的著作财产权，并于2004年12月完成音像制品制作，于2005年1月11日发行。杨某与世纪飞乐公司以倒签转让合同的形式否认大圣公司最先取得《眼泪》作品著作财产权的事实，并且，世纪飞乐公司、雷霆万钧公司未经大圣公司许可，将《眼泪》网络版录音制品在雷霆万钧公司经营的"tom.com"网站向湖北移动公司的手机用户提供有偿下载和手机回铃音服务。杨某、世纪飞乐公司、雷霆万钧公司、湖北移动公司构成共同侵权。湖北省武汉市中级人民法院通知广东雅恒影视文化传播有限公司（以下简称雅恒公司）作为共同原告参加诉讼。雅恒公司参与诉讼称：杨某于2004年2月22日将《眼泪》作品的著作权（署名权除外）转让给张某武（艺名"张某宇"）；张某武又于2004年3月22日将其独占许可给雅恒公司，并得到杨某的确认。此后，因杨某将《眼泪》作品的著作权又转让给大圣公司，引起著作权权属争议，2005年1月18日与4月25日，杨某、张某武、雅恒公司、大圣公司签订协议，共同确认自2004年6月15日起雅恒公司和大圣公司共同共有《眼泪》作品的

① 载 http://www.ccopyright.com.cn/mobile/inde × .php?optionid=1459。

著作财产权，并约定许可第三方使用歌曲的收益及诉讼维权所得侵权赔偿均按50%的比例分配。

【法院观点】杨某系音乐作品《眼泪》的词曲作者，对该作品享有著作权，有权转让该作品的著作财产权。在杨某先后签署的多份著作权转让及授权使用协议上的签字均属真实的情况下，应根据著作权转让或授权使用的先后来确定著作权人。大圣公司依据《04.6.15大圣授权书》，主张其于2004年6月15日取得杨某的授权独占享有《眼泪》著作财产权；雅恒公司依据《05.4.25大圣、雅恒、张某武转让合同》，主张其自2005年4月25日起与大圣公司共同享有《眼泪》作品的著作财产权；世纪飞乐公司则依据《03.11.8飞乐转让协议》，主张其自2003年11月8日取得《眼泪》作品的著作财产权。三方当事人对同一事实分别举出相反的证据，但都没有足够的依据来否定对方的证据。二审法院根据杨某的出庭陈述、世纪飞乐公司存在诸多疑点的行为以及三方当事人使用《眼泪》作品的情况等其他证据，综合判断认为大圣公司和雅恒公司提供的证据的证明力明显大于世纪飞乐公司提供的证据的证明力，应对大圣公司和雅恒公司提供的证据予以确认。最高人民法院判决：确认杨某与世纪飞乐公司于2004年6月15日后倒签的落款日期为2003年11月8日的《著作权转让协议》无效；雷霆万钧公司和湖北移动公司立即停止通过信息网络向手机用户传播音乐作品《眼泪》；湖北移动公司立即停止向其手机用户提供音乐作品《眼泪》作为移动手机回铃音使用；确认2004年6月15日起，音乐作品《眼泪》的著作财产权由大圣公司单独享有；雷霆万钧公司、湖北移动公司于本判决生效后十日内共同赔偿大圣公司经济损失18000元。

【案例点评】本案中存在版权转让和版权许可行为，牵扯出著作权权属、侵害著作财产权和录音制作者权相关纠纷。由于涉案三方当事人对同一事实分别举出相反的证据，但都没有足够的依据来否定对方的证据，因此最终法院在权衡各方证据的证明力之后，作出了相应判决，这也提示相关各方在签署相关合同或协议时，应尽可能约定清晰，以防发生争议。

6.3.4 版权转让引发的纠纷

版权转让，是指著作权中财产权的转让包括全部转让和部分转让。其中，著作权的全部转让，是指著作权人将著作权中的一切财产权利转让给他人；著作权的部分转让，是指著作权人将著作权中的一项或几项权利转让给他人，著作权人仍享有未转让的著作财产权[①]。对于企业而言，需要明确约定版权转让的权利种类和权利范围，以防止由于约定不明而导致诉讼纠纷。

【典型案例】广州某创宝文化传播有限公司与四川某谷骏商贸有限公司侵害作品信息网络传播权纠纷案，（2019）粤0192民初1130号之一

【基本案情】2018年2月4日，徐某婷出具《版权声明书》一份，声明其合法拥有附件作品的著作权，现将该作品的信息网络传播权及该权利的相关权利全部转让给沈阳某诺法律咨询服务有限公司（以下简称沈阳某诺公司），并授权沈阳某诺公司以自己的名义对案涉作品转让前后的信息网络传播权侵权行为提起诉讼，以追究侵权人的法律责任，且有权获得因此产生的赔偿或补偿。后沈阳某诺法律咨询服务有限公司将《版权声明书》中所载作品及约定的相关权利转让给广州某创宝文化传播有限公司（以下简称某创宝公司）。2019年1月11日，某创宝公司发现四川某谷骏商贸有限公司（以下简称某谷骏公司）运营的微信公众号某谷骏在未经某创宝公司和原著作权人许可且未支付任何报酬的情况下，违法转载并向公众传播案涉作品。某创宝公司认为，某谷骏公司违法转载上述作品的行为，已严重侵犯了其作品的信息网络传播权和获得报酬权等合法权益，并因维权行为给某创宝公司造成直接经济损失。被告某谷骏公司辩称，某创宝公司不是本案适格原告，其并未取得涉案作品的信息网络传播权，无权就案涉作品向某谷骏公司主张权利。理由如下：其一，出具《版权声明书》并将涉案文章相关著作权利转让给沈阳某诺公司的“徐某婷”并非涉案文章原始著作权人，无权将该作品转让给沈阳某诺公司。本案中，某创宝公司提交了身份证号码为××的“徐某婷”出具的《版权声明书》，又提交了北京市方圆公证处出具的（2018）京方圆内民证字第02804号《公证书》，以此证实身份证号码为××的“徐某婷”为涉案作品所在简书账号的所有权人，该两份文件中的两个“徐某婷”虽然姓名一致，但身份证号码、出生年月日等均

① 载http://www.ccopyright.com.cn/mobile/index.php?optionid=1459。

不相同，并非同一人，且该《版权声明书》的真实性无法核实。因此，出具《版权声明书》的“徐某婷”，无权将涉案作品的相关著作权利转让给沈阳某诺公司。其二，徐某婷并未将案涉作品的信息网络传播权等相关著作权利转让给沈阳某诺公司。根据某创宝公司提交的沈阳某诺公司与该“徐某婷”签订的《信息网络传播权转让协议》及相关补充协议的约定，该“徐某婷”对案涉作品享有包括信息网络传播权在内的完整著作权，因此，沈阳某诺公司并未实际取得案涉作品的著作权，更无权将案涉作品的信息网络传播权转让给某创宝公司。

【法院观点】某创宝公司主张其对涉案作品享有的信息网络传播权来源于沈阳某诺公司，而沈阳某诺公司的权利则来源于作者徐某婷，但在本院规定的期限内，某创宝公司对于徐某婷是否为同一人没有作出合理解释。根据相关规定，著作权人可以全部或者部分转让包括复制权、发行权和信息网络传播权等财产性权利，并依照约定或者该法有关规定获得报酬。当原著作权人将全部或部分著作财产权转让给受让人后，权利发生转移，受让人取得该部分著作财产权的同时，原著作权人丧失其对转让部分的权利。因此，即使不同身份证号码对应的“徐某婷”为同一人，且系涉案文章的著作权人，也须分析沈阳某诺公司获得的是何种著作财产性权利，从而判断沈阳某诺公司的权利继受人某创宝公司是否有权提起本案诉讼。从徐某婷和沈阳某诺公司签订的协议来看，转让信息网络传播权及相关权利的约定并非双方真实意思表示，徐某婷一直享有包括信息网络传播权在内的完整著作权，其仅仅是将信息网络传播权这一实体权利受到侵害时的程序性诉权转让于沈阳某诺公司。而程序性诉权与实体性权利密不可分，不可单独转让。沈阳某诺公司在未取得涉案作品信息网络传播权的情况下，无权提起诉讼，某创宝公司亦无法通过与其签订的《合作协议》取得涉案作品的信息网络传播权及相应诉权。综上所述，某创宝公司无权作为原告提起本案诉讼，其诉讼主体不适格。裁定如下：驳回广州某创宝文化传播有限公司的起诉。

【案例点评】本案涉及版权转让，而且涉及程序性诉权与实体性权利转让的问题，法院最终认为两者密不可分，不可单独转让。由于版权的转让经常涉及诉权有无的问题，因此无论是权利转让方还是受让方都应该注意条款内容的约定，尽量清楚清晰，避免争议。

6.4　企业融资中的商业秘密管理

企业在融资过程中，商业秘密具有较大的商业价值，如何既能做好融资工作，促进企业的飞速发展，同时又能有效防范泄露商业秘密的风险，是企业在融资工作中应注意的问题。

6.4.1　技术秘密出资入股时的注意事项

技术秘密出资入股过程中需要注意评估与担保。技术秘密出资入股是指技术秘密所有人以技术秘密作为对公司的出资和取得公司股权的对价，与其他公司投资人以设立公司或对存续公司增资为目的的商业行为，以技术秘密出资入股签订的合同叫技术秘密出资入股合同[①]。

企业以技术秘密出资入股时，应注意以下事项：一是对用于出资入股的技术秘密的权属进行审查，重点审查权利主体、权利归属、职务与非职务发明、是否为共有权，以及出资人可否单独依法处分该技术秘密，且该技术秘密可否从权利人的其他财产或权利中剥离出来等。二是用于出资的技术秘密应进行评估，评估内容包括法律价值、经济价值和市场价值。法律价值评估主要是评估技术秘密的秘密性、价值性和保密性。三是由于技术秘密出资入股无法进行权属登记，因此建议在出资入股合同中特别约定被投资企业对该技术秘密享有独占权利。技术秘密出资人应承诺在出资后不再使用该技术秘密，不进行同业竞争，并由出资人担保第三人不会基于共有权、独占或排他性的使用权向公司主张任何权利，或为技术秘密出资的状态担保和功效（秘密性与投资价值）提供担保。四是技术秘密具有不稳定性，可能因技术侵权、技术过时而导致技术无权利或无效、失效等，因此未来价值变动较大，公司应按财务准则的要求对技术秘密价值定期进行调整，以确保技术秘密出资的真实性。

区分技术秘密出资入股与技术秘密转让。企业应注意，以技术秘密出资入

① 参见《律师办理技术合同非诉讼法律业务操作指引》（2015 年汇编）第十章。

股时，出资人不参与企业的经营管理，且若合同以保底条款形式约定向出资人支付技术秘密价款或者使用费的，将被视为技术秘密转让合同，而非出资入股合同。

技术秘密出资入股与技术秘密转让在法律后果上存在以下区别：一是虽然技术秘密出资和技术秘密转让都会发生技术权益转移至不同主体的后果，但两者的性质截然不同。技术秘密出资的结果是技术秘密成为对公司的出资，出资人成为公司股东，取得公司的股权，依法享有公司利润分红；技术秘密转让的结果是将技术的使用权在一定时间段内转让给公司，转让方获得转让费或许可费，无权取得公司的经营利润。二是技术秘密出资入股后，作为出资的技术秘密实际价额显著低于公司章程所定价额的，出资人应当补足差额，公司设立时的其他股东承担连带责任；技术秘密转让的转让人则不承担技术秘密价值减损的资本填补义务。

因此，企业需要根据出资人需求、企业的盈利情况和风险承担情况，选择获得技术的适当方式，并在订立相应协议时注意条款的词句表述和上下条款的一致性，使之符合交易习惯和合同目的。

【典型案例】闫某梅与朱某庆技术转让合同纠纷案，(2009)民申字第159号

【基本案情】2003年10月29日，朱某庆与闫某梅签订了一份《合作经营合同》，约定：闫某梅将其自主开发的VJ绿色奶牛精饲料技术独家转让给朱某庆，朱某庆以其所在地先期投入资金，并设立奶牛精饲料公司以及相关审批手续；闫某梅帮助建立为使用该技术所必需的生产能力为3万吨奶牛饲料生产线，对于该技术闫某梅不得私下从事生产经营与销售。《合作经营合同》共有9条，因序号标错，有两个第四条，标题分别为“技术转让费的支付”和“公司的股份确认”。该合同第四条（应为第五条）“公司的股份确认”约定：该公司所有资产为朱某庆投入，原始资产与闫某梅无关，朱某庆具有全面管理决策权，朱某庆占有该公司65%的股份，闫某梅占有25%的股份，中介经纪人占10%的股份，其中占有投资管理咨询股5%，技术投入管理股5%。经纪人为公司监事会主席。闫某梅在公司具有参与决策权、监督权。闫某梅的股份是技术股，上述公司各股份按各自所占比例，具有获得公司利润和承担公司风险的权利和义务。该合

同第五条（应为第六条）“双方行为的约定”约定：朱某庆不论在任何情况下（包括公司撤销后）使用该项目的技术都保持本合同的股份。企业发展以及扩大规模以建立合作分公司为主要形式，从合作分公司获得的利润应全部纳入现有公司（总公司）计算。否则视为朱某庆违约。对于影响闫某梅分红利润计算的生产成本和经营且不合理、不合法的，闫某梅有否决权，否则视为朱某庆违约。因为双方约定现有企业资金的投入和新增资产由朱某庆出资或由朱某庆以利润支出，企业资产包括固定资产以及新增资产的产权与闫某梅无关。

合同签订后，朱某庆于 2003 年 11 月 27 日与徐某曙等共 7 人在金湖县工业园区设立江苏天翔蛋白饲料发展有限公司，后经核准，公司名称变更为江苏天祥蛋白饲料工程有限公司（以下简称天祥公司）。2005 年 12 月 16 日，天祥公司向闫某梅邮寄发出一份律师函，称因闫某梅有违约行为，未履行技术转让义务和帮助公司建立 3 万吨生产线以及将技术转让给他人等，限闫某梅在 30 天内全面履行合同义务，如不能履行，则须退还 20 万元转让款及利息，并对公司前期投资损失进行协商处理，否则天祥公司将向公安机关报案或向人民法院提起民事诉讼。2006 年 4 月 8 日，天祥公司向法院提起诉讼，要求终止合同履行，返还技术转让费 20 万元并赔偿损失 15 万元，后于同年 9 月 11 日申请撤诉。

朱某庆于 2007 年 4 月 6 日以闫某梅为被告向江苏省淮安市中级人民法院提起本案诉讼，请求判令：终止双方于 2003 年 10 月 29 日签订的合作经营合同的履行；闫某梅返还其技术转让费 20 万元；闫某梅赔偿其损失 10 万元；由闫某梅负担诉讼费用。闫某梅于 2007 年 5 月 22 日提起反诉，请求判令朱某庆给付其违约金 30 万元并承担本案诉讼费用。江苏省淮安市中级人民法院经审理后，于 2007 年 8 月 7 日作出（2007）淮知初字第 2 号民事判决，判决解除双方之间于 2003 年 10 月 29 日签订的技术转让合同，闫某梅于判决生效后十日内返还朱某庆技术转让费 20 万元，并赔偿利息损失，驳回朱某庆与闫某梅的其他诉讼请求。

闫某梅向江苏省高级人民法院提起上诉。江苏省高级人民法院经审理，于 2007 年 12 月 15 日作出（2007）苏民三终字第 0144 号判决，驳回闫某梅上诉请求，维持原判。

闫某梅不服，向最高人民法院申请再审。最高人民法院经审查，于2009年5月25日作出（2009）民申字第159号裁定，驳回了闫某梅的再审申请。

【法院观点】根据《合同法》第一百二十五第一款的规定，按照合同所使用的词句、合同的有关条款、合同的目的、交易习惯以及诚实信用原则，可确定当事人所争议的合同条款的真实意思，从而正确认定了涉案合同的性质为预付前期技术转让费加利润提成方式的技术转让合同。

最高人民法院审查认为，判断本案合同性质的关键在于对合同第五条“公司的股份确认”的理解，对此应适用《合同法》第一百二十五条第一款的规定确定该条的真实意思。首先，从合同第五条使用的词句来看，不能当然得出必须设立以朱某庆、闫某梅、季某华为股东的公司的明确意思表示。其次，从合同第五条和有关条款来看，合同第五条所约定的“股份”并未明确就是有限责任公司股东的出资份额，而实际是指提取公司利润的计算标准。合同第五条在明确占有公司股份的权利时强调的是获得公司利润的比例，虽然也有承担公司风险的义务，但根据合同第六条的约定，闫某梅与公司资产无关，闫某梅实际上无法承担公司风险。在最高人民法院听证时闫某梅也认可，25%的股份实际上是指有权获得公司利润的25%。季某华是双方合同的中介人，天祥公司未将其列为股东，季某华也未对此提出异议，再次印证了所谓股份对闫某梅、季某华而言仅是指提取利润的比例。再次，从合同的目的来看，设立以朱某庆、闫某梅、季某华为股东的公司并非实现合同目的所必需。合同目的是指合同双方当事人通过合同的订立和履行，期望最终得到的东西、结果或者达到的状态。合同目的通常表现为一种经济利益。根据涉案合同的具体内容，闫某梅与朱某庆订立合同的目的在于通过技术转让获取利润。该目的的实现不以设立以朱某庆、闫某梅、季某华为股东的公司为必需。复次，从交易习惯来说，在技术转让交易中，存在以固定部分转让费（也叫预付入门费）加利润提成作为技术转让计费方式的习惯。最后，从诚实信用原则来看，在天祥公司成立后，闫某梅让其丈夫帮助天祥公司购买生产设备，并没有对天祥公司的成立不符合约定提出异议。

【案例点评】本案中涉案合同应当属于预付前期技术转让费加利润提成方式的技术转让合同。合同中所约定的财务监督、技术指导等内容，表面上是合作经营内容，实际上是技术转让合同中技术转让方的附随义务。

6.4.2 技术秘密转让、许可时的注意事项

（1）实施技术秘密转让和许可时的注意事项。除以技术秘密出资入股成立公司外，企业也会通过技术秘密转让和许可的方式进行融资。

企业实施技术秘密转让和许可时，应注意以下事项：一是转让或许可的技术秘密应符合法定构成要件，即秘密性、价值型、保密性。二是作为让与或许可使用的标的的技术秘密必须是一项已经存在且完整的技术方案，但技术秘密点可以是一项完整技术方案中的一个或若干个相对独立的技术要点。三是应当尽量采用申请专利的方式保护易被破解的技术秘密。四是应以文件资料作为载体固定拟转让或许可的技术秘密，并作为转让、许可合同的附件。五是在订立技术秘密转让或许可合同前，应就技术秘密内容、交换技术情报和资料达成签约前的保守商业秘密协议，当事人不能就订立合同达成一致的，不影响保守商业秘密协议的效力。技术秘密转让或许可合同的附件许可使用合同签署得越多，被披露的风险越大，收益价值越低。

（2）技术秘密许可方式对许可方和被许可方诉权的影响。根据我国法律规定，技术秘密许可分为独占使用许可、排他使用许可和一般使用许可。

独占使用许可合同的被许可人有权单独就商业秘密侵权行为向人民法院提起民事诉讼。排他使用许可合同的被许可人有权在商业秘密权利人不起诉的情况下自行提起诉讼，也可以和商业秘密权利人共同提起诉讼。一般使用许可合同的被许可人在经过商业秘密权利人书面授权的情况下可以单独提起诉讼，否则只能与商业秘密权利人共同提起诉讼[①]。因此建议作为技术秘密普通使用许可合同的被许可人时，企业应注意一并取得商业秘密权利人对被许可人维权追责的授权。

① 《最高人民法院关于审理侵犯商业秘密民事案件适用法律若干问题的规定》第二十六条："对于侵犯商业秘密行为，商业秘密独占使用许可合同的被许可人提起诉讼的，人民法院应当依法受理。排他使用许可合同的被许可人和权利人共同提起诉讼，或者在权利人不起诉的情况下自行提起诉讼的，人民法院应当依法受理。普通使用许可合同的被许可人和权利人共同提起诉讼，或者经权利人书面授权单独提起诉讼的，人民法院应当依法受理。"

【典型案例】孙某煜、英格索兰工业美国公司侵害技术秘密纠纷案，(2020)最高法知民终1276号

【基本案情】英格索兰工业美国公司（以下简称英格索兰公司）是案外人英格索兰中国有限公司的唯一股东。英格索兰中国有限公司系英格索兰（香港）控股有限公司的唯一股东。英格索兰（香港）控股有限公司系英格索兰（中国）投资有限公司的唯一股东。英格索兰（中国）投资有限公司系英格索兰机械（上海）有限公司（以下简称英格索兰上海公司）的唯一股东。自英格索兰上海公司成立以来，英格索兰公司一直以免费普通许可的方式许可英格索兰上海公司使用英格索兰公司所有的知识产权，包括但不限于专利、版权、商业秘密。商业秘密包括英格索兰公司Wind-Chill系统中图纸及其他文件所包含的秘密信息。对在中国大陆地区发生的侵犯上述知识产权的行为，英格索兰公司可与英格索兰上海公司共同采取任何法律措施进行维权，英格索兰上海公司也可以单独以自己的名义采取任何法律措施进行维权。

2001年7月1日，英格索兰上海公司与孙某煜签订劳动合同，职位为服务工程师。该劳动合同约定，对于本劳动合同及可能向职工披露的有关公司或与公司有关联的任何业务实体的生产和管理程序以及技术、营销或财务资料的全部信息、有关公司产品、工序、业务和服务的信息，职工同意严格保密，并同意未经公司事先书面同意，不直接或间接地以任何方式对内或外披露任何该等信息，但职工为履行其在本合同项下的职责所作的披露除外。职工明确同意此保密义务在本合同终止后仍然存在和有效。本合同终止后，职工应立即将其拥有的全部公司图纸、蓝图、备忘录、客户名单、私人的和受雇于公司期间收集的名片、钥匙、电脑光盘、衣服、配方、财务报表和营销资料归还给公司。2003年7月1日，英格索兰上海公司与孙某煜续签劳动合同，合同期限为2003年7月1日至2005年6月30日，合同主要内容同上。2018年8月16日，英格索兰上海公司向孙某煜发送解除劳动合同的通知，主要内容如下：经查，你将公司大量保密信息存入私人存储设备、带离公司场所，亦进行了严重违反保密义务的行为。

英格索兰公司、英格索兰上海公司向上海知识产权法院提起诉讼，请求判令孙某煜不得披露、使用或允许任何第三方使用英格索兰公司、英格索兰上海公司的商业秘密；孙某煜立即向英格索兰公司、英格索兰上海公司提交存储有

英格索兰公司、英格索兰上海公司商业秘密的载体，并且排除对英格索兰公司、英格索兰上海公司商业秘密维持秘密状态所造成的妨碍，消除对英格索兰公司、英格索兰上海公司商业秘密的外泄危险；孙某煜赔偿英格索兰公司、英格索兰上海公司合理维权费用人民币100万元。

上海知识产权法院于2020年5月29日作出（2018）沪73民初879号民事判决，判决孙某煜不得披露、使用或允许他人使用涉案商业秘密，于本判决生效之日起十日内向英格索兰公司、英格索兰上海公司提交存储有涉案商业秘密的载体，并于本判决生效之日起十日内赔偿英格索兰公司、英格索兰上海公司合理维权费用人民币30万元，驳回英格索兰公司、英格索兰上海公司其余诉讼请求。

孙某煜不服上海知识产权法院一审判决，向最高人民法院提起上诉。最高人民法院经审理，于2021年1月13日作出（2020）最高法知民终1276号民事判决书，判决维持原判，驳回上诉。

【法院观点】关于英格索兰美国公司、英格索兰上海公司是否具有诉讼主体资格，英格索兰公司实际控制英格索兰上海公司，二公司具有紧密的关联关系。本案起诉时，英格索兰公司是涉案技术秘密的所有者，该公司以普通使用许可方式授权英格索兰上海公司使用涉案技术信息，并授权英格索兰上海公司以自己的名义采取任何法律措施进行维权，根据《最高人民法院关于审理侵犯商业秘密民事案件适用法律若干问题的规定》第二十六条第三款的规定，英格索兰公司和英格索兰上海公司向原审法院共同提起诉讼，原审法院应当依法受理。诉讼期间，英格索兰公司已经被特灵技术有限责任公司吸收合并，在此之前英格索兰公司已将涉案技术信息的全部相关权利转让于英格索兰美国公司，故本案二审应当由英格索兰美国公司参加诉讼。孙某煜关于诉讼主体资格的上诉理由不能成立，本院不予支持。

【案例点评】技术秘密许可方式对许可方和被许可方的诉权都有影响。本案中涉及普通使用许可，通常来说被许可人在经过商业秘密权利人书面授权的情况下可以单独提起诉讼，否则只能与商业秘密权利人共同提起诉讼。因此许可方和被许可方都应注意是否约定商业秘密权利人对被许可人维权追责的授权。

（3）未经许可使用他人技术秘密申请专利时的权利归属。技术秘密权利人以侵害技术秘密作为请求权基础，主张有关专利申请权或者专利权归其所有的，人民法院应当审查专利文件是否披露了或者专利技术方案是否使用了该技术秘密，以及技术秘密是否构成专利技术方案的实质性内容。如果技术秘密确为专利文件所披露或者专利技术方案所使用，且其构成专利技术方案的实质性内容，则技术秘密权利人对有关专利申请或者专利享有相应权利。

【典型案例】天津青松华药医药有限公司与华北制药河北华民药业有限责任公司专利权权属纠纷案，（2020）最高法知民终871号

【基本案情】上诉人天津青松华药医药有限公司（以下简称青松公司）与被上诉人华北制药河北华民药业有限责任公司（以下简称华民公司）达成《委托生产加工协议》，根据协议约定，由青松公司委托华民公司加工生产，青松公司提供技术和审查标准，华民公司负责生产。但是华民公司在获得工艺文件和生产产品之后，未经青松公司许可，直接申请了与工艺有关的涉案专利。

青松公司就涉案专利的专利权权属纠纷提起诉讼，河北省石家庄市中级人民法院作出（2018）冀01民初1021号民事判决。

青松公司不服，向最高人民法院提起诉讼，最高人民法院作出（2020）最高法知民终871号民事判决，撤销一审判决，确认涉案专利由青松公司和华民公司共同共有。

【法院观点】本案的争议焦点问题是，涉案发明专利权权属应归谁所有，具体而言存在三个问题。

1. 青松公司主张的技术秘密是否成立

根据1993年《反不正当竞争法》第十条第三款规定，商业秘密，是指不为公众所知悉、能为权利人带来经济利益、具有实用性并经权利人采取保密措施的技术信息和经营信息。根据上述规定，受《反不正当竞争法》保护的技术秘密应当具有秘密性和价值性，并被权利人采取保密措施。技术秘密所具有的秘密性，应当同时具备不为公众"普遍知悉"和"并非容易获得"两个具体条件。

本案中，青松公司主张以国威鉴定中心第20号司法鉴定意见书记载的保

密工艺方案为本案比对对象，鉴于国威鉴定中心第20号司法鉴定意见书来源于青松公司交付给华民公司的氟氧头孢钠工艺技术资料，故对于青松公司的该项主张，本院亦予以支持。华民公司认为没有证据证明青松公司最初交接的工艺，双方签字的交接单是双方技术人员共同研究好多次之后改进的方案，但其并未提交相应证据予以证明，本院不予采信。

本案中，青松公司明确其主张秘密点为："使用混甲酚（间甲酚）法对中间体脱保护"；"成酸反应步骤整体技术信息"，包括物料、反应条件、反应步骤等；"水洗、萃取、无菌过滤步骤整体技术信息"，包括温度、pH值等。针对上述秘密点，华民公司主张，涉案氟氧头孢钠的制备工艺在双方合作之前已经公开，所以涉案工艺不属于商业秘密。对此，本院认为：第一，东都物产与青松公司签订的《技术转移、保密及销售协议》约定"在未得到甲方许可前，乙方不应公开任何技术信息或本协议提到的其他信息。乙方应对转移给丙方的技术信息保密性负责，并且建立保密信息管理系统"；青松公司与华民公司签订的《委托加工生产协议》约定"乙方对甲方提供的保密信息，建立专人负责制，确保保密信息不外泄。乙方应与参与项目的有关人员签署保密协议"。第二，华民公司员工王某娟发表的论文中具体制备步骤、使用的氟氧头孢中间体与保密工艺技术方案均不同，华民公司亦未提交其他证据证明涉案保密工艺技术方案已被公开。可见，一方面，青松公司对于涉案保密工艺技术方案采取了保密措施；另一方面，上述证据也可以初步证明涉案保密工艺技术方案不为相关公众所"普遍知悉"，也"并非容易获得"，且该工艺主要目的是生产氟氧头孢钠，具有商业价值，可以认定青松公司主张的保密工艺技术方案为技术秘密。故青松公司关于所述技术秘密成立的主张于法有据，本院予以支持。

2. 专利文件是否披露了青松公司的技术秘密和专利技术，是否使用了青松公司的技术秘密

当事人以侵害技术秘密作为请求权基础主张专利权权属时，应当考察专利文件是否披露了技术秘密和专利技术，是否使用了技术秘密。专利文件披露了技术秘密或者专利技术方案使用了技术秘密的，即构成对技术秘密的侵害。

本案中，对于秘密点1"使用混甲酚（间甲酚）法对中间体脱保护"，涉案专利权利要求中并没有直接记载使用何种方法对中间体脱保护，但是，专利

说明书实施例1中公开了使用间甲酚脱保护，秘密点1使用混甲酚脱保护，其中混甲酚是邻甲酚、间甲酚和对甲酚三种异构体的混合物，而邻甲酚、间甲酚和对甲酚对中间体脱保护都是利用了酚羟基的氢键，两者并无实质区别，故涉案专利说明书已经披露并使用了秘密点1。

对于秘密点2“成酸反应步骤整体技术信息”，首先，涉案专利权利要求1步骤a）即成酸反应，即包含了秘密点2。此外，涉案专利说明书实施例1中记载的技术方案与保密工艺技术方案中的秘密点2在脱保护试剂、反应气氛、温控时机、反应温度、时间、试剂用量方面存在不同，并且保密工艺没有公开“溶清”“pH至2.5”，但上述区别并非实质性区别，因此，可以认为涉案专利说明书已经披露并使用了秘密点2。

针对秘密点3“水洗、萃取、无菌过滤步骤整体技术信息”，首先，涉案专利权利要求1步骤b）与秘密点3存在如下区别：（1）加入物料不同，萃取到水相过程中，保密工艺还加入氯化钠、焦亚硫酸钠；萃取到有机相过程中，保密工艺还加入氯化钠。（2）物料加入方式及相关操作不同，涉案专利同时添加，保密工艺分批添加且多次搅拌、静置分离。（3）保密工艺未公开过滤操作为无菌过滤。针对该些区别，本院认为，对于区别（1），根据涉案专利和保密工艺的记载及上述技术效果的比较，无法获知保密工艺额外加入的氯化钠、焦亚硫酸钠在该步骤中的作用、解决的技术问题和产生的技术效果，无法证明区别（1）是否是实质区别。对于区别（2），由于缺乏涉案专利和保密工艺关于该步骤的纯化效果的实验证据，无法确定该区别带来的技术效果，也不能证明保密工艺多次搅拌、静置分离的操作实际上可以起到更好的纯化效果。对于区别（3），本领域技术人员知晓，氟氧头孢钠成品以钠盐形式做成注射剂使用于人体，而使无菌过滤是本领域技术人员出于安全考虑容易想到的过滤方式，即该区别不是实质区别。涉案专利权利要求1步骤b）与秘密点3存在的上述区别并非实质区别，故而可以认定涉案专利权利要求1步骤b）包含秘密点3。而涉案专利实施例1是在权利要求1步骤b）的基础上进一步具体化，基于同样的理由，涉案专利实施例1中“水洗、萃取、无菌过滤步骤整体技术信息”也与秘密点3无实质性差异。因此，可以认为涉案专利说明书已经披露并使用了秘密点3。

综上，涉案专利文件披露了青松公司相关技术秘密，而且专利技术方案也使用了技术秘密，构成对技术秘密的侵害，故青松公司的技术秘密构成涉案专利技术方案实质性内容，青松公司应对涉案专利享有合法权利。原审判决对此认定事实有误，本院予以纠正。

3. 华民公司是否对涉案专利的实质性特点作出了创造性贡献

《专利法实施细则》第十三条规定，专利法所称发明人或者设计人，是指对发明创造的实质性特点作出创造性贡献的人。在专利权属纠纷中，如果两个以上的当事人均对技术方案的实质性特点作出创造性贡献，且难以区分贡献大小的，应当认定该权利为共同共有。本案中，华民公司对涉案专利技术方案的实质性特点也作出了创造性的贡献，具体分析如下：

第一，华民公司针对《第一次审查意见通知书》的意见陈述中认为涉案专利发明点主要在于：权利要求 1 步骤 b）中，pH=4—8 时，氟氧头孢酸趋于溶解于水相，pH=0—3 时，氟氧头孢酸趋于溶解于有机相。权利要求 1 步骤 c）采用溶析结晶法，与保密工艺所采用的冻干法系不同的结晶方法。对此，双方均无异议，本院予以认可。

第二，青松公司主张涉案专利权利要求 1 步骤 c）中采用溶析结晶法属于常规技术手段，对此，本院认为，从涉案专利申请过程可见，国家知识产权局在《第一次审查意见通知书》对此提出质疑，但经华民公司陈述相关意见，国家知识产权局亦认可了华民公司对涉案专利溶析结晶步骤使得涉案专利技术方案具有创造性的意见陈述，且青松公司并未提交相反证据证明涉案专利步骤 c）溶析结晶步骤属于常规方法，故青松公司有关涉案专利步骤 c）溶析结晶步骤属于常规技术手段的主张不能成立。据此，可以认定华民公司对涉案专利权利要求 1 步骤 c）作出了创造性贡献。综上所述，由于涉案专利披露并使用了青松公司的技术秘密，故青松公司应当对涉案专利享有权利；华民公司在获得青松公司涉案保密工艺基础上，对涉案专利权利要求 1 步骤 c）作出了创造性贡献，故而可以认定青松公司、华民公司对于涉案专利均作出了创造性贡献。鉴于现有证据无法区分青松公司、华民公司对涉案专利权的贡献程度，故涉案专利权应由青松公司、华民公司共同共有。原审判决对此认定有误，本院予以纠正。

【案例点评】专利权权属纠纷的请求权一般来源于合同违约或侵害商业秘密。本案原告主张被告侵害商业秘密并申请了涉案专利，所以，需要判断涉案专利文件是否披露了商业秘密，如果披露了商业秘密，也就意味着使用了商业秘密，请求权成立，原告应享有专利权。

本案的第一个看点是，如何判断专利文件是否披露了商业秘密的密点。本案中，一审法院委托的司法鉴定，通过比较制备工艺的四个步骤的反应条件、反应步骤的具体比对，认为涉案专利与密点既不相同也不实质性相同。但是，在关联案件的司法鉴定中，却认为涉案专利公开了原告所主张的3个密点。两份司法界定结论产生区别的原因是比对的方法不同。一审法院的鉴定，比对的是商业秘密的具体方案和涉案专利的具体实施例，两者有较多差异；关联案件的鉴定，比对的是上位概括的密点，和涉案专利的技术方案或者权利要求，如果涉案专利的技术方案也可以上位概括出密点所包括的内容，即意味着专利文件包括密点的实质性内容，即使用了商业秘密。

本案第二个看点是，未经许可使用他人的技术秘密申请专利，但是也有所改进，此时应如何判断权利归属。本案中，法院通过分析，认为被告也为专利的创造性带来了贡献，因此涉案专利实际上是原告和被告都作出了贡献，两者贡献的比例又无法查明，只能判定专利权为双方共有。

可以看到，对于“实质性相同”的认定和比对，法院最终使用了上位概括的密点进行比对，而非对具体步骤及内容的比对，有效打击了改进他人技术秘密加以使用的行为。同时，这种未经许可的改进和创造性贡献并不能否定原权利人的权利，二者只能对涉案专利共同共有。

第七章 企业上市中的知识产权管理

企业要想发展壮大，资本力量的推动不可或缺。而资本市场在认定企业的投资价值和发展潜力时，知识产权（包括专利、商标、版权、商业秘密）是其重点考察的对象。

7.1 企业上市中的专利管理

7.1.1 资本市场简介

在中国资本市场环境下，上市分为三种：中国公司在中国境内的上海证券交易所、深圳证券交易所、北京证券交易所上市；中国公司直接到非中国大陆的证券交易所（比如香港证券交易所、纽约证券交易所、纳斯达克证券交易所、伦敦证券交易所等）上市；中国公司间接通过在海外设立离岸公司并以该离岸公司的名义在境外证券交易所上市（红筹股）三种方式。

这里主要关注其中的第一种，即中国公司在中国境内的上海证券交易所、深圳证券交易所、北京证券交易所上市进行详细说明。对于另外两种，由于涉及国外的法律法规和相应证券交易所的规则，不详细展开。

在中国境内，可以公开发行证券的市场分为三级：

①主板市场，也称一板市场，包括原中小板。

主板设立于上海证券交易所和深圳证券交易所，主要为成熟的国有大型企业提供上市服务。原中小板设立于深圳证券交易所，主要为规模较大的中型企业提供上市服务，以民营企业为主，多为各行业的龙头企业。

②创业板和科创板，也称二板市场

创业板设立于深圳证券交易所，服务于流通盘在5000万股以下的中小型企业，主要面向高科技、高成长的中小企业，以民营企业为主。

科创板设立于上海证券交易所，以科技型以及创新型中小企业为主。

③三板市场：新三板和老三板

老三板指中关村科技园区非上市股份有限公司进入代办股份系统进行转让试点，转让系统内的企业为退市企业及原STAQ、NET系统挂牌公司。

新三板指全国中小企业股份转让系统，成立于2012年，以民营企业为主。在北京证券交易所成立之前，新三板分为基础层、创新层和精选层。目前北京证券交易所成立之后，已经整体承接了精选层，并将精选层现有挂牌公司全部转为北京证券交易所上市公司，而新增上市公司则将由符合条件的创新层挂牌公司产生。北京证券交易所的定位是服务创新型中小企业，将与沪深交易所、区域性股权市场坚持错位发展与互联互通，发挥好转板上市功能，并且还将与新三板现有创新层、基础层坚持统筹协调与制度联动，维护市场结构平衡。

其中，科创板以其对科创属性的重视程度、发行条件的包容性、注册制试点吸引了众多科技创新类企业的关注。在下文中，主要针对科创板上市的知识产权问题进行详细说明。

7.1.2 科创属性简介

科创板专门投资科技创新企业，被寄予希望成为未来科技创新上市公司的摇篮、“中国的纳斯达克”。创立科创板，目的是简化公司上市在盈利指标、股东资质等方面的限制；试行上市注册制改革；推进科技型、创新型企业的发展，使其得到更多的资本支持，增强资本市场对实体经济的包容性。因此，区别于其他的股票板块，科创属性是科创板最有特色之处，同时也与本部分的主题“专利”最为相关。

2021年4月16日，上海证券交易所对《科创属性评价指引（试行）》进行了修订，提出了包含4项常规指标和5项例外指标的新的科创属性评价标准。

（1）支持和鼓励科创板定位规定的相关行业领域中，同时符合下列 4 项指标的企业申报科创板上市：

①最近三年研发投入占营业收入比例 5% 以上，或最近三年研发投入金额累计在 6000 万元以上；

②研发人员占当年员工总数的比例不低于 10%；

③形成主营业务收入的发明专利 5 项以上；

④最近三年营业收入复合增长率达到 20%，或最近一年营业收入金额达到 3 亿元。

采用《上海证券交易所科创板股票发行上市审核规则》第二十二条第五款规定的上市标准申报科创板的企业可不适用上述第四项指标中关于“营业收入”的规定；软件行业不适用上述第三项指标的要求，研发投入占比应在 10% 以上。

（2）支持和鼓励科创板定位规定的相关行业领域中，虽未达到前述指标，但符合下列情形之一的企业申报科创板上市：

①发行人拥有的核心技术经国家主管部门认定具有国际领先、引领作用或者对于国家战略具有重大意义；

②发行人作为主要参与单位或者发行人的核心技术人员作为主要参与人员，获得国家科技进步奖、国家自然科学奖、国家技术发明奖，并将相关技术运用于公司主营业务；

③发行人独立或者牵头承担与主营业务和核心技术相关的国家重大科技专项项目；

④发行人依靠核心技术形成的主要产品（服务），属于国家鼓励、支持和推动的关键设备、关键产品、关键零部件、关键材料等，并实现了进口替代；

⑤形成核心技术和主营业务收入的发明专利（含国防专利）合计 50 项以上。

（3）限制金融科技、模式创新企业在科创板上市。禁止房地产和主要从事金融、投资类业务的企业在科创板上市。

7.1.3 上交所对科创属性的关注点及启示

（1）专利数量少

科创板上市需要至少满足“形成主营业务收入的发明专利 5 项以上”的条

件。但是，拥有 5 个发明专利仅仅是最低标准，并不意味着企业在专利数量方面就一定不会被质疑。

企业如果需要得到资本市场的认可，在专利数量上绝对不能是仅达到最低标准即可。如果对比同行业其他对标企业，发行人在专利数量上没有优势，甚至还有不足，必须要有合理的解释。

【典型案例】某赫智能被问询关于“专利数量”的问题

某赫智能的招股说明书中披露了 6 项发明专利，虽然满足了指引的最低要求，但仍被上交所两次问询：“结合产品或服务特点、所处产业链位置、同行业可比公司情况等，分析公司发明专利较少的原因及合理性。”

（2）核心技术未采用专利进行保护

关于如上“4+5”指标中的“形成主营业务收入的发明专利 5 项以上”的要求，其目的在于保证企业的核心技术已经被保护起来，毕竟专利是最为有效的技术保护方式。但是，如上要求并非绝对的，其不适用于软件行业。此外，如果企业的核心技术适合用其他形式的知识产权进行保护，在有充分理由的情况下，也是可行的。

对于科技创新类企业而言，核心技术是其核心竞争力。如果丢失了核心技术，没有了进入门槛，那么其他对标企业就可以肆无忌惮地进入该领域。在这种情况下，企业的利润就无法得到保证。因此，无论是专利、软件著作权、技术秘密、集成电路与布图设计还是植物新品种，只要能够有效地保护自己的知识产权即可。

【典型案例】上海某赛勃被问询关于“核心技术未采用专利进行保护”的问题

例如，据招股说明书披露，上海某赛勃拥有的关键核心技术包括膜材料研制、膜元件生产和复合材料压力容器结构设计与复合材料加工制造等四个方面合计 10 项核心技术，其中多数核心技术对应的技术成果为非专利技术。

针对以上情况，上交所发出问询，核心技术对应的专利成果为非专利技术的原因及合理性，非专利技术的具体指代；采取的技术保护措施等。

在回复上交所问询时，上海某赛勃答复：1. 相关技术类型主要为材料配方或工艺技术。若将相关技术申请专利，需要在一定程度上将相应配方进行公示以获得授权，存在核心技术泄密的风险。另外，材料配方和工艺技术，如果采用专利形式进行保护的话，存在侵权取证难的缺陷。2. 采用“技术秘密”的方式进行保护所采取的措施。

（3）专利权质押

专利权被质押后，其权利的行使必然受到限制，在这种情况下，权利行使受到限制的专利权是否对企业的生产经营产生影响，发行人需要对公众进行充分披露。

【典型案例】某和磁材被问询关于“专利质押对于生产经营影响”的问题

招股说明书显示：包头某和磁材科技股份有限公司（以下简称某和磁材）存在多项境内专利质押权利受限的情况。

上交所问询：专利质押的背景及原因，权利受限事项对发行人持续经营的影响。

发行人回复：某和磁材将专利质押都是为了获取贷款以用于生产经营，属于经营性现金回款，且专利质押不会影响某和磁材将专利用于自身生产经营。因此，专利质押不会影响某和磁材的持续经营。不存在其他专利权受限情形。

（4）专利申请的时间

根据企业技术开发的周期规律，企业的专利产出应当是连续的，即使是有技术创新的爆发，也应当有前期的充分积累。在这种情况下，企业在准备 IPO 前夕或者很短时间内申请大量的专利，而在其他时间段内并没有其他知识产权产出，难免会引起上交所的质疑，进而怀疑企业的自主研发能力和知识产权管理体系。

【典型案例】某拉网络被问询关于“仅有的 6 项专利在 3 天内申请”的问题

某拉网络在上市审核过程中，因在三天内集中申请了 6 项发明专利而被问询是否存在“突击申请”“滥用申请权”的情况。最终，某拉网络因技术先进性披露不充分、不准确等原因被上交所决定予以终止审核其上市申请。

（5）专利悬崖问题

“专利悬崖”是指一个专利保护到期后，企业依靠专利保护获得的销售额和利润就会一落千丈，这对创新药品生产企业而言更为重要。企业应当对重要专利的到期有充分的预案。应对“专利悬崖”的方式也有多种，包括延长保护期、开发新品、与仿制者协商等。最为常见的是，原研药厂会在基础药物专利到期前，在用途、工艺、结构等方面重新进行专利申请，形成专利组合。

【典型案例】上海某会生物医药公司被问询关于“专利悬崖”的问题

上海某会生物医药公司在回复上市委的询问中，就对自己的核心专利药“贝那鲁肽”在2022年7月到期后，如何继续保持盈利给出了专利续展策略：在专利到期前两年在工艺、配方和新适应症上继续申请新专利，通过建立专利丛林来实现专利保护期限的延长。

（6）专利共有产生的问题

专利共有是指两个或两个以上的权利人共同所有同一专利。根据《专利法》的规定，专利申请权或者专利权的共有人对权利的行使有约定的，从其约定。没有约定的，共有人可以单独实施或者以普通许可方式许可他人实施该专利；许可他人实施该专利的，收取的使用费应当在共有人之间分配。

可见，如果涉及专利共有问题，如何保证原本和睦相处的另一方不会成为竞争对手或者许可其他竞争对手实施专利，是发行人需要解决的问题。发行人应当从以下两方面入手解决专利共有问题：

①从源头上避免法律纠纷

如果一项核心技术专利对发行人来说具有重要影响，应尽量避免采用共有方式，或以协议方式明确约定发行人享有独占使用权，其他共有人仅可就相关知识产权用于非生产经营目的。

②上市之前的准备工作

发行人应进行合作方的排查，排查合作方与发行人之间的书面约定，若无书面约定，或书面约定未涉及权属问题，则应进行明确的书面补充约定。与相关方协商，给予相关补偿后使其放弃相关利益诉求。

发行人应当加强技术的消化吸收，对于共有的专利，消化吸收其中的关键技术，并力争在此基础上进行自主技术创新，形成新的专利技术。

【典型案例】某软科技被问询关于“专利共有”的问题

在某软科技披露的多项专利中，某软科技均与北京大学为共同权利人。据此，上交所要求某软科技进行说明。而后，某软科技与北京大学协商，由北京大学出具《证明》：“上述共有专利以及本校与某软科技共同署名或被登记为共同权利人的其他知识产权为某软科技在市场经营过程中独立研发形成。就本校和某软科技作为共同权利人的该等知识产权，本校同意某软科技及其全资或控股企业过去和未来均可在营业范围内无偿使用该等知识产权并享有全部收益，某软科技同意本校仅为非营利的科研、学术研究目的无偿使用该等知识产权，不用于任何商业推广或许可任何第三方使用。”

（7）专利受让、专利许可等产生的问题

专利受让、专利许可等产生的问题一方面会影响到专利权的权利基础是否稳固、权属是否清晰，另一方面也可能引起监管机构对于企业自身科技创新能力、是否存在技术依赖的质疑。

【典型案例】某联生物被问询关于“技术依赖”的问题

某联生物与美国联合生物医药公司（某联生物的第二大股东，以下简称UBI）具有长期的诉讼纠纷，核心在于“猪合成肽口蹄疫疫苗技术”（由UBI所有）的使用权。因此，某联生物是否存在对UBI的技术依赖成为上交所的关注点。为了解决如上问题，某联生物做了以下三方面的澄清工作：

1. 专利许可：双方经过多轮谈判后于2015年12月30日签署了《关于“猪合成肽口蹄疫疫苗”及其延伸技术的技术费协议》，约定某联生物2015年至2019年每年向UBI支付985万元。协议约定，对于UBI目前在全球领域已经取得、正在申请或未来拟申请的“猪合成肽口蹄疫疫苗”相关专利，给予某联生物在中国境内的永久独家使用权。

2. 专利受让：2019 年 1 月，某联生物与 UBI 签署《专利转让协议》及《专利增加权利人以及使用范围划分协议》，UBI 将其在中国境内全部与动物口蹄疫疫苗相关的专利或专利使用范围无偿转让给某联生物。

3. 在原专利基础上的自行研发：某联生物在回复中还表示，公司技术的发展过程分为引进、吸收消化、独立创新三个阶段。公司 2014 年研发成功三组份产品猪口蹄疫 O 型合成肽疫苗（多肽 2600+2700+2800）及之后研发成功的产品，均未使用 UBI 相关专利，公司拥有独立、完整的口蹄疫合成肽疫苗知识产权，不存在对 UBI 技术的依赖。

（8）专利纠纷：专利侵权纠纷、专利权属纠纷、专利无效

上市公司即将获得大量的资金，这必然会对原来平衡的市场竞争态势产生巨大的影响。在这种情况下，竞争对手有充分的动机去对公司上市造成障碍。此外，NPE（Non-Practicing Entity，非专利执行实体）也会选择在这个时机动作。因此，超过 50% 的科创板上市企业都会遇到知识产权诉讼纠纷。

专利纠纷主要分为以下三类：专利侵权纠纷、专利权属纠纷、专利无效。在大部分情况下，这三类纠纷都是纠缠在一起的，在此以某芯股份与某尔股份的系列纠纷为例进行说明。

【典型案例】某芯股份公司上市过程中遭遇的系列纠纷

某尔股份公司成立于 2001 年 6 月，2008 年 5 月在深交所上市，主要从事声光电精密零组件及精密结构件等高端装备的研发、制造和销售，其产品包括 MEMS 麦克风。某芯股份公司成立于 2007 年 9 月，是一家以 MEMS 传感器研发与销售为主的半导体芯片设计公司，目前主要产品线包括 MEMS 麦克风、MEMS 压力传感器和 MEMS 惯性传感器。苏州某芯于 2019 年 5 月 16 日公开辅导备案之后，先后遭遇了：

1. 专利侵权纠纷：某尔股份公司及其子公司分别于 2019 年 7 月、11 月，2020 年 3 月、4 月、6 月就某芯股份公司产品侵犯其共计 10 项专利权为由提起诉讼；其中，3 件专利侵权诉讼更是在上交所召开某芯股份公司上市委会议前一周提出，

并在前一天通过媒体公布，此时，某芯股份公司尚未收到应诉通知书，也不知晓诉讼的具体情况，无法向上交所解释相关风险。上交所遂取消了某芯股份公司的上市审议。截至目前，该专利侵权诉讼尚未审结。该侵权诉讼显示了 FTO 的重要性。企业在运营过程中，尤其是在准备上市的前期，一定要对公司主营业务线上的产品进行 FTO 分析。对于存在侵权风险的产品，或者采取规避设计；或者对风险专利进行稳定性分析，确认在专利权人发起诉讼的情况下能够使其专利无效；或者采用许可和收购的方式来合法取得实施权。总之，一定要将企业风险控制在可承受范围之内，以便将侵权诉讼对自身的影响降到最低。

2. 专利权属纠纷：《专利法实施细则》规定，劳动关系终止后 1 年内作出的与其在原单位承担的本职工作或者原单位分配的任务有关的发明创造，属于专利法第六条所称执行本单位的任务所完成的职务发明创造。职务发明创造申请专利的权利属于该单位，申请被批准后，该单位为专利权人。某尔股份公司于 2019 年 11 月、12 月，2020 年 3 月、4 月主张某芯股份公司的三项专利权与四项专利申请权归属于某尔股份公司或某尔股份公司。以涉及“梅某欣”的专利为例，梅某欣 2004 年 7 月研究生毕业后便进入某尔股份公司担任技术经理，直至 2006 年 12 月离职，负责 MEMS 产品的封装、测试的研发工作。在某芯股份公司所有的专利号为“ZL200710038554.0”的发明专利授权文本显示，专利申请日为 2007 年 3 月 28 日，专利发明人为李某、胡某、梅某欣，专利技术内容和梅某欣在某尔股份公司承担的工作任务相关。某尔股份公司据此提起诉讼，主张该项专利权属于己方所有。

虽然苏州中院一审和最高人民法院二审均未支持某尔股份公司的主张，但是也给众多企业敲响了警钟。为了防止技术人员入职、离职所带来的知识产权归属问题，需要做好以下四方面的工作：

入职前：做好风险核查和隔离，充分调查其在原单位的工作情况，并签订相关的责任归属文件。

入职中：应完善研发管理制度，保证技术研发全过程的可跟踪性，与研发人员就权利归属作出书面约定，在遇到相关纠纷时能够举证相关知识产权归己方所有。

入职后：在薪酬和团队方面给予充分保证，一方面对其进行股权激励，另一方面对其所持股份设置限制。

离职后：通过签署竞业限制协议的方式阻止技术人员前往具有竞争关系的企业就职，或者采取设置脱密期的方式防止员工在之后的工作中使用科创企业的技术信息。

3. 专利无效：某尔股份公司及相关自然人就某芯股份公司上市提供的 18 项发明专利与 1 项实用新型专利全部提起了无效宣告。科创属性 4 项常规指标中明确规定形成主营业务收入的发明专利 5 项以上，在这种情况下，如果由于部分专利被宣告无效而导致不符合该指标，将是非常遗憾的。

在应对企业上市前夕，专利被竞争对手提起无效宣告时，以下几点应当注意：一是对自有专利进行稳定性分析。得到稳定性分析结果，一方面可以对自有专利的稳定性有客观的认识，另一方面也可以在真正面对专利无效前做好预案。二是有足够数量的专利和专利申请。在有足够数量的专利和专利申请的情况下，即使部分的专利被宣告无效，余下保留的专利仍然可以满足科创属性的相关要求。并且，如果后续的专利申请源源不断地被授权，也能给企业以足够的底气来面对专利无效。

【典型案例】某峰科技的专利相关纠纷

某峰科技成立于 2006 年，其主营业务为激光显示核心器件与整机产品的研发、生产、销售与租赁。2019 年 7 月 22 日，某峰科技在科创板成功上市。

1. 2019 年 7 月 29 日，某达电子起诉某峰科技侵犯其三项专利权，涉案标的达 4800 多万元，直接导致某峰科技的 3000 万元银行资金遭到冻结。当天，某峰科技对某达电子的专利提出无效申请，并起诉某达电子侵犯其两项专利权。

问题：某峰科技如何能在一天内完成专利无效和起诉的工作？

原因 1：某峰科技在公开的招股说明书中明确表示公司上市前对专利侵权风险做排查，也就是 FTO 调查。也是迄今为止，唯一一份招股说明书中明确说做过专利数据检索的。

那么，某达电子的三项专利，在某峰科技的侵权风险排查中应该被找到过，并且，某峰科技与某达电子本是竞争对手，有过多次专利纠纷，所以，某峰科技将某达电子列为主要防范对象，实属合理。这样来看，某峰科技应该已经提前做好被宣告无效的准备工作，以便将侵权诉讼对自身的影响降到最低。

原因 2：某峰科技公开的招股说明书中，强调了其两项核心专利（ZL200880107739.5 和 ZL200810065225.X）的价值，并介绍其利用该两项核心专利起诉了对手 20 次，都胜诉了，其中，18 次起诉的对手是某浩科视，致使某浩科视被判赔了 3560 万元。某达电子的一批产品的生产商即为某浩科视，这次某峰科技起诉某达电子的侵权产品，就是某浩科视为某达电子生产的一批产品。有上一次的胜诉判决，此次诉讼应当是十拿九稳。

2. 2020 年 5 月，成都某米科技股份有限公司（以下简称某米科技）向上交所提交了 IPO 申请，某米科技成立于 2013 年，其主要产品为智能投影仪，与某峰科技的业务线存在重叠。

某峰科技的应对措施：（1）2020 年 6 月 2 日，某峰科技旗下控股子公司峰某科技将某米科技诉至法院，峰某科技以某米科技 Z6 系列微投产品专利侵权（专利号：ZL201110086731.9）为由，要求某米科技立即停止侵权行为，并向峰某科技赔付损失 4500 万元。作为回应，某米科技向国家知识产权局提出了如上专利的无效请求。（2）2020 年 7 月，针对某米科技所持有的 16 项发明专利，某峰科技向国家知识产权局提出了无效宣告请求。这 16 项发明专利为某米科技向上交所递交的科创板 IPO 招股书中披露的全部发明专利。

2020 年 8 月，某峰科技与某米科技签订《专利许可协议》和《战略合作协议》，共建激光产业“新生态”。协议主要内容包括：（1）某峰科技同意授权某米科技在协议存续期间实施指定专利，某米科技分五年每年向某峰科技支付专利许可使用费，合计人民币 2500 万元；许可方式为普通实施许可，对该许可，某米科技不可转让、不可分许可。（2）某峰科技与某米科技展开战略合作，某米科技将借助某峰科技研发技术力量研发其激光超短焦投影产品，优先从某峰科技采购一定金额的核心部件产品——激光超短焦光学引擎组件，战略合作期为 5.5 年，并一次性支付 NRE 费用（Non-Recurring Engineering，一次性工程费用）人民币 500 万元。

可见，某峰科技利用自己的专利优势地位，不仅获得了巨大的短期经济利益，而且利用合作的方式，获得了稳定的长期利益。可以说，某峰科技给其他企业上了一节生动的专利财富课。

7.2 企业上市中的商标管理

7.2.1 企业上市常见商标相关问询和实际案例

企业上市过程中经常会面临商标方面的问询，主要包括商标权属、商标转让、商标侵权、商标许可、商标注册等各个方面，如表 7–1 所示。

表 7–1

企业名称	问题属性	具体问询
芜湖长信科技股份有限公司	商标转让	结合正在办理产权转移的相关商标和专利在标的公司生产经营中的具体应用，详细说明若相关专利和商标权无法到标的公司名下，对本次交易价格及标的公司生产经营的影响。
重庆万里新能源股份有限公司	商标侵权	根据搜房控股有限公司提供的相关材料对媒体报道的涉及商标纠纷事项予以澄清和说明。
广州白云山医药集团股份有限公司	商标许可	（1）标的资产预测收益的过程，商标许可使用费率、广药集团分配比例、折现率等重要评估参数假设情况；（2）评估预测期间相关参数确定的依据，明确重要评估参数后续是否会发生变化。
TCL 科技集团股份有限公司	商标转让	新成立的 TCL 控股是否就使用 TCL 系列商标而支付了相关对价。若是，则说明定价测算过程、后续支付安排；若否，则解释说明是否构成实质向关联方赠与资产。
广州酒家集团股份有限公司	商标许可	商标许可使用费用从 0.5% 上调至 1% 和 1.5% 的可持续性，未来商标许可签约情况，相关预测数据及其增长情况的合理性及可实现性，以及是否存在业绩承诺等保障上市公司利益的措施安排。
山东弘宇农机股份有限公司	商标注册	预案显示，标的资产创立了十多项具有行业影响力的自主品牌赛事，拥有一定的 IP 资源。请你公司补充披露说明标的资产目前所持有的全部 IP 资源情况、相关权属是否完整、有效期限、是否需要履行行业主管部门的审批程序等情形。

续表

企业名称	问题属性	具体问询
厦门嘉戎技术股份有限公司	商标许可	据申报材料显示，2018年6月，Rochem Group 授予嘉戎技术的子公司科诺思及其关联方在中国境内使用“Rochem”商标，有效期为5年，2018年及2019年的许可使用费为7万欧元（税前）。 2019年9月，一家在垃圾渗滤液处理领域与嘉戎技术产品存在竞争关系的公司向国家知识产权局申请该商标无效。国家知识产权局裁定嘉戎技术的授权商标无效。 在知晓商标无效后，科诺思与 Rochem Group 签署了《终止协议》，终止时间为2019年12月31日。2018年至2020年6月底，嘉戎技术使用商标的膜组件对应的收入分别为2075.69万元、6449.96万元和2784.98万元，占该公司主营业务收入的比例分别为6.97%、11.28%和9.43%。 针对2019年9月10日商标宣告无效，同年12月31日才终止相关商标授权协议的原因及合理性。
深圳市紫光照明技术股份有限公司	商标侵权	所涉商标侵权及不正当竞争诉讼的具体情况及进展，对公司持续经营的影响；若公司被认定商标侵权，公司所涉商标、企业名称变更的具体过程及时间、成本，是否存在实质性障碍；进一步分析前述商标、企业名称变更后对公司持续经营能力的影响，包括但不限于现有在手订单是否涉及违约或赔偿情形；为了新业务开拓中相关商标侵权认定记录是否影响公司声誉、招投标资质等；结合前述回复说明公司是否符合《科创板首次公开发行股票注册管理办法（试行）》第十二条第三项的规定，并根据实际情况完善风险披露与重大事项提示内容。

上述表格统计了上市企业在问询中集中体现的几个问题：商标注册、商标许可、商标转让、商标侵权。这也是企业在知识产权管理工作中贯穿整个商标管理的过程表现，涵盖了商标从注册申请到商业使用中的各种情形。

结合上述情况，企业不论是在上市过程中，还是在上市后，都应该对商标提前布局、规范管理，并有相应管理制度进行保障，从而保障企业品牌权益的有效增值，以便增强投资者的投资信心，保障企业与投资者的双赢局面。为了顺利上市，企业应将商标管理日常化，打造商标战略框架，商标注册应有规划，商标使用应有计划，商标侵权应提前防范，商标维权力度应加大，对自身商标的风险也应提前发现，尽早提出解决方案，从而尽可能将企业商标纠纷风险降至最低。

7.2.2 企业上市中商标有关纠纷

企业上市审核阶段是发生商标相关诉讼纠纷的高发期。《首次公开发行股票并上市管理办法》第十条要求拟上市企业的主要资产不存在重大权属纠纷。《科创板首次公开发行股票注册管理办法（试行）》第十二条规定发行人不存在主要资产、核心技术、商标等的重大权属纠纷，重大偿债风险，重大担保、诉讼、仲裁等或有事项，经营环境已经或者将要发生重大变化等对持续经营有重大不利影响的事项。商标作为重要的知识产权无形资产，其权属问题和诉讼纠纷是上市阶段的重要问询关注点，拟上市企业应非常关注。

【典型案例】某光集团有限公司与深圳市某光照明技术股份有限公商标侵权及不正当竞争纠纷案

【基本案情】深圳市某光照明技术股份有限公司是一家专注于工业照明设备研发、生产与销售、LED 专业照明产品与解决方案的供应商。其主营业务是工业照明设备和智能照明系统的研发、生产和销售，以及提供工业照明领域的合同能源管理服务等，客户主要分布在电力、冶金、煤炭、石化等行业。某光集团有限公司从 30 年前清华大学创建的一家校办企业起步，至今某光集团已成为中国最大的综合性集成电路企业，也是全球第三大手机芯片企业。某光集团是中国最大的综合性集成电路企业，在企业级 IT 服务细分领域排名中国第一、世界第二。

2020 年 6 月 30 日，深圳市某光照明技术股份有限公司科创板申请受理。2021 年年初，正在上市审核阶段的深圳市某光照明技术股份有限公司在回复上市委的问询中披露，与某光集团有限公司存在商标纠纷：某光集团有限公司于 2020 年 9 月 14 日向北京知识产权法院提交《民事起诉状》，对某光照明和北京某东叁佰陆拾度电子商务有限公司提起民事诉讼，请求判令某光照明等被告立即停止侵害某光集团“紫光”“清华紫光”等注册商标专用权行为；判令某光照明立即停止使用含有“紫光”字样的企业名称，限期变更企业名称，变更后的企业名称中不得含有“紫光”字样；判令某光照明赔偿某光集团经济损失人民币 500 万元及为制止公司商标侵权及不正当竞争行为的合理支出；判令某光照明承担本案全部诉讼费用。

【案例点评】由于商标侵权及不正当竞争纠纷诉讼案件发生在深圳市某光照明技术股份有限公司完成上市委首轮问询意见的答复之后，因此对其正在冲刺科创板上市影响颇大。

此外，商标权属问题也是企业上市主管部门着重关注的问题之一。商标权属存在纠纷，不仅影响企业上市顺利与否，还关系到企业自身多个方面，如企业声誉、招投标资质、违约赔偿，甚至是企业名称应否变更。商标权属的稳定性及其评估，应是企业在上市前做好风险排查的重要工作之一，否则一旦在上市过程中发生纠纷，不论企业能否上市，对企业发展都会产生极大的负面影响。

7.3 企业上市中的版权管理

企业在拟上市的敏感时间节点，经常会碰到版权纠纷，此时前期的版权管理工作会影响到上市进程中版权纠纷能否妥善应对。企业上市之后也并不意味着版权管理的终点，在碰到重大版权诉讼纠纷时，亦应合理有效应对，以防止对上市公司的业绩和持续经营产生不利影响。同时，无论是拟上市企业，还是上市企业，在面对版权纠纷时，都应做好信息披露工作，防止不合规情况的发生。

在上市企业类型方面，可以简单地划分为技术型上市企业和非技术型上市企业，前者主要是科创板的企业和某些主板 / 中小板企业，后者主要是创业板和某些主板 / 中小板企业。在版权构成企业上市核心或重要资产的情况下，对于技术型上市企业而言，上市问询的主要版权关注点可能在于软件著作权权属、转让、许可和诉讼方面；而对于非技术型上市企业而言，上市问询的主要版权关注点可能在于非软件作品的权属、转让、许可和诉讼方面。这是因为版权权属、转让、许可和诉讼直接影响到企业的持续经营能力，因此企业应当充分对其进行披露，以防止影响 IPO 进程和上市后的企业发展。我们主要从下面两个方面来讨论企业上市中以及上市后的版权管理工作。

7.3.1 企业上市常见版权相关问询和实际案例

近年来，随着科创板和创业板的鼓励上市政策的支持，大量的技术型和非技术型企业（例如市场主导型）迎来了资本市场的青睐，在上市进程中信息披露工作使得企业的方方面面暴露在公众的审视之下。相应地，尽管科创板和创业板实行的是注册制，但相关的问询工作仍然是由上交所和深交所等机构来实施，特别是对于包括版权等知识产权方面的问询，是上市问询过程中经常会遇到的问题。对于版权问题而言，经常会面临的相关问询和实际案例，如表 7–2 所示。

表 7–2

企业名称	问题属性	具体问询
海天瑞声	版权出资	(1) 用于增资的非专利技术“基于互联网的数据处理平台技术”是否属于发行人生产经营需要使用的非专利技术，若需要使用，变更出资方式是否会影响发行人的正常经营，若不需要使用，说明以非专利技术出资的合理性；(2) 用于增资的非专利技术作价 400 万元的依据，是否经过评估程序；(3) 上述出资及变更出资是否履行了公司内部决策程序；(4) 上述变更出资方式是否符合法律规定，是否涉及出资不实及后续的出资补足过程，是否受到过相关行政处罚；(5) 发行人股东间是否因变更出资方式存在纠纷，是否会影响发行人股权的清晰，是否对本次发行上市构成障碍。
南京微创	版权权属	发行人是否存在合作研发、研发外包、引进授权等与第三方合作的商业模式，如存在，请补充说明发行人在研发过程中参与的环节，是否可以独家申请注册证书，是否拥有完整的知识产权和所有权，是否能独家使用，是否存在使用期限，对应的主要产品是否在可预见的未来存在市场竞争力。
江苏北人	版权共有	“共有软件著作权的研发背景，共有人关于权利行使、收益分配的约定”，并要求中介机构核查发行人拥有和使用的各项知识产权、非专利技术的来源和取得过程是否符合相关法律法规的规定，是否存在合作开发的情况，是否存在利用关联方或非关联方的职务发明的情形，核心技术对第三方是否存在依赖，是否存在诉讼、纠纷或其他引致权利不确定性的情况，是否影响发行人的资产完整性，是否构成本次发行上市的法律障碍。

续表

企业名称	问题属性	具体问询
虹软科技	核心人员	（1）披露核心技术人员的认定依据，核心技术人员在公司研发、取得专利、软件著作权、主要核心技术等方面发挥的具体作用；（2）披露报告期内核心技术人员的变化情况，最近 2 年内是否发生重大不利变化。
热景生物	职务作品	注入发行人非专有技术的具体形成过程，研发时间长度，研发投入情况，是否发行人实际控制人凭借个人能力研发，如是，是否符合行业惯例，是否来自周锌及其控制的企业，是否与万泰生物存在纠纷或潜在纠纷。
光峰科技	竞业限制	知识产权是否涉及研发人员在原单位的职务成果，研发人员是否违反竞业禁止的有关规定，是否存在违反保密协议的情形。
怡合达	版权纠纷风险	（1）采用与米思米类似的经营模式以及编制产品目录手册等是否存在侵犯米思米著作权、专利权、非专利技术等相关知识产权的情形或风险，是否与米思米存在纠纷或潜在纠纷；（2）其产品目录手册的著作权以及专利、商标、域名等知识产权是否存在被他人复制、出版、使用等情形，是否存在争议或纠纷；（3）与 OEM 供应商和集约化采购供应商之间是否存在商标、著作权、专利等知识产权纠纷或潜在纠纷。
灿星文化	版权纠纷应对	发行人与 MBC 就《户外真人秀》《了不起的挑战》《蒙面歌王》等节目存在诉讼纠纷。其中，MBC 诉发行人知识产权合同纠纷（《蒙面歌王》第二季、第三季、第四季节目合同）诉讼请求金额约人民币 11047 万元，MBC 反诉发行人合同纠纷（联合开发《户外真人秀》节目合同）诉讼请求金额约人民币 4745 万元。发行人均未就相关涉诉事项计提预计负债。请发行人补充披露：（1）涉诉事项的背景，频繁与 MBC 发生争议的原因；（2）相关节目及后续系列节目（《蒙面唱将猜猜猜》）的制作、播出是否涉嫌侵犯他人依法享有的知识产权的情形，上述诉讼事项是否影响发行人后续相关节目的播出及收益分成；（3）未就上述涉诉事项计提预计负债的依据及合理性，是否符合《企业会计准则》的规定；（4）结合上述因素在招股说明书中就诉讼事项及对业务经营尤其是节目播出的影响等进行有针对性的风险揭示。请保荐人、发行人律师、申报会计师发表明确意见，并说明对报告期内所有未决诉讼计提预计负债、暂估应付款项的依据，相关金额的合理性，会计处理的合规性。

从表 7-2 可以看出，版权相关问询问题主要集中在与版权相关的所有风险事宜，包括版权出资、版权权属、版权共有、核心人员认定、职务作品、竞业限制、版权纠纷风险、版权纠纷应对等诸多方面。总的来看，通过问询

以上问题，上交所、深交所关注的仍然是企业是否符合科创板和创业板的定位和上市要求，是否具有持续经营能力，是否会对投资者的利益造成损害。通过信息披露的公示过程，投资者可以更加深入地了解企业的状况，从而决定是否作出投资决定。

因此，作为拟上市的企业而言，通过梳理版权管理工作上的成果和漏洞，可以使企业内部版权管理工作更加规范和高效，并在上市之后对于版权相关风险能够处理得更加妥当，从而避免对企业的生产经营造成不利影响。这样看来，无论是上市之前，还是上市之后，版权管理工作的各个方面工作仍然需要落实到企业的各个环节之中。相信经过上市的辅导和洗礼，作为上市企业，其版权等知识产权管理和保护体系将日臻完善。

7.3.2 企业上市时和上市后版权纠纷应对策略

在上市时和上市后，面对版权纠纷（包括行政投诉、法律诉讼等），如何妥当地进行处理，是对企业知识产权管理工作者的直接考验。下面我们以上海某星文化传媒股份有限公司（以下简称某星文化）的坎坷上市之路为例来说明版权纠纷处理的应对策略问题。

2021 年 2 月 2 日，作为拥有《中国新歌声》《中国好声音》两大王牌节目的某星文化成为 2021 年第二家被否的创业板 IPO 申请公司，虽然其上市被否的原因是多方面且复杂的，但其在《中国好声音》等版权方面的诉讼案件的应对不利因素，与其上市失败也有密切的关联。

根据某星文化的招股书上会稿披露，诉讼、仲裁事项影响发行人业务经营及节目播出的风险：截至招股说明书签署之日，发行人与 MBC 就《蒙面歌王》第二季、第三季、第四季节目合同，联合开发《户外真人秀》节目合同等存在尚在进行的诉讼、仲裁事项。其中，MBC 诉发行人知识产权合同纠纷（《蒙面歌王》第二季、第三季、第四季节目合同）诉讼请求金额约人民币 11047 万元，MBC 反诉发行人合同纠纷（联合开发《户外真人秀》节目合同）诉讼请求金额约人民币 4745 万元。一方面，根据管理层评估及诉讼律师意见，发行人未就上述涉诉事项计提预计负债或暂估成本。截至 2020 年 6 月 30 日，发行人货币资金为 789337266.00 元，发行人与 MBC 的上述合同纠纷中 MBC 主张金额占发行人货币资金比例较低，且根据上海某投、上海昼某、田某出具的承诺，若根据最终判决 / 裁决，某星文化需向 MBC 进行赔付，则赔付金额由上海某投、上海昼某、田某共同连带向某星文化进行补偿，各自承担比例为各方在某星文化中所持股权比例。虽然上述涉诉事项不会对发行人持续经营构成重大不利影响，但相关涉诉事项仍会对发行人的业绩表现和市场影响力造成负面影响。若发行人未能在后续的经营管理中加强与合作方的合同执行和管理，该等对发行人业绩表现和市场影响力的负面影响可能会继续发生。另一方面，上述涉诉事项系合同价款结算纠纷，不会涉及发行人后续节目制作及核心知识产权。涉诉相关节目的商标、文字脚本、舞美设计、面具饰品专利等模式的具体表达均为发行人原创，发行人拥有相关知识产权，且部分涉诉节目的续季仍在正常制作及播出。若发行人在后续的业务开展中，未能保护自身的知识产权或侵犯第三方的节目相关的知识产权，则发行人将可能会面临节目被要求暂停播出或下架整改的风险。

以上披露信息也引出了某星文化在引进国外综艺节目版权的过程中，与 MBC、Talpa 之间曾发生过的各种版权等诉讼纠纷。其中，在与 Talpa 之间的纠纷应对上，虽然某星文化自 2012 年引入《中国好声音》后获得巨大盈利，但在 2016 年版权到期之后，Talpa 公司在我国香港地区提出诉讼，禁止某星文化制作及播放《中国好声音》第五季节目，随后某德影视宣布以 6000 万美元的价格买下之后四年的版权，这使得某星文化被迫将《中国好声音》改名为《中国新歌声》。在多年谈判之后，2018 年 6 月，某德影视、某星文化等各主体共同签署了《和解协议书》，各方就与《中国好声音》相关的知识产权纠纷达成和解。经历了这样的风波之后，又随着各种综艺节目百花齐放和网络直播的兴起，某星文化错过了最佳的上市时机，盈利能力也大幅下滑。

而在与 MBC 之间的纠纷应对上，某星文化未能按照合约向其支付模式费和收益分成，使得其制作的《蒙面歌王》《户外真人秀》等节目都卷入纠纷之中，这使得在某星文化在创业板的上市节点还存在大量的未决诉讼，较大地干扰到了上市的进程，上交所针对上述问题作了问询："截至 2020 年 10 月底，发行人作为被告的未决诉讼及仲裁共计 8 件，累计被请求金额约 2.3 亿元。请发行人代表说明：（1）未对上述事项计提预计负债的原因及合理性；（2）上述事项是否对发行人的核心竞争力和持续经营能力构成重大不利影响。请保荐人代表发表明确意见。”

最终，创业板上市委员会审议认为，某星文化在拆除红筹架构后，股权架构设计复杂，认定实际控制人的理由不充分、披露不完整。发行人在 2020 年 4 月基于截至 2019 年年末的历史情况及对未来的预测，根据商誉追溯评估报告对收购梦响强音产生的商誉进行追溯调整，并在 2016 年计提减值损失 3.47 亿元，上述会计处理未能准确反映发行人当时的实际情况，不符合《注册管理办法》等规定。

总的来看，深交所的问询主要涵盖了红筹架构、收购梦响强音，以及与 MBC 之间的诉讼争议方面，如果能够有效地处理诉讼纠纷，则可能会为某星文化的上市增加砝码，但遗憾的是由于版权争议纠纷旷日持久，而最优盈利能力和竞争优势的时代也一去不复返，最终都导致了某星文化的上市失败结局。

7.4 企业上市中的商业秘密管理

企业在上市过程中也经常会面临有关专有技术等商业秘密方面的相关问询，在上市过程中也有可能面临商业秘密的诉讼风险，因此企业应当做好相关问询的准备工作，积极应对商业秘密纠纷，以保证上市进程的顺利进行。

7.4.1 企业上市过程中常见商业秘密相关问询

（1）科创板常见商业秘密相关问询。近年来，随着科创板和创业板鼓励上市政策的支持，大量技术型和非技术型企业迎来了资本市场的青睐。在企业上市、并购、融资过程中，相关的问询工作仍然是由上交所和深交所等机构来实施，商业秘密相关的问询也渐为常见。对于商业秘密，经常会面临的相关问询和实际案例，如表 7–3 所示。

表 7–3

企业名称	问题属性	具体问询
宝兰德	商业秘密估值	（1）请公司详细说明，所谓人才团队、技术能力、产品实力、客户关系、知识产权等无形资产的相关价值评估情况及依据。 （2）请公司披露标的公司的职工人数、结构，具体说明核心技术人员情况，列表说明标的公司的专利权、著作权等取得与产业化等情况，并结合主要客户情况，说明标的公司的科技实力及行业地位①。
光云科技	商业秘密估值	（1）请公司详细说明，所谓销售团队、客户关系、技术储备等无形资源的相关价值评估情况及依据。 （2）请公司披露标的公司的职工人数、结构，具体说明核心人员情况，并结合标的公司的专利权、著作权、专有技术等取得情况，说明标的公司的科技实力及行业地位②。
南新制药	在研产品	请公司（1）披露上述 7 款产品预计上市时间；（2）结合各适应症市场规模及竞争格局，各在研产品同一靶点下境内外已上市和在研产品数量和进展情况，披露在研产品的前景、竞争力及依据，并进行针对性的风险提示；（3）结合上述 7 款产品在估值中的具体考虑及占比，披露公司是否在协议中就该等产品研发及商业化失败等情形，采取保护措施及有效性③。
海尔生物	商誉	公告披露，本次交易完成后，公司的合并报表中预计将增加一定金额的商誉。请明确本次交易完成后预计将形成的商誉数值或数值范围，并充分提示可能存在的风险④。

从表 7–3 可以看出，对于企业上市过程中的商业秘密管理，相关问询问题主要集中在商业秘密的估值及其依据、合理性。商业秘密作为企业的技术成果，

① 参见《关于对北京宝兰德软件股份有限公司收购北京艾秀信安科技有限公司 100% 股权的问询函》（上证科创公函〔2021〕0004 号）。

② 参见《关于对杭州光云科技股份有限公司收购杭州深绘智能科技有限公司 100% 股权的问询函》（上证科创公函〔2021〕0002 号）。

③ 参见《关于对湖南南新制药股份有限公司发行股份及支付现金购买资产并募集配套资金暨关联交易预案的问询函》（上证科创公函〔2020〕0047 号）。

④ 参见《关于对青岛海尔生物医疗股份有限公司收购资产有关情况的问询函》（上证科创公函〔2020〕0043 号）。

在企业上市、融资、并购重组中均能彰显其作为技术成果的价值。

相较于版权、专利等的估值，商业秘密具有较大的估值难度，上交所的相关问询，也主要集中在此类无形资产的价值评估情况及其依据、合理性。涉及的商业秘密主要包括两类，一是技术信息，如技术能力、产品实力、在研产品等；二是经营信息，如销售团队、客户关系等。

在评估实践中，第一类技术秘密的估值能够通过比较形成公允价值，而第二类与销售、客户相关的经营信息的价值会因为交易主体或实施主体的不同而存在差异，更难形成客观的公允价值，这是企业上市过程中商业秘密估值的一大难题。

另外，对于具有较强不稳定性的在研产品，上交所的问询内容除了在研产品的前景、竞争力及依据，在上市估值中的具体考虑及占比，还要求公司披露是否在协议中就该等产品研发及商业化失败等情形采取保护措施及其有效性，即对于企业的在研产品，有关监管部门对其合理估值和风险防范提出了更高的要求。

（2）商业秘密豁免披露的情形。根据科创板发行上市审核的相关规定，发行人拟披露的与科创板定位相关的信息属于国家秘密、商业秘密，披露后可能导致其违反国家有关保密法律法规或者严重损害公司利益的，发行人及其保荐机构可以向上交所申请豁免披露[①]。因此，商业秘密豁免披露，除相关信息需满足商业秘密的三大法定特征外，还需满足“披露后严重损害公司利益”的条件。

这就要求拟上市企业一方面需要对企业商业秘密进行全面的尽职调查，保证能够完全覆盖披露要求中的事项，能够对其估值及依据作出合理解释；另一方面不得以此为借口，将客户、供应商、技术等关键信息全部列入豁免披露，这将对投资者的价值判断产生负面影响，也将影响企业上市审核的过程。

---

① 《上海证券交易所科创板企业发行上市申报及推荐暂行规定》（2021 年 4 月修订）第十二条。

7.4.2　企业上市过程的商业秘密纠纷

拟上市企业，特别是科创板企业在 IPO 期间遭遇商标权、专利权、版权以及商业秘密等知识产权方面的诉讼及信披风险已非罕见。《首次公开发行股票并上市管理办法》第三十条规定："发行人不得有下列影响持续盈利能力的情形：……（五）发行人在用的商标、专利、专有技术以及特许经营权等重要资产或技术的取得或者使用存在重大不利变化的风险；……"由此可见，对于拟上市公司，商标、专利、专有技术等相关的知识产权诉讼意味着重大不利变化的风险，直接影响企业持续盈利能力，不仅关涉企业过去，更关系到企业未来，关系到相关技术能否继续运用、相关产品能否继续销售。换言之，知识产权纠纷和相关诉讼直接增大了公司未来发展的不确定性。

就商业秘密而言，无论是商业秘密的泄露风险，还是竞争对手提起商业秘密的侵权诉讼，都可能直接影响 IPO 企业能否成功登陆。

深圳某弘数字印刷集团股份有限公司，即系科创板首家在暂缓审议后终止上市的公司，重要原因之一即被竞争对手提起商业秘密侵权的诉讼和连环举报。

【典型案例】深圳某弘数字印刷集团股份有限公司终止科创板上市

【基本案情】2020 年 11 月 3 日，上交所科创板状态更新显示，深圳某弘数字印刷集团股份有限公司（以下简称某弘集团）终止了科创板上市。这是科创板开市以来，第五家被暂缓审议的企业，同时也是科创板首家在暂缓审议后终止上市的公司。从公开信息来看，深圳市某天智数字设备股份有限公司（以下简称某天智）早在 10 年前就对某弘集团开始了关于侵犯技术秘密的举报和诉讼，但案件多次因事实不清、证据不足未被检察院起诉或裁定驳回刑事自诉。该公司于 2020 年 6 月 4 日对某拓数码和某弘集团提起诉讼，要求二被告停止侵犯其涉案技术秘密，并赔偿经济损失 109695365.05 元，及维权合理支出 35 万元。同时，该公司至少进行了 8 次举报，包括某弘集团的核心技术侵权、核心技术人员认定失实、盗取源代码、虚假销售、环保违法违规等。而且在某弘集团针对上市委的问询提交回复后，某天智都会抓住回复中的问题进行再次举报。这或许是其此次折戟科创板的主要原因。

审核机构重点关注相关诉讼对核心技术团队稳定的影响以及潜在的技术依赖问题，即对发行人核心技术、技术研发及生产经营是否存在重大不利影响，并要求发行人对被多次举报情况进行说明，特别是诉讼最新进展及可能的不利结果。

其一，某弘集团是一家工业数字印刷综合解决方案提供商，其主要产品包括数字喷墨印刷设备、软件、墨水、配件等。某天智也是一家自主生产数字喷墨印刷设备的公司，在新三板挂牌。某天智认为自己具有深厚的技术研发实力，还需要耗时3—5年才自主研发PP2512UV平板机。而某拓成立于2010年5月6日，同年7月发布了首款UV数码打印机，命名为HT2512UV，用时仅两个月，其核心技术来源和形成存在重大问题。事件缘起于某天智的核心技术人员赵某发、李某刚等几名主要研发人员在2009年和2010年相继离职，并入职新的某拓数码公司。某天智认为，因赵某发、李某刚等人离职后入职汉拓，造成商业秘密泄露，致汉拓两个月就研发出同类产品。

其二，在某弘集团上市申请前，对赵某发、李某刚的职务进行了调整：2020年1月，赵某发由某弘集团研发总监变更为某弘集团子公司某博智能总经理，2019年11月，李某刚由某弘集团软件开发经理变更为某弘集团子公司某锐精密研发经理。经过此次调整后，某弘集团在答复上市委时声称公司不会对赵某发、李某刚等技术人员存在重大依赖。某天智则认为，赵某发在某弘集团担任研发总监有10年时间，李某刚担任软件开发经理也有9年时间。两人不仅担任研发高管时间长，而且对核心技术参与广，贡献大，在职期间完成了某弘集团所有核心技术的原始积累，是某弘集团的技术奠基人。因此两人在上市前同时调离岗位，就显得极为异常，考虑到当时两人还处在与某天智的商业秘密纠纷案中，因此某天智认为某弘集团此举有明显躲避监管嫌疑。不仅如此，某天智还一一对某弘集团招股书中所列出的除赵某发之外的5名核心技术人员江某、李某周、李某洲、张某强、曲某东的个人履历中根本没有数码打印行业背景，且在上市前火速提拔为研究负责人和骨干提出质疑，认为有逃避监管之疑。进一步的理由则包括诸如李某刚、饶某旺等前某天智的核心人员因与某天智有保密协议，有侵权行为的，某天智会保留依法追诉的权利，因此认为某弘集团没有将这些人员列为核心技术人员，而是选取了与某天智无关的人员列为核心技术人员，有躲避监察的目的[①]。

【案例点评】本案中造成某弘集团上市失败的原因中，最重要的一点就是被竞争对手提起侵犯商业秘密的侵权诉讼和包括核心技术侵权、核心技术人员认定失实、盗取源代码等原因的连环举报。因此，企业在上市过程中应注意防范商业秘密侵权风险，以避免对上市进程造成不利影响。

就商业秘密问题而言，拟上市企业，特别是科创板拟上市企业，除了需要做好尽职调查，全面详尽地梳理商业秘密，满足证监会和证交所的披露要求外，对商业秘密来源、权属、侵权、不确定性等潜在法律风险的分析和防范亦至关重要。其背后的逻辑在于，科创板企业需要具备主营业务的持久竞争优势，这来源于可以持续领先的核心技术和创新能力，需要完备且无风险的知识产权保护。可以说，知识产权风险直接决定科创板企业能否成功上市。

因此，拟上市企业一方面需要进行商业秘密涉诉风险排查，另一方面也要做好合理化解纠纷的各项准备，尽力避免上市过程中的知识产权诉讼阻碍企业成功登陆。在此过程中，亦需要做好商业秘密保密措施，注意与中介机构签订保密协议。

---

① 参见《关于终止对深圳汉弘数字印刷集团股份有限公司首次公开发行股票并在科创板上市审核的决定》（上证科审（审核）〔2020〕914号）。

第八章 企业终止时的知识产权管理

企业终止，是指企业因法律上、经济上的正常或不正常的原因导致企业作为法律主体资格的消灭。企业出现《公司法》第一百八十条等解散事由，除公司合并或分立情形以外，都涉及清算的问题。在清算中，知识产权是企业财产的组成部分，应依清算程序予以处置。不论因为何种原因导致企业终止，都会涉及企业资产的处理，这其中就会涉及企业持有的知识产权（包括专利、商标、版权、商业秘密等）的处理问题。

8.1 企业终止时的专利管理

公司清算之后的专利有多种去向，有的专利可以被高价转让引发专利收购竞赛，有的专利转让后可被买家及时实施助其产品升级，有的专利因管理不善而失效从而失去利用价值，也有的专利并非核心技术，即便低价甩卖也无法被市场认可。在此过程中也会产生相应的纠纷，我们主要从以下三个方面来进行讨论。

8.1.1 企业终止时的专利价值

企业不能逃脱新陈代谢的自然法则，资不抵债的公司将破产倒闭。对于破产公司的专利，有其固有的价值，但往往容易被忽视。发挥好专利等知识产权的价值，对企业来讲，可能会起到起死回生的作用。

【典型案例】重庆市永川区某达机械有限责任公司申请破产重整案，（2019）渝破终5号民事裁定书

【基本案情】2004年8月27日，重庆永川区某达机械有限责任公司（以下简称某达机械公司）在原重庆市工商行政管理局永川区分局注册成立，注册资本2600万元。某达机械公司被申请破产后，根据某达机械公司提交的《资产负债表》显示，截至2019年1月25日，某达机械公司资产合计171892220.26元，负债合计220530780.19元，净资产合计－48638559.93元。某达机械公司认为其基础设施设备齐全，拥有多项实用新型专利，技术实力雄厚，销售渠道广泛，公司目前面临的困难系外部因素造成，通过重整可以继续创造经济价值，公司具有破产重整价值。某达机械公司拟通过降低生产成本，利用现有资金，生产附加值高的产品，引入投资方，扩大生产经营规模，开发新的合作对象等方式实现重整。一审法院裁定对某达机械公司的破产重整申请不予受理。某达机械公司提起上诉，二审法院支持了某达机械公司，裁定撤销一审判决。

【法院观点】一审法院认为，破产重整的对象应当是具有挽救价值和可能的困境企业。人民法院在审查重整申请时，应当根据债务人的资产状况、技术工艺、生产销售、行业前景等因素，对债务人是否具备重整价值以及拯救可能性进行实质审查。某达机械公司拥有多项实用新型专利，有一定的重整价值。但是从现实状况看，企业已经负债累累，生产经营陷入困境。当事人还没有使企业起死回生、重新获取盈利能力开始正常经营的方案，申请重整可行性尚不够。二审法院认为，破产重整制度的目的在于挽救困境企业，但该企业应当具有挽救价值和可能。虽然该公司提供的《资产负债表》显示企业资产不足以偿付全部负债。但是，某达机械公司不仅拥有多项专利，还具备继续生产经营的场地、设备、人员等基础，具有一定的重整价值。二审中，某达机械公司提出了明确的投资人及投资方案，某达机械公司具有重新获得盈利能力、提高清偿比例的可能性。某达机械公司的上诉理由部分成立。

【案例点评】本案中一审和二审法院的观点不同，二审法院最终认为，某达机械公司不仅拥有多项专利，还具备继续生产经营的场地、设备、人员等基础，具有一定的重整价值。这也体现了知识产权在企业终止情形下的商业价值。

8.1.2 专利侵权引发的企业终止

专利侵权纠纷判决后，侵权成立的，往往产生侵权赔偿责任，从而形成侵权人对专利权人的债务，当侵权人出现债务危机，赔偿不能顺利被执行时，专利权人有权依据《企业破产法》提出破产申请，引发侵权人企业的终止。

【典型案例】刘某江、深圳市某美诺科技有限公司侵害实用新型专利权纠纷案，（2020）粤03破申22号民事裁定书

【基本案情】关于申请人刘某江与深圳市某方美有机玻璃制品有限公司、被申请人深圳市某美诺科技有限公司（以下简称某美诺公司）侵害实用新型专利权纠纷案，广州知识产权法院作出（2015）粤知法专民初字第1401号民事判决，判决深圳市某方美有机玻璃制品有限公司和某美诺公司应于判决生效之日起十日内连带赔偿申请人经济损失及为制止侵权行为支付的合理费用共15万元。因深圳市某方美有机玻璃制品有限公司和某美诺公司未履行生效法律文书所确定的义务，申请人向广州市中级人民法院申请强制执行，在执行过程中，因深圳市某方美有机玻璃制品有限公司和某美诺公司没有可供执行的财产，广州市中级人民法院裁定终结该次执行程序。申请人刘某江以被申请人某美诺公司不能清偿到期债务为由，申请某美诺公司破产清算。

【法院观点】法院认为，申请人对被申请人主张的债权有生效法律文书为依据，且经强制执行无法得以清偿，被申请人某美诺公司不能清偿到期债务，并且明显缺乏清偿能力，申请人的申请符合法律规定，依照《企业破产法》第二条第一款和第七条第二款的规定，裁定受理申请人刘某江对被申请人深圳市某美诺科技有限公司提出的破产清算申请。

【案例点评】知识产权诉讼纠纷有时候会成为压垮骆驼的最后一根稻草，本案中由于专利侵权而导致产生强制执行，进而引发破产清算，具有一定的特殊性。

8.1.3 企业终止时的专利纠纷

企业因经营不善而出现的合同债务纠纷中，也会涉及专利。企业在清算前或清算过程中，合同相对人会主张债权，产生纠纷。

【典型案例】 北京某智同创知识产权代理有限公司与某视控股（北京）有限公司专利代理合同纠纷案，（2017）京73民初1935号

【基本案情】 北京某智同创知识产权代理有限公司（以下简称某智同创公司）与某视控股（北京）有限公司（以下简称某视控股公司）于2015年10月签订《专利代理业务合作协议》和总委托书，协议约定了具体的合作事项和合作范围。截止到2017年11月，原告某智同创公司按照合同约定履行了被告委托的专利代理业务，但被告并未按照合同约定向原告支付相关费用。某智同创公司提出诉讼请求判令某视控股公司向某智同创公司支付专利代理费1389653.80元、代缴官方费用609961.89元，共计1999615.69元。北京知识产权法院一审判决某视控股公司于本判决生效之日起十日内向某智同创公司全额支付专利代理费、代缴官方费用。

【法院观点】 法院认为，依法成立的合同，自成立时生效，当事人应当按照约定全面履行自己的义务。本案中，原告某智同创公司与被告某视控股公司签订的涉案合同系双方当事人的真实意思表示，未违反法律、行政法规的强制性规定，为有效的合同。双方当事人应当按照合同约定全面履行自己的义务。按照涉案合同的约定，某智同创公司为某视控股公司提供专利代理服务，某智同创公司负责代缴某视控股公司委托专利的所有官方费用，某视控股公司应向某智同创公司支付代理费和代缴的官方费用。

【案例点评】 某视控股公司在面临经营困难时，对于知识产权代理公司的代理费用已经无法支付，产生了大量的代理合同纠纷案件。这也提示相关知识产权代理机构，应当尽量避免“赊账”情形的发生，及时按月结清代理费用，防止雪球式账单的形成，以及雪崩式亏损的发生。

8.2 企业终止时的商标管理

8.2.1 企业终止时的商标处理

一般来说，企业在终止时，对商标的处理方式有商标转让、商标移转、商

标拍卖、商标注销。除企业有相对受让人或继受人直接采取商标转让或移转外，商标拍卖最为常见。例如：某视网信息技术（北京）股份有限公司持有的 1354 项商标（其中五项已注销），起拍价格为 136416.7 元。天津某睿汇鑫企业管理有限公司以 131367916.70 元拍卖成交。成都某鱼头投资股份有限公司管理人在淘宝网阿里拍卖强清平台，对其名下的 49 个商标专有权进行拍卖，起拍价为 100 万元。

在商标处理中有几方面特别需要注意：首先，商标是否在存续有效期内，《商标法》第四十条规定，注册商标有效期满，需要继续使用的，商标注册人应当在期满前十二个月内按照规定办理续展手续；在此期间未能办理的，可以给予六个月的宽展期。每次续展注册的有效期为十年，自该商标上一届有效期满次日起计算。期满未办理续展手续的，注销其注册商标。在企业处理商标前，及时对商标进行续展，避免因到期未续展导致商标注销。其次，商标是否存在权利瑕疵，比如是否质押，是否有许可使用，如有发生，其受让人对之前的权利义务有承担的义务，会造成不必要的纠纷，故在处理商标之前应将商标权利瑕疵梳理并处理完毕。再次，商标转让、移转要及时，避免因为先前的企业终止后，商标没有及时转让给受让人或继受人而发生被撤销的情形。最后，在处理商标前，应进行有效的商标估值，委托专门评估机构，对商标进行全维度、多方面的价值评估，然后通过售卖或者拍卖的方式进行商标权利转让，实现商标价值最大化。

8.2.2 企业终止时的商标纠纷

商标转让和商标移转的发生是商标权继受取得的两种方式，《商标法实施条例》第三十一条规定，转让注册商标的，转让人和受让人应当向商标局提交转让注册商标申请书。转让注册商标申请手续应当由转让人和受让人共同办理。商标局核准转让注册商标申请的，发给受让人相应证明，并予以公告。第三十二条规定，注册商标专用权因转让以外的继承等其他事由发生移转的，接受该注册商标专用权的当事人应当凭有关证明文件或者法律文书到商标局办理注册商标专用权移转手续。在商标转让中，受让方获得商标权利的范围由双方在转让合同中约定，在没有约定的情况下，以商标转让生效之日界分出让方与受让方各自的商标权利范围，其中包括对商标侵权行为提起诉讼的权利。也就是说，商标出让人对商标转让生效之前发生的侵权行为有权起诉，商标受让人对商标转让生效之后发生的侵权行为有权起诉。发生移转的情况则有所不同，如商标的原持有人已经丧失民事主体资格，则受移转人在承继商标的同时，也一并承继了对此前发生的商标侵权行为的损害赔偿权，其有权对商标移转之前已经发生的侵权行为以自己的名义提起诉讼。[①] 故此，企业对商标处理时应留意在企业终止前和终止后的权利义务有所不同，建议从企业实际情况出发考虑选择以何种形式处理商标，最终保障企业权益。

【典型案例】上海某谱华顿电子工业有限公司与COMMSCOPE，INCOFNORTHCAROLINA（北卡罗来纳肯姆斯考博公司）侵犯商标权纠纷案，（2010）沪一中民五（知）终字第106号

【基本案情】第660354号“SYSTIMAX”商标的原注册人为某普方案财产有限责任公司（COMMSCOPE SO-LUTIONS PROPERTIES，LLC），有效期限为2003年10月7日至2013年10月6日，核定使用商品类别为铜和金属电缆等。2006年11月12日，上海市质量技术监督局在被告公司成品仓库发现标有“SHANGHAI AIPU SYSTIMAX”字样的局域网电缆17箱，部分包装箱上印有“某谱”“AIPUDUN”字样或贴有上海某谱华顿电子工业有限公司的合格证。被告上海某谱华顿电子工业有限公司的经营范围包括生产、销售电线、电缆等产品，其电缆产品上喷印有“SHANGHAI AIPU HSYU”“SHANGHAI AIPU HUADUN”等字样。2007年1月1日，某普方案财产有限责任公司被原告兼并。2008年3月5日，原告向上海市第一中级人民法院提起诉讼，后因商标证原因撤回起诉。2009年4月7日，商标局出具《核准商标转让证明》，核准涉案商标转让给原告。2009年7月23日，原告向上海市浦东新区人民法院提起本案诉讼。

原告诉称，其通过公司兼并取得“SYSTIMAX”商标，该商标在电缆、网络布线产品领域具有较高知名度。被告未经原告授权许可，擅自在同类产品上

① 许懿:《注册商标移转与转让的法律区分》，载《人民司法·案例》2011年第10期。

使用与原告注册商标近似的标识，侵犯了原告的注册商标专用权，请求法院判令被告立即停止侵权，赔偿经济损失人民币50万元，并在《新民晚报》上刊登启事消除影响。被告辩称，涉案事实发生于2006年，当时的商标注册权人并非原告。原告于2009年4月7日才获得该注册商标权利，原告未提供证据证明其兼并某普方案财产有限责任公司并继承涉案商标的事实。原告提起本案诉讼已经超过两年诉讼时效。上海市质量技术监督局查获的标有“SHANGHAI AIPU SYSTIMAX”字样的电缆产品是其他公司给被告的抵债产品，并非被告生产，不同意原告的诉讼请求。

【法院观点】1. 原告于2007年1月1日兼并了“SYSTI-MAX”商标的原权利人某普方案财产有限责任公司，并于2009年4月7日取得商标核准转让证明，两者相互结合可以证明原告通过公司兼并取得了涉案商标的权利，原告作为商标权的继受人，有权对此前发生的商标侵权行为提起诉讼。2. 涉案侵权网线产品上标注的“SHANGHAI AIPU SYSTIMAX”商标与原告的“SYSTIMAX”商标构成近似，可能导致相关公众对产品来源的混淆。被告未能对货物的合法来源作出合理、有效的解释。故法院认定被告实施了在同一种商品或者类似商品上使用与原告“SYSTIMAX”注册商标近似商标的侵权行为，应当承担相应的民事责任。3. 由于原告未能举证证明被告因侵权行为所得利益或原告因侵权行为所受损失的具体数额，法院根据“SYSTIMAX”商标的知名度、被告行为的性质、扣押货物的数量、原告为制止侵权行为的合理开支等综合确定赔偿数额。最终，法院依照《商标法》第五十二条第一项，第五十六条第一款、第二款以及《最高人民法院关于审理商标民事纠纷案件适用法律若干问题的解释》第九条第二款，第十六条第一款、第二款，第十七条之规定，判决被告于判决生效之日起立即停止侵犯原告享有的“SYSTI-MAX”注册商标专用权的行为；于本判决生效之日起30日内在《新民晚报》刊登启事，消除影响；于本判决生效之日起10日内赔偿原告经济损失及合理开支共计人民币7万元。宣判后，被告不服一审判决，提起上诉。二审法院审理后判决驳回上诉、维持原判。

【案例点评】注册商标移转与转让在现行立法上被明确区分为商标继受取得的不同方式，但对二者在法律效力上的区别未予明确。本案中，在认定原告享有涉案注册商标专用权的起始时间和权利范围时，充分注意到了商标移转与商标转让的重要区别。

8.3 企业终止时的版权管理

企业在由于各种因素终止经营时，例如由于合并、注销、破产清算等程序，也会涉及版权的处理问题，在此过程中也会产生相应的版权纠纷，如果处理和应对不得当，可能会为收购方或接收方埋下隐患。

8.3.1 企业终止时的版权处理

企业终止的因素有多种，但最终涉及版权等知识产权的处理问题时，都应该关注以下几个方面的问题：

第一，在企业终止之前，版权是否存在质押等权利负担情况。如果存在，则质权人应当在企业终止之前及时行使权利，例如如果企业被收购或合并而终止，则收购方或合并之后的主体，应该承担之前的权利义务，或者在收购或合并之前，将版权质押事宜处理完毕，使得版权没有任何权利负担。又例如，如果企业由于无法继续经营而宣告破产，则质权人应向清算组申报其权利，以期在清算过程中能够获得补偿。

第二，在企业终止之前，版权等知识产权应当进行尽调和评估。如果收购方希望进行资产收购，则应调查包括版权的知识产权是否有权利瑕疵，是否对企业的核心知识产权进行了全方位布局和保护等。通过尽调的方式，摸清企业的核心资产（包括版权），从而为后续价值评估和收购方案的拟定奠定基础。

第三，在企业终止之后，版权应做好转移和转让工作。例如，收购方在获得版权等知识产权的权属之后，应当及时办理版权等权属转移工作，将该类知识产权纳入自己名下。又例如，企业在破产清算之后，应当根据清算情况，将版权等知识产权转移到后续的权利方或接收方（例如乐视网、锤子科技等破产企业的版权等知识产权都通过拍卖的方式转移到后续权利方）。

综上，企业应当在终止进程之中，做好版权管理工作，维护企业的自身权益。如果企业在终止过程中，未能做好版权的处理工作，则容易产生较大的诉讼纠纷，为企业终止进程设置障碍。相反，如果处理得当，则即使企业被宣告破产，作为破产清算组，仍然维护了企业的相关版权利益，这样的案例并不鲜见。

【典型案例】某视网（天津）信息技术有限公司与深圳某迪思数字技术有限公司侵害作品信息网络传播权纠纷案，（2017）粤 0305 民初 18614 号

【基本案情】关于原告某视网（天津）信息技术有限公司诉被告深圳某迪思数字技术有限公司侵害作品信息网络传播权纠纷案，深圳市南山区人民法院于 2017 年 9 月 28 日立案受理。本案在审理过程中，因被告向广东省深圳市中级人民法院申请破产清算，深圳市南山区人民法院根据广东省中级人民法院出具的（2018）粤 03 破 279 号之三通知书于 2018 年 11 月 20 日裁定中止本案诉讼，根据广东省深圳市中级人民法院作出的（2018）粤 03 破申 279 号民事决定书于 2019 年 2 月 11 日恢复审理后，依法适用普通程序，于 2019 年 4 月 16 日公开开庭进行了审理，现已审理终结。原告依法独占性享有知名电影作品《肩上蝶》在中国大陆范围内的信息网络传播权等著作权权利，并有权以自己的名义向擅自对上述涉案作品进行信息网络传播行为的第三方提起诉讼。经原告查证发现，被告在未经原告许可的情况下，通过其所有并运营的“蜜蜂视频”应用软件向社会公众非法传播了涉案作品，其行为严重侵犯了原告依法享有的权利。

【法院观点】本案系侵害作品信息网络传播权纠纷，涉案作品为电影作品，具有独创性，并能以有形形式进行复制，属于我国著作权法所保护的作品，根据涉案作品视频片尾署名，在无相反证明的情况下，本院认定宁波某草家族影视策划有限公司是涉案作品的著作权人。原告依据授权取得了涉案作品的独占性信息网络传播权，对侵犯其独占性信息网络传播权的行为可以以自己的名义提起诉讼，且其维权权利仍在授权期限内，故原告是本案适格的主体。根据（2017）浙杭之证字第 9814 号《公证书》显示，通过被告运营的“蜜蜂视频”应用软件可在线播放涉案影视作品。庭审中被告主张上述作品系其使用视频汇聚技术通过互联网抓取而来，其仅向用户提供了搜索、链接的服务，但其并未提交证据证明该主张，且根据原告提交的公证书所附截图及当庭播放公证书所附光盘显示，涉案被控侵权的影视作品在线打开和播放的过程中并未发生任何

跳转，故本院对被告的该项抗辩意见不予采纳。被告未经涉案作品著作权人的许可，通过其所有并运营的“蜜蜂视频”应用软件提供涉案作品的在线播放服务，使公众可以在其个人选定的时间和地点获得涉案作品，其行为已经侵犯了原告就涉案作品享有的独占性的信息网络传播权，依法应当承担停止侵权、赔偿损失的法律责任。关于赔偿数额，鉴于其并未提交相关证据证明其因被告侵权行为造成的损失或被告因侵权行为获利的情况，对原告的主张，本院不予全额支持，综合考虑侵权行为的性质、侵权持续时间、后果、涉案作品的知名度、影响力和原告为案件实际支出的公证费用及指派律师出庭等因素，本院酌定本案被告应赔偿原告经济损失和维权合理费用共计人民币 4 万元。

【案例点评】尽管某视已经破产，但其版权资产仍然存在，本案中作为破产清算组，通过版权维权的方式维护了企业的相关版权利益，处理方式得当。

8.3.2　企业终止时的版权纠纷

企业终止过程中，难免会与收购方、合并方、清算方、权利方发生各种知识产权纠纷，包括版权纠纷等。在这类纠纷的应对中，企业应当在终止之前，利用现有的人力和财力资源积极应对，必要时应当与收购方或接收方达成协议，以维持企业在终止阶段的正常运转，使得企业的正常经营活动不至于受到严重影响。特别是对于收购方而言，如果收购方看重的是企业的知识产权、技术实力和市场影响力，则也不希望在收购对象终止运行之前，发生较大的诉讼争议，更希望的是实现平稳的运行和交接，从而达到商业利益最大化。因此，在企业终止过程中，发生版权相关纠纷，应当妥善处理，否则对终止进程中的各方而言都会产生负面影响。

【典型案例】深圳市腾某计算机系统有限公司与北京雷某文化传媒有限公司侵害作品信息网络传播权纠纷案，（2016）粤 03 民终 11771—11799 号

【基本案情】2013 年 10 月 22 日，北京市版权局对《印记一周零五天》等共 373 件作品进行了作品登记，包括上述片尾显示“雷某传播出品”的 25 部作品。2015 年 5 月 20 日，北京雷某广告传播有限公司与北京雷某文化传媒有限公司签订了一份《资产收购协议》，约定北京雷某广告传播有限公司将其部分资产转让

给北京雷某文化传媒有限公司，支付相应的转让金。2015 年 12 月 22 日，经北京市工商行政管理局海淀分局核准，北京雷某广告传播有限公司的名称变更为雷某文化产业发展有限公司。后雷某文化产业发展有限公司出具了一份《声明》，内容为“北京雷某广告传播有限公司与北京雷某文化传媒有限公司在 2015 年 5 月 20 日签订《资产收购协议》，约定：北京雷某广告传播有限公司将包括涉案作品在内的广告素材资料作为协议附件，将其全部著作权转让给北京雷某文化传媒有限公司，北京雷某文化传媒有限公司享有上述广告素材资料全部权利”。经查，在该《声明》所附的表格中包含上述片尾显示“雷某传播出品”的 25 部作品。2015 年 12 月 9 日，深圳市版权协会根据北京雷某文化传媒有限公司的申请，在连接互联网的办公电脑上打开浏览器，输入网址 www.qq.com，进入“腾某官网”，固化电子数据，并加盖了数字签名和时间戳。经比对，上述列举的在电子证据固化过程中点击播放的 29 部视频的内容与北京雷某文化传媒有限公司提交的 25 部作品中的视频内容相同。

【法院观点】本案中，北京雷某文化传媒有限公司在第一次庭审结束后，在未向一审法院申请延长举证期的情况下，超过一审法院指定的举证期限补充提交了《资产收购协议》《声明》《名称变更通知》等证据，一审法院已经责令其说明理由，但北京雷某文化传媒有限公司说明的理由不能成立。鉴于北京雷某文化传媒有限公司补充提交的上述证据系认定本案事实的关键证据，故一审法院对北京雷某文化传媒有限公司补充提交的上述证据予以采纳，并已对北京雷某文化传媒有限公司进行了口头训诫，同时，因北京雷某文化传媒有限公司补充提交证据导致各案增加的诉讼费用人民币 87.5 元，应由北京雷某文化传媒有限公司自行承担。一审法院确认北京雷某广告传播有限公司是上述 25 部作品的作者，北京雷某广告传播有限公司与雷某文化传媒有限公司签订了《资产收购协议》，在北京雷某广告传播有限公司变更为雷某文化产业发展有限公司后，出具的《声明》中明确上述 25 部作品包括在转让的资产中，北京雷某广告传播有限公司已经将上述 25 部作品的著作权转让给了北京雷某文化传媒有限公司，故一审法院确认北京雷某文化传媒有限公司系上述 25 部作品的著作权人。北京雷某文化传媒有限公司享有本系列案 29 部作品的著作权，是本系列案适格的主体。综合考虑深圳市腾某计算机系统有限公司侵权行为的性质、侵权持续时间、后果、涉案作品的知名度等因素，一审法院对北京雷某文化传媒有限公司要求的经济损失赔偿数额不予全部支持，酌定各案为人民币6500元，本系列案共29案，合计人民币188500元。二审法院认为，上诉人深圳市腾某计算机系统有限公司作为提供信息存储空间的网络服务提供者，其不知道也没有合理的理由应当知道该网络用户提供的作品侵权，且无证据证明其改变了网络用户所上传的视频内容，也没有从涉案视频中直接获得经济利益，根据避风港规则，上诉人无需承担赔偿责任。至于被上诉人在一审法院起诉时，要求上诉人立即停止对涉案视频的侵权行为，由于上诉人在被起诉至法院之后及时删除了涉案视频，故对该项诉讼请求也不再支持。

【**案例点评**】本案涉及资产收购导致了企业终止的情形，尽管公司有所变更，但资产收购方享有著作权，是本系列案适格的主体。虽然最终由于避风港规则，未能获得赔偿，但这种维权方式值得借鉴。

8.4　企业终止时的商业秘密管理

8.4.1　企业终止时的商业秘密处理

对于科技型企业，核心技术及相关商业秘密是其赖以生存的关键和重要的竞争要素，即使企业进入终止阶段，亦不能忽视对相关商业秘密的管理和保护，可以关注以下几个角度。

一是管理人保密义务。对于重整程序中的企业，技术信息和经营信息等商业秘密直接决定其能否再生成功。管理人履职过程中，有大量机会接触企业的重要商业秘密和技术秘密，因而也就存在管理人泄露破产企业商业秘密的潜在风险。根据《企业破产法》第二十七条“管理人应当勤勉尽责，忠实执行职务”之规定，保密义务亦属于管理人忠诚义务的一部分，管理人对于履职过程中知悉的商业秘密，应当严格保密，不得损害债务人企业利益。对此，企业可以与管理人签订保密协议，要求其严格遵守保密义务，并约定相应的赔偿责任。

二是清算组保密义务。根据《公司法》第一百八十九条“清算组成员应当忠于职守，依法履行清算义务……清算组成员因故意或者重大过失给公司或者债权人造成损失的，应当承担赔偿责任”之规定，可以推知，清算组成员在清算履职过程中同样负有保护公司商业秘密的义务。由于较难确保清算组能够自动自觉地严格履行保密义务，一方面，企业可以事前完善、健全商业秘密保护机制，特别是容易被忽视的企业终止阶段的商业秘密保护；另一方面，企业可以与清算组成员签订保密协议，明确清算组成员的保密义务及相应范围、期限以及赔偿责任。

三是债权人知情权。与此同时，破产企业的债权人对相关信息享有知情权，除《企业破产法》规定的信息之外，债权人可以要求管理人披露或向管理人询问其参与破产过程中所必需的信息等。但在涉及商业秘密的情况下，债权人的知情权应当受到一定程度的限制。首先，债权人的查阅必须有合理目的；其次，信息内容应当具有相关性和必要性；最后，对涉及商业秘密的信息，债权人同样具有保密义务。

企业终止过程中的商业秘密估值。根据《公司法》之规定，清算组负有清理公司财产、编制资产负债表和财产清单之义务。商业秘密作为公司资产的一部分，具有无形性、技术性强的特点，估值难度较大。根据《财政部、国家知识产权局关于加强知识产权资产评估管理工作若干问题的通知》第一条，国有企业清算涉及知识产权的应当进行资产评估，非国有企业的可以参照国有企业进行资产评估。

因此，民营企业在清算过程中，需要结合自身情况衡量、判断是否需要对商业秘密进行资产评估。一方面，拍卖、变卖具有较高价值的商业秘密可以大幅增加企业财产，十分有利于外部债权人和内部股东的利益；另一方面，商业秘密作为知识产权，是企业重生的关键，评估过程中的不当泄露和不合理出售反而会致使企业利益严重受损。

8.4.2 企业终止时的商业秘密纠纷

企业终止阶段的商业秘密纠纷，包括企业终止后各方当事人的商业秘密侵权纠纷。合作经营的各方在企业终止、合作关系终止后，往往需要新设企业重新进入市场，借助原企业技术秘密和经营信息重新开展生产经营活动的行为时有发生。

一方面，针对特定相对人，企业可以与其订立保密协议，约定对企业存续过程中所掌握的技术秘密和经营信息等负有保密义务；另一方面，企业应当在事前完善商业秘密保护机制和法律风险防范机制。

【典型案例】徐某连、谢某侵害经营秘密纠纷案，（2020）陕民终766号

【基本案情】徐某连与谢某此前系合伙关系，主要合伙经营某俪店及某伽店。2019年6月15日二人签署《散伙协议》，徐某连为乙方，谢某为甲方，该协议第五条约定，甲方承诺自某伽店、某俪店两店散伙之日起在某俪店和某伽店方圆六公里内不得参与从事美容、化妆品等与某俪店有竞争关系的相关事宜。甲方应当向乙方交接并披露某伽店、某俪店的经营信息，包括但不限于客人产品信息、商铺信息、客人信息等。甲方散伙后仍应当保守商业秘密，商业秘密包括但不限于客人产品信息、商品信息、客人信息、经营信息等，且不得恶意抢夺客源和背后损害乙方的利益。若甲方违反上述约定，甲方应当就违约行为向乙方支付违约金30万元。散伙后，因谢某在其朋友圈配发原某伽店、某俪店客户图片宣传柯颜希祛斑产品，徐某连与其产生纠纷，徐某连诉至法院提出前述诉请。徐某连为本案已支付律师费1万元、公证费1020元。

【法院观点】关于谢某的行为是否构成侵权。《反不正当竞争法》第九条对于商业秘密的定义，即指不为公众所知悉、具有商业价值并经权利人采取相应保密措施的技术信息、经营信息等商业信息。在《最高人民法院关于审理不正当竞争民事案件应用法律若干问题的解释》第九条第二款中更是明确了六种情形，在该六种情形下，应当认定权利人所主张的信息不构成不为公众所知悉，包括：（1）该信息为其所属技术或者经济领域的人的一般常识或者行业惯例；（2）该信息仅涉及产品的尺寸、结构、材料、部件的简单组合等内容，进入市场后相关公众通过观察产品即可直接获得；（3）该信息已经在公开出版物或者其他媒体上公开披露；（4）该信息已通过公开的报告会、展览等方式公开；（5）该信息从其他公开渠道可以获得；（6）该信息无需付出一定的代价而容易获得。经过徐某连与谢某的举证质证以及本院庭审调查，案涉客户的图片在徐某连与谢某合伙期间，徐某连亦为宣传华溪堂祛斑产品在朋友圈发图宣传过，显然不

属于法律界定的不为公众知悉的情况，且对于该图片的获取，只要是徐某连或谢某的微信联系人，基本上均可以截图下载至自己手机，获取方式容易。所以上述图片依法不属于经营秘密，谢某的行为不能认定为侵害经营秘密。但上述照片系消费者在消费华溪堂祛斑产品时进行的拍摄，谢某却在照片上打上柯颜希的水印，符合我国《反不正当竞争法》第八条规定的，经营者不得对其商品的性能、功能、质量、销售状况、用户评价、曾获荣誉等作虚假或者引人误解的商业宣传，欺骗、误导消费者。经营者不得通过组织虚假交易等方式，帮助其他经营者进行虚假或者引人误解的商业宣传。谢某利用此前客户照片宣传柯颜希产品，客观上符合虚假宣传的行为。故应承担影响原告徐某连业务发展，损害徐某连利益的后果，应当承担停止侵权、消除影响和赔偿损失的民事责任。

【案例点评】企业终止后的商业秘密纠纷，需要注意涉案相关信息是否尚未被公开，或者说仍处于保密状态。若相关信息或其载体在企业存续期间或终止时，已经经由经营者或消费者进入公开渠道，能为公众所知悉，即丧失作为商业秘密的秘密性，即使企业仍采取保密措施，亦不构成受法律保护的商业秘密。

第九章 总结

知识产权管理工作贯穿企业的整个发展阶段和生命周期，有效地对知识产权进行管理，对企业来说具有非常重要的经济价值和战略意义。

专利、商标、版权和商业秘密是企业知识产权管理工作中最重要的四种保护客体，如何综合运用各种保护客体来维护企业的知识产权利益，是企业知识产权管理工作者努力的方向。

专利权是对技术要素创新的最有利保护，目前大量人工智能、区块链、大数据、互联网、智能设备、穿戴设备、芯片设计 / 制造等高新技术创新企业如雨后春笋般涌现，为全球的实体经济注入了新的活力。这些高新技术企业掌握着一技之长，很多创业者都来自技术见长的技术型巨头。相应地，在技术创新活动中必然产生大量有创新性的技术方案，通过合理的专利布局，可以为企业的产品提供全方位的专利保护。本书以企业生命周期为主线，辅以案例说明，对企业的专利权保护提供指导性建议。

商标代表着企业的形象和产品 / 服务的品牌，商标申请、商标保护、商标维权是企业在生命周期中需要一直坚持的长期工作。在企业成立之初，应当注意规避商标侵权风险，在企业名称注册和产品 / 服务推广之前就应排查潜在的商标风险，以防止产品 / 服务推出之后侵犯他人商标权，招致不必要的争议，影响企业的发展和壮大。在企业发展过程中，如果遇到商标侵权纠纷，则应及时评估风险，在风险较高的情况下及时采取各种可能的解决途径，包括协商、购买商标、调整企业名称、放弃风险商标的继续使用等。在企业的商标被第三人侵权时，也应主动评估相关影响，为防止侵权行为对自身市场和信誉的不利影响，应考虑主动维权，维护合法权益。特别是对于反向混淆的情况，如果能够主动维权并获得有利结果，则显然可以有力地提升企业的品牌形象。本书以企业生命周期为主线，辅以案例说明，对企业的商标权保护提供指导性建议。

版权/著作权是企业在经营过程中经常会碰到的问题，企业在版权方面应注意以下几个方面：首先，应关注版权侵权风险，在企业内部办公、产品设计、产品宣传、展览展会等活动中，注意素材、图片、照片、音视频、软件等作品的版权侵权风险。其次，在企业有作品产出时，应及时进行版权登记，为后续维权（包括电商维权、行政处理、法院起诉等）提供保障。再次，对于技术型企业而言，可能会使用或开发软件产品，此时应特别关注开源所带来的版权风险，关注开源许可证的许可范围和冲突问题，以降低开源产品的使用风险。同时，在企业决定对外开源时，应提前做好待开源产品的梳理，从而防范不必要的纠纷或侵权风险。本书以企业生命周期为主线，辅以案例说明，对企业的著作权保护提供指导性建议。

商业秘密是具有财产性和稀缺性的知识产权，是企业十分重要的信息资产，与企业的核心竞争力密切相关。企业应当建立与企业发展目标、商业模式，以及企业所在行业特征相适宜的商业秘密保护体系，使商业秘密保护贯穿于企业研发、生产、经营的全流程，涵盖企业信息资产的创造阶段、开发阶段、专利选择阶段、内部应用阶段、对外许可阶段等阶段。本书以企业生命周期为主线，辅以案例说明，对企业的商业秘密保护提供指导性建议。

本书以企业全生命周期的各个发展阶段为主线，重点研究了企业在不同发展阶段中专利、商标、版权、商业秘密的有关知识产权管理工作的内容和相关风险，并给出了实际的管理工作建议。为了更为详实地提供参考样本，本书还引入了大量的实际案例，特别是司法案例和企业上市典型案例，期望能为企业知识产权管理工作者提供具有实际借鉴意义的内容。限于篇幅以及编者水平，本书疏漏之处，请读者和同行不吝指教，感谢本书编辑过程中的各位作者、高文律师事务所的所有同仁，也感谢各位朋友对高文律师事务所的关注，期望能为国内外企业提供更优质和全面的法律服务，为中国的知识产权事业贡献力量！

副主编简介

潘聪，高文律师事务所律师，天津大学工学学士、工学硕士。主要执业领域：国内外专利代理、专利检索、专利无效、行政诉讼、侵权诉讼、风险排查 /FTO、行政处理、电商投诉、知产尽职调查、技术交易 / 许可合同等。

张飞虎，高文律师事务所合伙人，高级经济师。中国人民大学经济学学士，北京大学法学硕士，中国人民大学博士。主要执业领域：专利等技术类知识产权案件纠纷解决、行政复议与诉讼。

曹玲柱，高文律师事务所律师，长春光学精密机械学院学士，长春理工大学硕士，中国科学院研究生院博士。主要执业领域：专利申请、无效、诉讼等。

王晋，高文律师事务所律师，西安邮电大学学士，西安科技大学硕士。主要执业领域：专利申请、专利复审、专利无效、专利检索分析等。

李勇，高文律师事务所律师，天津商业大学法学和文学（英语专业）双学士，美国天普大学法律硕士（LL.M）学位，国际商标协会（INTA）驰名商标著名商标委员会委员会员。主要执业领域：商标战略规划，商标注册、驳回复审、异议、无效、撤销及商标授权确权行政诉讼、商标侵权民事诉讼等。

骆振宇，高文律师事务所律师，河北科技大学法学学士，首都知识产权服务业协会地理标志专业委员会委员。主要执业领域：知识产权、诉讼与仲裁。

彭畅，律师，北京邮电大学民商法硕士，对外经济贸易大学公司金融与投融资专业在职研究生，中国政法大学千帆计划导师，亚太网络法律研究中心执行副主任。主要执业领域：公司首次发行股票并上市（IPO)、上市公司并购重组、企业知识产权战略与管理，以及与之相关的诉讼与仲裁等法律业务。

姜金姬，高文律师事务所合伙人，朝阳区律师协会青年律师工作委员会副主任、北京市知识产权局专家库专家、北京市法学会体育法学与奥林匹克法律事务研究会理事、北京市律师协会竞争与反垄断法律专业委员会委员。主要执业领域：反垄断、政府与公共事务、外商投资；尤其专注于经营者集中申报、反垄断调查、反垄断民事诉讼。